Stefanie Giesselbach mit Irene Stratenwerth

MEINE ABGESCHMINKTEN JAHRE

Stefanie Giesselbach
mit Irene Stratenwerth

MEINE ABGESCHMINKTEN JAHRE

Wie ich im amerikanischen Frauenknast landete

PIPER
München Berlin Zürich

Mehr über unsere Autoren und Bücher:
www.piper.de

Zum Schutz der Persönlichkeitsrechte
wurden Namen und Personen verändert.
Handlungen und Gespräche beruhen auf
wahren Gegebenheiten, sind jedoch aus der Erinnerung
rekonstruiert und erheben nicht den Anspruch,
die alleinige Wahrheit zu sein.

FSC
www.fsc.org
MIX
Papier aus verantwortungsvollen Quellen
FSC® C083411

ISBN 978-3-492-06058-5
Originalausgabe
März 2017

Satz: Uhl + Massopust, Aalen
Gesetzt aus der ITC Legacy Serif
Druck und Bindung: CPI books GmbH, Leck
Printed in Germany

Für Susan

Die Letzten, von denen ich mich in Chicago verabschiede, sind Susan und Kurt. Meine Nachbarin kuriert gerade eine Krankheit aus und ist noch schwach auf den Beinen. Doch für einen kurzen Moment verwandelt sie sich wieder in das quirlige Energiebündel, als das ich sie eigentlich kenne. Sie rappelt sich vom Sofa hoch, springt aufgeregt um mich herum und umarmt mich. »Wir sehen uns wieder!«, versichern wir uns, lachend und zugleich mit Tränen in den Augen. »Schon bald! In Deutschland oder irgendwo sonst auf der Welt!«

Kurt hilft mir, meine beiden Koffer nach unten zu bringen. In Flip-Flops, knielangen Shorts und locker über dem Hosenbund hängendem T-Shirt sehe ich ihn noch in der Auffahrt des *Park View Palace* stehen und winken, bis er aus meinem Blickfeld verschwindet.

Moritz, mein Vorgesetzter, holt mich ab, um mich in seinem dunkelblauen Firmenwagen zum Flughafen zu bringen. Wir fahren pünktlich los, aber schon auf der Auffahrt zum Highway staut sich der Verkehr. Das Wetter ist frühsommerlich warm an diesem 23. Mai 2008 in Chicago, und bereits Freitagmittag scheinen sämtliche drei Millionen Einwohner der Stadt in ein verlängertes Wochenende aufzubrechen. Am Montag ist *Memorial Day*, der Feiertag zu Ehren der für Amerika gefallenen Soldaten.

Als wir endlich am Flughafen O'Hare ankommen, ist es schon so spät, dass Moritz gar nicht erst das Parkhaus ansteuert. Er bremst direkt vor dem Abflugterminal und lässt seinen Wagen mit eingeschaltetem Warnblinker stehen. Wir schnappen uns meine beiden Koffer, rennen zum Air-France-Schalter und verabschieden uns mit einer herzlichen Umarmung voneinander. »Wir sehen uns! Vielleicht schon bald in Hamburg!«

Ein bisschen verschwitzt und atemlos reihe ich mich zum Check-in ein. Ich bin froh. In elf Stunden wird Christoph mich am Hamburger Flughafen in seine Arme schließen. Anderthalb Jahre Fernbeziehung liegen dann endgültig hinter uns. Und auch meine Eltern, meinen Bruder und all meine Freundinnen und Freunde kann ich ab morgen endlich wieder sehen, wann immer mir danach ist.

Moritz entdeckt durch die Schiebetüren des Abflugterminals eine grimmig dreinblickende Politesse, die auf seinen Audi zusteuert, und spurtet los. Fast gleichzeitig mit der Ordnungshüterin kommt er bei seinem Auto an. Aus der Ferne beobachte ich, wie er wild gestikulierend auf die Frau einredet, um dann schnell in sein Auto zu springen und wegzufahren.

Meine Reisepapiere halte ich schon in der einen Hand, während ich mit der anderen und einem Knie meine Gepäckstücke vorwärtsbugsiere. Wenig später reiche ich den weinroten Reisepass und den Ausdruck meiner Online-Buchung über den Tresen. Eine freundliche Air-France-Mitarbeiterin beginnt mit dem Check-in, während ich einen der Koffer auf die Gepäckwaage wuchte.

»Stefanie!«, für einen Moment habe ich den Eindruck, dass jemand nach mir ruft. Ich achte nicht weiter darauf. Es ist unwahrscheinlich, dass ich gemeint bin. Wer sollte mich hier auf dem Flughafen schon kennen?

»Stefanie!« Jetzt höre ich es laut und deutlich.

Merkwürdig. Da spricht jemand meinen Vornamen englisch, mit einem spitzen »S-t« aus. Suchend drehe ich mich um.

Ich erkenne die drei sofort: Die beiden Männer und ihre Chefin sind von der amerikanischen Einwanderungs- und Zollbehörde ICE *(U.S. Immigration and Customs Enforcement)*. Es ist knapp zwei Monate her, dass sie mich hier, am Flughafen, unverhofft in Empfang genommen haben, als ich von einem Osterurlaub aus Hamburg zurückkam. In einem ihrer Konferenzräume haben sie mich damals eingehend nach den Geschäftspraktiken meines Arbeitgebers befragt.

Ich starre die drei verständnislos und etwas genervt an. Was wollen sie denn jetzt noch? Auf den letzten Drücker, am Flughafen? Gab es vorher nicht genug andere Möglichkeiten, mich um eine Gespräch zu bitten?

»Stefanie, Sie sind verhaftet!«

Die Stimme der Chefermittlerin klingt feindselig und hart.

Ich reagiere so ungläubig, dass sie sich veranlasst sieht, jedes einzelne Wort ganz langsam und mit sichtlicher Genugtuung zu wiederholen. »Stefanie! Sie. Sind. Verhaftet.«

Für einen Augenblick steht die Zeit still. Verhaftet? Verhaftet? *Verhaftet?* Nur langsam nimmt mein Gehirn seine Tätigkeit wieder auf.

»Soll das ein Witz sein?«, frage ich gereizt.

»Umdrehen!«, schnappt sie.

Die Frau, die, wie ich mich jetzt erinnere, Mary heißt, will mir Handschellen anlegen. Ich bemühe mich, gelassen zu bleiben, um sie, aber auch mich selbst zu beruhigen.

»Nicht nötig. Ich komme freiwillig mit. Es ist ja nur eine Frage der Zeit, bis sich dieses Missverständnis aufklärt.«

»Umdrehen!«, wiederholt die Ermittlerin herablassend, als habe sie meinen Einwand nicht gehört. Mir bleibt nichts anderes übrig, als meine Arme hinter dem Rücken zu verschränken. Dann höre ich es klicken. Schmerzhaft fest packt sie mich am linken Oberarm und schiebt mich durch die Menschenmenge in der Abflughalle.

Ein paar Tage zuvor habe ich in Chicago eine kleine Abschiedsparty gegeben. Allzu viele neue Freundschaften haben sich hier in anderthalb Jahren nicht entwickelt, aber einige Menschen sind mir sehr ans Herz gewachsen. Allen voran Susan und Kurt, meine Nachbarn im *Park View Palace*. Und Susans Freundin Terri mit ihrem Mann David, die mit ihrer kleinen Tochter zwei Etagen unter uns wohnen. Eins der netten schwulen Paare, von denen in unserem Hochhaus ziemlich viele wohnen, zählte auch zu meinen Gästen. Und dann noch eine Kollegin aus der Außenhandelsbranche sowie mein Vorgesetzter Moritz mit seiner Ehefrau.

Gemeinsam blickten wir aus meinem Wohnzimmer im 47. Stock auf den Michigan-See hinunter, der sich im Licht der untergehenden Sonne dunkelrot verfärbte, und auf die aufblühenden Bäume. Der Ausblick war fantastisch. Etwas Vergleichbares würde ich in Hamburg wohl kaum finden.

Auch meine Mutter war noch einmal für ein paar Tage zu Besuch in Chicago. Begeistert klapperte sie tagsüber die vielen Museen und Sehenswürdigkeiten der Stadt ab, während ich im Büro über der Abwicklung letzter Geschäftsvorgänge schwitzte. Wahrscheinlich kannte sie die *Windy City* – die Stadt, in der stets ein Wind weht – inzwischen besser als ich.

Als ich sie zum Flughafen brachte, war sie ungewöhnlich sentimental. Meine Mutter ist sonst keine Glucke, die mir mit ihren Ängsten und Sorgen die Luft zum Atmen nimmt. Aber diesmal schloss sie mich lange und fest in die Arme. »Steffi, ich habe irgendwie ein ungutes Gefühl«, sagte sie. »Willst du nicht lieber sofort mit mir nach Hause fliegen?«

»Jetzt gleich?« Ich sah sie ungläubig an.

»Ja. Sofort«, setzte sie nach und war dabei ein bisschen blass um die Nase. Ich wischte ihre Bedenken mit einem Lachen fort. »Ach, Mama! Ich hab hier doch noch ein bisschen zu tun. Und in einer Woche sehen wir uns schon in Hamburg!«

Mary schiebt mich weiter durch die Abflughalle. »Was ist eigentlich los? Was soll das alles?«, frage ich immer wieder.

»Das werden Sie noch früh genug erfahren!«, gibt sie barsch zurück.

Sobald sie merken, was hier vor sich geht, weichen die Reisenden erschrocken vor uns zurück. Die beiden Männer haben sich mein Gepäck und meinen Ausweis gegriffen und folgen uns unnatürlich dicht. Sie tragen zwar Zivil, aber ihre Handschellen und Waffen am Hosenbund stellen sie offen zur Schau. Erst als wir schon fast am Ausgang sind, kommt Mary auf die Idee, mir meine leichte Sommerjacke so über die Schultern zu legen, dass die gefesselten Handgelenke verdeckt sind.

Vor einem Schild mit dem Schriftzug *Welcome to Chicago* wartet eine ganze Wagenkolonne auf uns. *Homeland Security* steht in fetten Lettern auf den Autos.

»Wir fahren zum Gericht. Ins Zentrum«, verkündet Mary.

Bis in die Innenstadt, denke ich verwirrt, das kann ganz schön dauern. Dabei muss ich dringend auf die Toilette. Eigentlich wollte ich das gleich nach dem Check-in erledigen.

»Ich muss mal«, melde ich schüchtern bei Mary an.

Sichtlich genervt geleiten mich die Ermittler zurück ins Terminal. Über Rolltreppen, quer durch die Ankunftshalle und an einem Burger-Restaurant vorbei bringen sie mich zu ihrem Büro. Erst im Vorraum der Toilette nimmt Mary mir die Handschellen ab.

»Lassen Sie die Tür offen stehen!«, ordnet sie barsch an. Mir liegt die Frage auf der Zunge, ob sie mir auch noch den Hintern abwischen will. Aber ich beherrsche mich und halte den Mund.

Zurück vor dem Flughafengebäude, schieben sie mich nicht etwa in eines ihrer Dienstautos, sondern auf die Rückbank von Marys privatem Kleinwagen. Ein junger Ermittler mit Bürstenschnitt setzt sich nach vorne auf den Beifahrersitz. Er war auch bei der Befragung vor zwei Monaten dabei. Als arrogant und anmaßend habe ich ihn in Erinnerung. Er hat damals versucht, mich einzuschüchtern, mir gedroht. Ich hätte nicht gedacht, dass wir uns noch mal wiederbegegnen würden.

Mary stellt ein mobiles Blaulicht auf das Autodach, dann rasen wir auf dem Standstreifen an den Verkehrsstaus vorbei. Nach einiger Zeit gehen Funksprüche im Auto ein, aufgeregte Durchsagen wechseln hin und her.

»Wir haben ihn«, verstehe ich als Erstes. Dann schält sich ein Name aus dem Rauschen und Knattern des Sprechfunks heraus: Moritz Böhm.

Ich schlucke. Auch mein Kollege ist verhaftet?

Wie ich später erfahre, haben sie ihn in einer spektakulären Aktion auf der Autobahn gestellt, als er vom Flughafen zurück in die Stadt fuhr: Hände über dem Kopf, Beine gespreizt, den Oberkörper gegen das Wagendach gepresst.

»Und wir haben die Giesselbach!«, ruft Mary triumphierend ins Funkgerät. »Einfache Festnahme. Kein Fluchtversuch, kein bewaffneter Widerstand.«

Ich schüttele den Kopf. Hat etwa jemand damit gerechnet, dass ich einen Revolver ziehe und wild um mich schieße? Und was ist mit meinem Flug? Die Maschine nach Deutschland hebt in einer Stunde voraussichtlich ohne mich ab. Ob ich heute noch wegkomme? Ob ich mein Ticket auf einen anderen Flug umbuchen kann? Erst ganz allmählich dämmert mir der Ernst meiner Lage.

Im Zentrum von Chicago stoppt unser Konvoi vor der Einfahrt zu einer Tiefgarage. Die Ermittler zücken Plastikkarten, die sie als Mitarbeiter von ICE ausweisen. Dann tauchen wir in den dunklen Bauch des Gebäudes ab.

Während die Männer und Frauen aus ihren Fahrzeugen springen, einander auf die Schulter klopfen und sich dröhnend und gut gelaunt zu ihrem Fang gratulieren, muss ich im Auto auf meinen hinter dem Rücken verschränkten, gefesselten Händen sitzen bleiben. Als mich einer der Männer schließlich von der Rückbank des Kleinwagens befreit und auch ich aussteigen darf, entdecke ich Moritz, der in einiger Entfernung zwischen mehreren Agenten steht. Auch ihm haben sie Handschellen angelegt. Es ist merkwürdig und irreal, dass wir uns so schnell und unter diesen Umständen wiedersehen: überrumpelt, hilflos und vorgeführt. *Das kann alles nicht wahr sein*, signalisieren wir einander mit Blicken. Einzeln werden wir eine Rampe hinaufgeführt.

Im Fahrstuhl mustert mich Mary von oben bis unten.

»Sind die Schuhe und die Tasche echt?«, fragt sie, als hätten wir uns gerade in einer Disco kennengelernt. Ein neidvoller Ton schwingt in ihrer Stimme mit. Ich nicke knapp.

Ich trage sommerlich leichte goldene Sneakers meiner Lieblingsmarke. Die dazu passende Tasche ist mir bereits am Flughafen abgenommen worden und hängt nun über dem Arm des zweiten Ermittlers.

»Waren bestimmt nicht ganz billig«, kommentiert sie.

Ich bin überrascht und irritiert zugleich. Was geht es sie an, wofür ich mein Geld ausgebe? Aber ich schweige. Ich bin zu eingeschüchtert, um mich mit ihr anzulegen.

Durch einen breiten Flur bringen sie mich zu einem Gerichtssaal. Noch immer ahne ich nicht, was mich erwartet. Das riesige Türschild mit der Aufschrift *Magistrate Judge Asher* nehme ich kaum wahr. Erst später begreife ich, dass dies mein erster Termin vor dem Haftrichter ist.

Moritz ist schon vor mir angekommen. Er ist in dem imposanten Raum an einem der eleganten ovalen Holztische mit ein paar Herren in teuren Anzügen ins Gespräch vertieft.

Neben mir steht ein klein gewachsener Mann von südländischer Erscheinung. Er trägt eine feine Brille mit Goldrand. Vielleicht kann er mir erklären, was hier vor sich geht?

»Entschuldigung... Ich habe eine Frage«, setze ich vorsichtig an, doch da fällt er mir schon ins Wort.

»Sie haben kein Recht, mich anzusprechen!«, bellt er und wendet sich demonstrativ ab.

Ein Uniformierter befreit mich von den Handschellen und schiebt mich zu einem Tisch, an dem ein dicklicher Mann mit dunklem Teint sitzt. Freundlich lächelnd reicht er mir die Hand und stellt sich vor: Jorge Lopez, *Public Defender* – mein Pflichtverteidiger für heute.

Ich verstehe. Und bekomme es mit der Angst zu tun. Für Moritz ist anscheinend ein ganzes Team hoch bezahlter Anwälte angerückt. Auf mich wartet ein Armenanwalt, der vermutlich den ganzen Tag hier verbringt. Zwar habe ich in Chicago auch einen eigenen Anwalt, aber hat ihn jemand über meine Verhaftung informiert?

Vereinigte Staaten von Amerika gegen Stefanie Giesselbach und Moritz Böhm, steht auf einem eng bedruckten Schriftstück, das mir mein Pflichtverteidiger jetzt herüberschiebt. Schon der Titel erschreckt mich. Ganz Amerika, dieses riesige Land, klagt Moritz und mich an? Mit klopfendem Herzen und weichen Knien lese ich weiter.

Man wirft uns vor, die USA um Zölle geprellt zu haben. Angeblich haben wir außerdem einen Container Honig importiert, der positiv auf ein Breitbandantibiotikum getestet war.

Wütend wende ich mich an den Anwalt. »Was für ein Schwachsinn! Das stimmt doch alles hinten und vorne nicht.«

»Jetzt nicht!«, zischt mein Pflichtverteidiger mir zu. »Halten Sie besser den Mund. Sie werden hier nicht zur Sache aussagen!«

Wann denn dann?, frage ich mich. In was für einem schlechten Film bin ich hier gelandet? Verzweifelt blicke ich mich um. Rechts und links von der Tür stehen ein paar Sitzbänke wie in einem Kirchenschiff. Ganze vorne, in der ersten Reihe, entdecke ich die Ehefrau von Moritz. Sie wirkt angespannt. Wahrscheinlich ist sie direkt von ihrem Arbeitsplatz hierhergehetzt.

Dann bemerke ich einen Mann mit einem akkuraten Seitenscheitel in der zweiten Sitzreihe. »Gut gemacht, Jungs! Super Arbeit!«, dröhnt er quer durch den Saal, lehnt sich breit grinsend zurück und reckt demonstrativ die Daumen in die Höhe. Die Ermittler strahlen wie Schuljungen, die eine gute Zensur bekommen haben.

»Das ist einer der beiden ermittelnden Staatsanwälte«, raunt mir mein Pflichtverteidiger zu. »Der andere wird vermutlich gleich plädieren.«

»Alle aufstehen!«, ruft ein Gerichtsdiener. Ehrfürchtig erheben sich die Männer um mich herum. Richter Asher betritt in einer schwarzen Robe den Raum. Sofort bringt sich die Anwaltstruppe von Moritz in der Mitte des Raums in Stellung, auch Lopez gesellt sich dazu. Uns beiden wird mit einer kurzen Handbewegung signalisiert, wo unser Platz ist.

Vorhang auf, Bühne frei, Auftritt für die Staatsanwaltschaft. Es ist der Mann mit der Goldrandbrille, der mich beim Betreten des Raums so harsch abgebügelt hat. Blitzschnell, redegewandt und aggressiv fasst er jetzt die Straftaten zusammen, derer wir angeklagt werden sollen. Seine Darstellung klingt so, als wären den Fahndern zwei Schwerkriminelle ins Netz gegangen. Er als Vertreter der amerikanischen Regierung werde nun dafür sorgen, dass wir ordnungsgemäß vor Gericht gestellt würden. Sein Plädoyer gipfelt in der Behauptung, dass bei Moritz und mir von höchster Fluchtgefahr auszugehen sei. Schließlich habe man mich erst in allerletzter Minute am Flughafen geschnappt! Was mich außerdem sehr verdächtig mache: Ich sei - genau wie mein Vorgesetzter - im Besitz von zwei Reisepässen.

Auch dieser Vorwurf ist absurd. Meine beiden Ausweise sind völlig legal ausgestellt worden. Viele meiner Kollegen, die im Ausland wohnen und dienstlich viel reisen, haben zwei Pässe. Damit vermeidet man Schwierigkeiten, wenn man abwechselnd in miteinander verfeindete Länder einreist.

Doch ich habe keine Chance, diesen Punkt aufzuklären. Ich komme schlicht und ergreifend überhaupt nicht zu Wort und will nur noch eins: aus diesem Albtraum erwachen.

»Wir bieten an, für unseren Mandanten eine Kaution zu stellen«, erklären Moritz' Anwälte.

Kaution? Noch wehrt sich mein Gehirn, zur Kenntnis zu nehmen, dass sie uns ins Gefängnis sperren wollen. Trotzdem überlege ich fieberhaft, an wie viel Geld ich auf die Schnelle herankommen könnte. Vermutlich an nicht mehr, als der Dispokredit meines Kontos hergibt.

»Abgelehnt«, erwidert der Richter bereits. »Wir werden uns mit der Frage, ob Sie Sicherheiten anbieten können, erst beim nächsten Termin befassen.«

Die Anwälte scheinen damit gerechnet zu haben, jedenfalls wirken sie nicht besonders empört. Geschäftig zücken die Herren ihre Terminkalender, um einen zweiten Haftprüfungstermin für die nächste Woche zu verabreden.

»Die Angeklagten werden vorerst in die Obhut der Vollzugsbehörden übergeben«, verkündet Richter Asher.

Das ist eindeutig: Sie sperren uns ein.

Mein Blick fällt auf Moritz' Ehefrau, die wie erstarrt in der ersten Reihe sitzt. Sie ist die Einzige, die Christoph benachrichtigen könnte, schießt es mir durch den Kopf. Er erwartet mich doch in wenigen Stunden am Flughafen Fuhlsbüttel.

Ich muss all meinen Mut zusammennehmen, um mich noch einmal an den kleinwüchsigen Staatsanwalt zu wenden.

»Wäre es möglich, Frau Böhm zu bitten, dass sie meine Angehörigen in Hamburg benachrichtigt?«, frage ich.

Widerwillig nickt er: »Machen Sie es kurz. Und auf Englisch. Keine Privatgespräche!«

Schnell trete ich auf sie zu und diktiere ihr zitternd Christophs Mobilnummer. »Er soll auch meinen Eltern Bescheid sagen!«, füge ich hinzu.

»Versteht sich von selbst. Ich ruf ihn an und sag ihm, was passiert ist.«

Lopez, mein Pflichtverteidiger, hat den Saal schon verlassen. Wahrscheinlich wartet der nächste Fall auf ihn. Mir werden die Handschellen wieder angelegt.

II

In getrennten Fahrzeugen transportieren die Männer vom ICE Moritz und mich ins Untersuchungsgefängnis von Chicago, das *Metropolitan Correctional Center*, kurz MCC genannt. Das dreieckige Hochhaus mit den seltsamen schlitzförmigen Fenstern liegt mitten in der Innenstadt. Trotzdem habe ich es noch nie bewusst wahrgenommen.

Nacheinander fahren wir mit unseren Bewachern im Fahrstuhl in den zweiten Stock des Gebäudes. Dort sehen wir uns noch einmal kurz wieder, bevor er nach links abgeführt wird und ich nach rechts. Sie schieben mich in einen kahlen Raum, in dem es nichts als eine Metalltoilette und eine schäbige Sitzbank gibt. Hier ist Platz für bestimmt zwanzig Leute, aber ich bin ganz allein. Eine Klimaanlage bläst eiskalte Luft herein.

Ich weiß nicht, wie viel Zeit vergangen ist, als eine schwarze Justizbeamtin mich abholt. Sie bringt mich in einen Umkleideraum mit meterhohen Regalen, in denen Gefängniskleidung in allen erdenklichen Größen lagert.

»Zieh deine Sachen aus und reich sie mir einzeln rüber«, ordnet sie routiniert, fast ein wenig gelangweilt an. Stück für Stück vermerkt sie meine Wäschestücke auf einem Formular und packt sie in einen Karton. Meine Ohrringe tütet sie separat ein, sogar mein Haargummi nimmt sie in Gewahrsam. Schließlich stehe ich mit offenen Haaren und splitternackt vor ihr.

Dann folgt die Leibesvisitation.

»Schüttel deine Haare aus«, verlangt sie. Ich schaue sie ungläubig an.

»Na los, Kopf runter«, sagt sie mürrisch. »Ist das etwa dein erstes Mal?«

Danach inspiziert sie meine Ohrläppchen, schaut mir in den Mund, lässt mich die Füße anheben, damit sie die Fußsohlen sehen kann. Ich muss meine Brüste nacheinander anheben und die Arme in die Luft strecken, damit sie auch meine Achselhöhlen kontrollieren kann. Mir ist bitterkalt, aber ich befolge ihre Anweisungen.

»*Squat and cough!*«, fordert sie zuletzt.

»Wie bitte?«

»*Squat and cough!*«

Sie muss sich noch mehrmals wiederholen, bis ich verstehe. Ich soll breitbeinig in die Hocke gehen und husten. Falls ich irgendwelche Schmuggelware in meinen Körperöffnungen mit mir herumtrage, würde diese dabei zutage kommen.

Dann stellt sie mich auf die Waage und greift nach einem prüfenden Blick auf meinen Körper gezielt in verschiedene Regalfächer. Ich bekomme eine knallorange Hose und ein dazu passendes kurzärmliges Oberteil. Beides erinnert an die Arbeitskleidung einer OP-Schwester. Dazu gibt es zwei riesige weiße T-Shirts und Unterwäsche. Die unförmigen Oma-Schlüpfer sind so groß, dass definitiv jede Frau hineinpassen würde, und die Büstenhalter haben keine Metallbügel. Ein paar dünne, schlauchartige Tennissocken und dunkelblaue Billig-Slipper vervollständigen das Outfit.

Meine Habseligkeiten soll ich per Postpaket an jemanden »draußen« schicken lassen.

»Nach Deutschland?«, frage ich naiv.

Nein, das geht natürlich nicht. Ich brauche eine Adresse in den USA. Auf die Schnelle fallen mir Susan und Kurt ein.

Ihre Anschrift unterscheidet sich ja nur durch die Apartment-Nummer von meiner.

Zum Schluss muss ich noch meine Fingerabdrücke abgeben. Dann bringt mich die Wache in einen anderen Raum, wo ich fotografiert werde. Ein sogenannter *Mugshot*, wie sie die US-Strafverfolgungsbehörden zu Zehntausenden im Internet veröffentlichen. Eine halbe Stunde später drückt mir ein mürrischer Wachmann eine kreditkartengroße Plastikkarte in die Hand, die mich als *Federal Inmate*, als Bundesgefangene Nummer 22604–424 ausweist. Ungläubig starre ich in die Kamera, hinter mir eine weiße Wand mit einer Maßtabelle.

Die Tür des Fahrstuhls öffnet sich geräuschvoll in eine Art Aufenthaltsraum. Ich sehe orange gekleidete Frauen in Gruppen beieinandersitzen. Es ist merkwürdig still. Erst auf den zweiten Blick erkenne ich, dass fast alle Ohrstöpsel tragen und auf einige Bildschirme starren, auf denen verschiedene Programme stumm vor sich hin flackern.

Ich soll mich bei dem diensthabenden Wachmann melden. Sein Schreibtisch steht mitten im Raum und der Weg dorthin ist ein Spießrutenlauf. Etwa zwei Dutzend Augenpaare folgen mir auf meinem Weg. Dass ich ein Neuzugang bin und von draußen komme, erkennen sie vermutlich schon daran, dass ich noch geschminkt und sorgfältig frisiert bin.

Der Wachmann begrüßt mich knurrend, wirft einen kurzen Blick auf den Belegungsplan und nennt mir eine Zimmernummer. Mit dem Kinn deutet er auf eine dicke Frau, die in der Nähe sitzt. »Von der da kriegst du alles, was du für die Nacht brauchst.«

»Siehst du nicht, dass du störst?«, blafft mich die Gefangene entnervt an, als ich sie vorsichtig anspreche. »Kannst wiederkommen, wenn der Film zu Ende ist.«

Mein Bett finde ich in einem seltsam geschnittenen Raum, der mit drei Etagenbetten und den dazugehörigen Spinden und Plastikstühlen vollgestopft ist. An einer Wand ist ein Waschbecken angebracht. Eine Toilette entdecke ich nicht, und darüber bin ich einigermaßen erleichtert: Es scheint jedenfalls separate Klos zu geben.

Alles hier wirkt unhygienisch, abgenutzt und speckig. Die Tür ist zwar nicht vergittert, aber auf einer Seite in Sichthöhe verglast, damit die Wachen jederzeit von außen hineingucken können.

Mir ist eine obere Liege zugeteilt worden. Im Bett darunter liegt eine Frau, die schon zu schlafen scheint. Eine weitere Zimmergenossin schnarcht in einer anderen Ecke. Vorsichtig deponiere ich mein Kleiderbündel auf der dünnen Matratze. Bettzeug habe ich ja noch nicht. Ich kann vorläufig nichts anderes tun als warten.

Nach und nach tröpfeln die anderen Bewohnerinnen herein, holen etwas aus ihren Spinden, putzen sich die Zähne. Niemand nimmt groß Notiz von mir. Nur eine ältere Schwarze starrt mich mit weit aufgerissenen Augen unverhohlen an. Sie ist verwirrt und verwahrlost und sagt kein Wort. Als sie den Mund öffnet, sehe ich, dass sie völlig zahnlos ist. Den penetranten Geruch, den sie verströmt, versuche ich zu ignorieren.

Ich bin die einzige Weiße in diesem Raum, noch dazu blond. Obwohl ich zu Tode erschöpft bin, kann ich mir nicht vorstellen, in dieser Umgebung auch nur ein Auge zu schließen. All diese Frauen sind mir mehr als suspekt. Vorerst starte ich einen zweiten Versuch, an meine Bettwäsche heranzukommen.

»Da bist du ja endlich! Mitkommen!«, herrscht mich die zuständige Insassin an. Keuchend steht sie auf, watschelt zum Wachmann und lässt sich den Schlüssel für ein winziges

Kabuff geben. Dort überreicht sie mir missmutig eine kratzige grüne Decke und ein Laken. »Kopfkissen sind aus.«

Außerdem bekomme ich einen speckigen beigen Trinkbecher, ein Stück Billigseife, ein kleines Shampoo-Fläschchen, eine dünne Zahnbürste mit einer Mini-Tube durchsichtiger Zahnpasta und zwei bretharte Handtücher. Und einen Kamm, der so dünn ist, dass er beim ersten Einsatz in meinem langen Haar garantiert brechen wird. Flüchtig wundere ich mich darüber, dass auch zwei Einweg-Nassrasierer zu dieser Erstausstattung gehören. Hat man in dieser Situation keine anderen Sorgen, als sich die Beine und Achselhöhlen zu rasieren?

Auf dem Weg zurück nehme ich meine neue Umgebung vorsichtig in Augenschein. An zwei Seiten der dreieckigen Etage sind die Zellentüren angeordnet. An der dritten, längeren Wand liegen der Eingang zum Fahrstuhl, ein Büro, ein kleiner Sportraum und eine Art Teeküche mit einer Spüle. In der Mitte des Raumes sind einige dunkle Metalltische im Boden verankert, an denen drehbare Hocker befestigt sind. An einer Seite registriere ich flüchtig mehrere Telefonapparate. Und dann stehe ich auch schon wieder vor meiner Zellentür.

Das obere Bett zu beziehen, ohne die Frau unter mir aufzustören, ist fast unmöglich. Ich balanciere auf einem Plastikstuhl und zerre verzweifelt an dem Laken herum, als zwei Latinas den Raum betreten.

»Hi! Ich bin Sandra«, erklärt mir eine der beiden mit einem starken spanischen Akzent. Sie macht einen sehr verhärmten Eindruck und weist mit dem Daumen auf die andere. »Und das ist Nora. Die kann aber kein Englisch.«

»Stefanie«, stelle ich mich unsicher vor. Was wollen die zwei von mir?

»Hast du wirklich vor, in *diesem* Zimmer zu schlafen?« Niemand benutzt hier das Wort »Zelle«, das werde ich schnell lernen. Angewidert sieht sie sich in dem vollgestopften Raum um. »Hier gibt's ja noch nicht mal ein Klo. Willst du dich etwa nachts beim Wachmann melden, wenn du mal musst?«

»Kann ich mir mein Bett denn aussuchen?«, frage ich verblüfft.

»Ich könnte schon was Besseres für dich klarmachen«, erklärt Sandra lässig. Am Ende des Flurs gebe es ein Zweibettzimmer, das im Moment nur von einer Frau bewohnt werde. »Brenda ist Mexikanerin, aber sie kann gut Englisch. Ist eine wie du, ihr kommt bestimmt miteinander klar.«

Das Angebot klingt verlockend. Ich weiß trotzdem nicht, was ich davon halten soll. Zum ersten Mal, seitdem dieser Albtraum begonnen hat, ist jemand einfach nett zu mir. Aber warum? Welche Gegenleistung erwarten die Frauen? Und was passiert, wenn ich ihren Vorschlag ablehne?

Ich beschließe, meinem Gefühl zu trauen. Sandra ist mir sympathisch.

»Okay, klar – gerne«, sage ich zögernd.

Sie schleppt mich mit zum Aufseher, damit der meinen Umzug genehmigt. Anscheinend ist es ihm völlig egal.

III

Auf meiner papierdünnen Matratze friere ich erbärmlich. Ich liege oben im Stockbett, habe meine komplette Häftlingskleidung anbehalten und die grüne Kratzdecke fest um mich herumgewickelt. Dennoch ist mir kalt. Direkt über mir strahlt eine Neonlampe gleißend hell von der Decke. Ich warte sehnsüchtig darauf, dass es dunkel wird. Doch Brenda lässt sich Zeit, räumt und raschelt unten herum, bis endlich um halb zwölf das Licht für alle ausgeht.

Meine Zimmergenossin ist Mexikanerin, eine schwarzhaarige Schönheit und drei Jahre jünger als ich. Sie stammt sichtbar aus einer ganz anderen Welt als die meisten Gefangenen hier, hat studiert und spricht wirklich hervorragend Englisch. *»Princess«* nennen Sandra und Nora sie ehrfürchtig, Prinzessin. Wir mögen uns auf Anhieb, aber an diesem ersten Abend sprechen wir nicht viel miteinander. Ich stehe unter Schock, bin völlig erledigt und brauche meine ganze Kraft, um nicht zusammenzubrechen. Morgen, rede ich mir unentwegt ein, morgen holt mich jemand hier raus, ganz bestimmt. Oder spätestens nach den Feiertagen.

Die ganze Nacht über rauscht die Klimaanlage und bläst kalte, staubige Luft in das Zimmer. Brenda hat kleine Kartons mit Damenbinden vor den Lüftungsschacht gestapelt, um sich ein bisschen vor diesem Luftstrom zu schützen. Aber das bringt nicht viel.

Zwei oder drei Stunden nachdem ich endlich eingeschlafen bin, werden wir schon wieder geweckt. Jemand bollert laut an die Tür, und das Licht geht an.

Es ist kurz nach fünf. Spätestens um halb sechs müssen wir zum Frühstück im Tagesraum antreten. Schlaftrunken absolviere ich eine flüchtige Morgentoilette. Als ich im T-Shirt aus unserem Zimmer stolpern will, hält mich Brenda erschrocken zurück.

»Du musst die Uniform anziehen! Vollständig! Die schicken dich sonst sofort zurück.«

Dann heißt es Schlange stehen. Die meisten Frauen holen sich nur einen kleinen Becher Cornflakes von den Tabletts, die in einen Wagen gestapelt sind. Dazu gibt es eine Art Milch. Ziemlich wässrig, stelle ich nach einer ersten Kostprobe fest. Viele verzichten anscheinend auf das Zeug. Man darf es im Gegensatz zu den Cornflakes auch nicht mit aufs Zimmer nehmen. Andere Getränke kann man sich aus Wasser und einem der schrill bunten Pulver, die neben der Spüle ausliegen, selbst mixen.

Mit diesem »Frühstück« verschwinden alle schnell wieder in ihren Zimmern. Sich noch mal hinzulegen und weiterzuschlafen ist aber verboten, erklärt mir Brenda. Unsere erste und, wie ich bald lerne, einzige Aufgabe am Vormittag heißt: »Betten machen«, und zwar wie beim Militär. Keine Falte, kein Stück Laken darf zu sehen sein.

Ein Wachmann geht durch die Räume und kontrolliert jedes Bett genau. Was ihm nicht gefällt, zerrt er wieder auseinander, um die Insassin im herrischen Befehlston anzuschreien: »Mach das noch mal! Und dieses Mal ordentlich!« Natürlich trifft es auch mich. Es ist die erste aus einer endlosen Kette von Zurechtweisungen, die noch folgen werden.

Danach haben wir für den Rest des Vormittags nichts zu tun. Und zwar überhaupt nichts. Ich sitze abwechselnd im

Zimmer und auf einem der harten Hocker im Aufenthaltsraum herum und starre die Uhr an, deren Zeiger einfach nicht vorrücken wollen. Quälend langsam vergeht jede einzelne Minute, bis gegen elf Uhr das Mittagessen kommt.

Wie auf Kommando fangen alle spanischsprachigen Gefangenen an zu bellen, als sich die Fahrstuhltüren öffnen und der Wärmeschrank mit dem Essen hereingefahren wird. *»Perro, perro«*, skandierten sie lauthals: Hund, Hund.

Dabei ist dieser Fraß streng genommen noch nicht einmal für Vierbeiner genießbar. Das Fleisch, zäh wie eine Schuhsohle, schwimmt in einer fünf Zentimeter hohen Fettlache. Was für ein Tier »es« einmal gewesen sein soll, ist nicht zu erkennen – wahrscheinlich handelt es sich um ein zusammengeklebtes, elternloses Industrieprodukt. Das Gemüse kommt aus der Dose und schwimmt geschmacklos in den Resten des Kochwassers. »Angerichtet« ist die Plörre in reichlich abgenutzten gelblich braunen Tabletts mit verschieden großen Mulden. Schon allein beim Anblick vergeht mir jeglicher Appetit.

Lustlos kaue ich auf einem labberigen Stück Toastbrot herum. Als die Frauen an meinem Tisch bemerken, dass ich kaum etwas anrühre, nehmen sie sich begeistert und dankend das Essen von meinem Tablett.

Schon seit dem Morgen überlege ich, wie ich Kontakt zu meinen Angehörigen aufnehmen kann. Haben Christoph und meine Eltern schon in Erfahrung gebracht, was überhaupt los ist? Können sie mich hier rausholen? Sie könnten Jim Marcus informieren, den Anwalt, den ich vor ein paar Wochen schon einmal zu Rate gezogen habe! Bestimmt machen sie sich wahnsinnige Sorgen um mich. Ich sehne mich so sehr danach, eine vertraute Stimme zu hören.

Vor den drei öffentlichen Fernsprechern in unserem Aufenthaltsbereich steht fast immer ein Grüppchen Gefangener. Aber was muss ich tun, um sie zu benutzen?

Sandra erklärt es mir: Zunächst muss jemand Geld auf mein Gefangenenkonto einzahlen. Außerdem muss ich jeden Kontakt, den ich wahrnehmen will, vorher beantragen. Sie besorgt mir ein Formular, das mit Nummernreihen bedruckt ist wie ein Lottoschein: In den Kästchen soll ich die Telefonnummern der Personen, die ich anrufen will, »ausmalen«: Für jede einzelne Zahl gibt es einen Ziffernblock von 0 bis 9. Zum Glück habe ich die wichtigsten Anschlüsse in Deutschland im Kopf und nicht nur im Speicher meines Handys. Ich mache mich also an die Arbeit.

Zuständig für die Genehmigung dieser Kontakte ist der *Counselor*, der Gefangenenbetreuer, dessen Büro auf unserer Etage liegt. Am Wochenende ist er natürlich nicht im Dienst, und am darauffolgenden Feiertag auch nicht. Drei unvorstellbar lange Tage ohne jede Kontaktmöglichkeit nach draußen liegen vor mir und bei der Vorstellung schnürt sich mir die Kehle zusammen.

Umso überraschter bin ich, als ich schon am ersten Nachmittag vom Wachmann ausgerufen werde. »Giesselbach, Besuch für dich!«

Ein Aufseher eskortiert mich in den 2. Stock. In einem separaten Raum muss ich warten, bis eine weibliche Justizangestellte Zeit hat, mich zu filzen. Wieder muss ich mich komplett vor der Angestellten ausziehen, verschiedene Körperteile vorzeigen und mich am Ende breitbeinig hinhocken und husten. Es ist eisig kalt. Völlig durchgefroren führt man mich danach in ein Besprechungszimmer, wo mich Mr. Baker, einer der Firmenanwälte meines amerikanischen Arbeitgebers, schon erwartet.

Die Kanzlei, die er vertritt, habe ich erst vor wenigen

Wochen kennengelernt. Sie hat ihren Sitz im 30. Stock eines Hochhauses direkt am Chicago River, in einer der teuersten Lagen der Stadt. Entsprechend edel gekleidet ist auch der Mann, der mir im Besucherraum gegenübersitzt.

Der Anwalt erkundigt sich zunächst freundlich nach meinem Befinden.

»Was glauben Sie denn, wie es mir wohl geht?!«, frage ich pampig. Mich interessiert nur eins: »Wann komme ich hier raus?«

»Keine Sorge, das wird nicht lange dauern.« Er hat einen beruhigenden Tonfall angeschlagen, der mich nur noch mehr auf die Palme bringt. »Die Verhaftung ist geradezu lächerlich. Da haben die Behörden mal wieder ihre Muskeln spielen lassen. Es wird sich alles aufklären ...«

»Wo ist mein Anwalt? Hat überhaupt jemand versucht, Jim Marcus zu informieren?«, unterbreche ich ihn gereizt.

»Leider konnten wir ihn noch nicht erreichen«, bedauert mein Gegenüber. »Wir tun natürlich alles, was in unserer Macht steht, um Sie beide hier schnellstmöglich rauszuholen. Der Feiertage wegen stellt sich alles etwas schwieriger dar.«

Ich atme tief durch. »Die Vorwürfe gegen Sie und Ihren Arbeitgeber sind haltlos – und Sie als kleine Angestellte haben am allerwenigsten zu befürchten, machen Sie sich also keine allzu großen Sorgen«, fährt er fort.

Das beruhigt mich nun doch etwas. Aber als er mich nach Einzelheiten fragt, nach den Abläufen in unserer Firma etwa, wird mir schnell klar, dass ich dem Mann nicht vertrauen kann. Was will der Firmenanwalt wirklich von mir? Mich aushorchen? Oder nur sicherstellen, dass ich nicht gegen meinen Arbeitgeber aussage?

»Da die Vorwürfe völlig unbegründet sind, gibt es doch eigentlich nichts, was Sie zur Aufklärung beitragen könnten«, erklärt er mir jetzt eindringlich und fügt suggestiv hinzu: »Hauptsache, Sie wissen, auf welcher Seite Sie stehen.« Dann wechselt er abrupt das Thema. »Wir haben schon mit Ihren Eltern Kontakt aufgenommen und kümmern uns darum, dass Geld auf Ihrem Gefangenenkonto eingeht, damit Sie einkaufen und telefonieren können.«

Ich bin so einsam und verängstigt, dass ich jedes Wort dankbar aufsauge. Gleichzeitig registriere ich, dass der Mann offenbar damit rechnet, dass ich noch ein paar Tage im Gefängnis bleiben muss.

»Kann ich noch irgendetwas für Sie tun?«, fragt mein Gegenüber höflich.

»Ich will hier nur raus, ich will, dass dieser Albtraum ein Ende hat!«, wiederhole ich nachdrücklich.

Er lächelt ein weiteres Mal begütigend. »Meines Wissens ist für nächste Woche ein Haftprüfungstermin angesetzt. Bis dahin wird Ihr Anwalt bestimmt von seinem Wochenendtrip zurück sein und sich der Sache annehmen.«

Es gibt nichts mehr zu sagen. Wir verabschieden uns.

Während ich in der Großraumzelle auf eine weitere Leibesvisitation und meine Rückführung in die Frauenetage warte, versuche ich, meine Gedanken zu ordnen. Im Grunde weiß ich ja, worum es hier geht.

Seit fast zehn Jahren bin ich bei ein und demselben Arbeitgeber beschäftigt: einem Traditionsunternehmen mit altehrwürdigem Kontorhaus in der Hamburger Innenstadt. Nach meinem Abitur und einem Jahr Fremdsprachenschule habe ich dort eine Berufsausbildung gemacht, mich zur Fachwirtin weitergebildet und bin später als erste Frau in diesem Betrieb zur Leiterin einer eigenen kleinen Abteilung aufgestiegen. Mein Fachgebiet: der Handel mit Honig. Als mein Arbeitgeber mich 2006 fragte, ob ich Lust hätte, für ein paar Jahre nach

Chicago zu gehen, freute ich mich sehr. Von einem Job im Ausland hatte ich schon lange geträumt.

In Chicago ging mir dann aber bald auf, dass vieles hier grundsätzlich anders lief als bei der Mutterfirma in Hamburg. Dort hatten wir mit Honig nicht nur gehandelt, sondern waren an dem gesamten Verarbeitungsprozess beteiligt. Wir lieferten Honig als Zusatzstoff für unzählige Produkte, für die Herstellung von Cerealien, Backwaren, Müsliriegeln, Fleisch, Soßen, Keksen, Crackern, Salatdressings, Senf, Eis, Getränken, Nüssen, Joghurt oder Süßigkeiten. Außerdem betrieben wir eigene Produktionsstätten für die Verflüssigung, Reinigung und Homogenisierung des Süßstoffs. Die Rohware bezogen wir aus den verschiedensten Ländern der ganzen Welt und schickten sie zusätzlich zu den staatlichen Lebensmittelkontrollen regelmäßig zur Analyse in Fachlabore, um sicher zu sein, dass unsere Kunden den Naturstoff in stets gleichbleibender Konsistenz und Qualität bekamen. Das kostete viel Geld, doch ich war und bin auch heute noch überzeugt, dass langfristige Kundenbeziehungen eine verlässliche Qualität erfordern.

In Chicago ging es plötzlich nur noch darum, Honigcontainer von A nach B zu verschieben und damit Geld zu verdienen. Qualität spielte in Amerika eine untergeordnete Rolle, Analysen wurden kaum durchgeführt. Hauptsache, viel und billig, lautete das Motto amerikanischer Kunden, an welches sich mein Arbeitgeber angepasst hatte.

Anfangs hieß es noch, ich solle eine eigene Produktionsstätte für Industriehonig in den USA aufbauen, eine fordernde und interessante Aufgabe. Allerdings ließ mich der Juniorchef der Hamburger Mutterfirma in unseren Vorgesprächen im Unklaren darüber, dass dieses Vorhaben von vornherein unrealistisch war. Es gab kein Budget für den Bau oder Kauf einer Fabrik. Man hatte es sich mit dem lukrativen Import-Export-Geschäft viel zu lange bequem gemacht.

Wie das ablief, wurde mir dann in Chicago klar: Besonders preiswert war der Import von Honig aus China in die USA gewesen. Die amerikanische Imkerlobby hatte die Politiker lange bearbeitet und schließlich durchgesetzt, dass der Staat das chinesische Produkt mit extrem hohen Einfuhrzöllen belegte, um diese unliebsame Konkurrenz auszuschalten. Die weltweit tätigen Honighändler hatten ihrerseits Mittel und Wege gefunden, diese Zölle im wahrsten Sinne des Wortes zu umschiffen. Die Chinesen exportierten die Rohware zunächst in Drittländer. Dort wurden neue Begleitpapiere ausgestellt und die Fässer neu gekennzeichnet, um sie als angeblich indische oder malaysische Produkte in die USA einzuführen.

Dass die Dokumente, die am Ende auf meinem Schreibtisch landeten und von mir weiterbearbeitet wurden, einen falschen Ursprung auswiesen und damit bei der Verschiffung getrickst wurde, war auf den ersten Blick nicht zu erkennen. Auf den zweiten Blick fand ich es aber merkwürdig, dass in den USA mit Honig aus ganz anderen Herkunftsländern gehandelt wurde als in Europa. Jedes noch so kleine Land in Asien war hier scheinbar Honigproduzent. Nach kurzer Zeit fiel mir auf, dass ich viele der Honiglieferanten, mit denen ich nun korrespondierte, bereits aus meiner Hamburger Zeit kannte – allerdings unter anderen Namen. Die chinesischen Händler hatten sich für den Handel mit den USA eine andere Identität zugelegt und gaben ein anderes Herkunftsland an.

Als sich einer meiner Kollegen wieder einmal selbst als König der Honighändler feierte, platzte mir der Kragen. »Auf welchen Teil des Geschäftes bist du eigentlich so besonders stolz? Den illegalen?«, fuhr ich ihn vor anderen Kollegen an. »Glaubt ihr ernsthaft, dass wir mit diesem Geschäftsmodell eine Zukunft haben?«

»Das machen doch alle so!« Meine Kollegen lachten mich nur aus.

Wer noch nie im Gefängnis oder einer ähnlichen Situation war, stellt sich vielleicht vor, dass man dort in den ersten Tagen völlig verzweifelt ist und innerlich schreit und tobt. Aber so ist meine Gemütslage nicht. Ich konzentriere mich vielmehr darauf, mein fünf Sinne und meine geistige Gesundheit beisammenzuhalten, zu versuchen, die Regeln zu befolgen, die in dieser seltsamen Welt gelten, und möglichst wenig anzuecken. Dramatische Gefühle kann ich mir hier drinnen schlicht nicht erlauben. Zudem wird mir schnell klar, dass die Lage fast jeder anderen Frau hier noch viel schlimmer ist als meine.

Wie ich die ersten Tage im Knast ohne die Latinas überstanden hätte, ist mir noch heute schleierhaft. Wie ein Hündchen laufe ich anfangs hinter Sandra, Nora und Brenda her und lasse mir all die Vorschriften und Abläufe erklären, die ich nicht kenne und die mir auch völlig unsinnig vorkommen.

Alle anderen Gefangenen bewegen sich stets fein säuberlich voneinander getrennt in drei Gruppen: Schwarze, Weiße und Latinas essen, wohnen, schlafen und reden nur mit ihresgleichen. Eigentlich müsste ich mich den weißen Frauen anschließen, doch ich bekomme keinen Kontakt zu ihnen und suche ihn auch nicht. Die meisten sind vom Crack gezeichnet, haben kaum Zähne, eine aschfahle Haut und bleiben ganz unter sich.

Auch von den schwarzen Frauen sitzen viele wegen Drogen ein. Sie sehen noch schlimmer aus. Einige sind furchtbar laut, flippen schnell aus, schreien herum oder werden aggressiv, ohne dass ich den Grund erkennen kann.

Eine von ihnen, eine unglaublich dicke Frau, kommt eines Abends mit Getöse in unser Zimmer hereingewalzt. Sie hat sich anscheinend sehr über jemanden geärgert und macht erst ihrem Unmut Luft, lauthals und mit den unflätigsten Ausdrücken. Nach der Hasstirade, von der ich kaum ein Wort verstehe, fragt sie sehr freundlich und fast entschuldigend:

»Kann ich bei euch mal telefonieren?«

»Wie bitte?« Ich bin verblüfft – gibt es in unserer Zelle etwa ein Telefon, von dem ich nichts wusste?

Tatsächlich nickt Brenda der Frau stumm zu. Unsere Besucherin nimmt ihren Trinkbecher und schlägt damit kräftig gegen die Rohre in einer Ecke unseres Zimmers. Damit klingelt sie im Stockwerk über uns an. Als Fernsprecher dient ihr der Lüftungsschacht in Sandras Zimmer. Es liegt direkt gegenüber und weit genug vom Schreibtisch des Wachmanns entfernt.

Ich kann gar nicht hinsehen. Mit ihrem ganzen beängstigenden Gewicht stellt sich die Schwarze auf den Rand der frei hängenden Toilette und schäkert durch den Schacht lauthals mit ihrem angeblichen Geliebten.

Sandra, die sich kurzerhand zu uns geflüchtet hat, rollt genervt mit den Augen.

»Wie tief muss man eigentlich fallen, um einen Freund anzuschmachten, den man noch nie gesehen hat und wahrscheinlich auch nie sehen wird?«

Später schaut dieses Schlachtschiff noch mal bei uns rein, plötzlich ist sie nur noch ein Häufchen Elend. Ihr Freund sei gerade zu 37 Jahren Haft verurteilt worden. Sie ist am Boden zerstört.

»Was hat er denn angestellt?«, frage ich ahnungslos.

»Hat einen kaltgemacht«, erklärt sie schlicht, als sei es die normalste Sache der Welt.

Jede einzelne Minute im Gefängnis vergeht quälend langsam. Meist sitze ich auf einem der Hocker im Tagesraum und versuche, mich mit einem der wenigen herumliegenden Bücher von meinem quälenden Gedankenkarussell abzulenken. Es sind Krimis von James Patterson, die sich um die Ermittler Lindsay Boxer oder Alex Cross drehen. Wer diese Lektüre wohl ausgesucht hat? Solange keiner der Wachmänner einschreitet, werfe ich mir die grüne Kratzdecke über, um mich vor der Kälte zu schützen. Aber irgendwann finde ich keine bequeme Position mehr.

Vor Langeweile bekomme ich Kopfschmerzen. Mein gesamter Oberkörper ist mit schmerzhaft entzündeten Pusteln überzogen, meine Haut schon nach wenigen Tagen grau, meine Haare hängen stumpf und strähnig herunter. Stress, Schlafmangel, Hunger und Angst fordern ihren Tribut. Die dreckige Luft aus der Klimaanlage, die wir ständig einatmen, tut ihr Übriges.

Sauber fühle ich mich nie. Für 35 Frauen stehen nur zwei Duschen zur Verfügung: Die winzigen, glitschigen Kabinen ohne jede Lüftung befinden sich in einem Raum mit den beiden für alle zugänglichen Toiletten. Ich versuche, einen Zeitpunkt abzupassen, zu dem der Andrang nicht so groß ist. Wände und Fußboden sind trotzdem immer klitschnass, und es ist völlig unmöglich, auch nur ein einziges Kleidungsstück dort trocken aufzubewahren. Wenn ich es geschafft habe, mich zu waschen und abzutrocknen, versuche ich zu vermeiden, mit nackten Füßen auf die versifften Fliesen vor dem Klo zu treten. Ohne Badelatschen ist das so gut wie unmöglich. Ich habe aber keine anderen Schuhe als die chinesischen Billig-Slipper, die ich bei der Aufnahme bekommen habe.

Einige der Gefangenen besitzen ein paar Kleidungsstücke und Körperpflege-Produkte, die besser aussehen als das farblose, geruchsneutrale Zeug aus der Erstausstattung. In ihren Spinden bunkern sie Duschgel, Shampoo und Conditioner. Manche können sich auch Tampons leisten, statt die unsäglichen sperrigen Damenbinden zu benutzen, die das Gefängnis austeilt.

»Wenn du erst Geld auf deinem Konto hast«, erklärt mir Sandra, »kannst du solche Sachen im *Commissary* bestellen, das ist so eine Art Gefängnisladen.« Sie zeigt mir die Liste der verfügbaren Artikel. Warme Jacken, Pullover und Unterwäsche stehen darauf, aber auch Lebensmittel wie Schokoriegel, kleine Portionen Thunfisch, Ketchup oder Mayo. Man kann ankreuzen, was man haben will – wenn man die stark überhöhten Preise bezahlen kann. Ein paar Tage nach der Bestellung wird geliefert.

Da ich darauf hoffe, bald wieder weg zu sein, fange ich damit gar nicht erst an.

Täglich um halb fünf nachmittags wird das sogenannte Abendessen geliefert, die letzte Mahlzeit des Tages. Manchmal gelingt es mir, etwas von dem geschmacklosen Gemüse hinunterzuwürgen. Eins der fleischähnlichen Gebilde anzurühren, bringe ich um nichts in der Welt über mich.

»Der Koch gehört gefeuert«, rutscht es mir eines Abends heraus. Die Frauen um mich herum brechen in gackerndes Gelächter aus.

»In der Küche arbeiten nur Männer, alles Gefangene«, erklärt mir Sandra prustend. »Die würden sich über einen Rausschmiss bestimmt freuen.«

Als Sandra mitbekommt, dass ich immer schwächer werde, weil ich kaum etwas von dem Essen anrühre, bereitet sie mir aus ihren kostbaren Privatbeständen ein Thunfisch-Sandwich. Ich bin sehr gerührt und versuche ihr zuliebe alles aufzuessen.

In einer der ersten Nächte in Haft reißen uns laute Schläge gegen die Tür aus dem Schlaf. Müde richte ich mich auf. Der grelle Lichtkegel einer Taschenlampe ist auf mich gerichtet.

»Leg dich SOFORT andersrum hin!«, bellt mich der aufgebrachte Wachmann an. »Kopf zum Fenster!« Dabei hatte ich nur versucht, mich vor der Sonne zu schützen, die mir sonst frühmorgens brutal hell ins Gesicht scheint.

Am nächsten Tag hänge ich den Sehschlitz nach draußen mit einer der grünen Schmirgelpapier-Decken zu. Als der Wachmann das sieht, brüllt er mich wieder aggressiv an: »Sofort runter mit der Decke! Hier kommt nichts vor die Fenster – das ist streng verboten!«

Nach drei endlosen Tagen lässt sich endlich der *Counselor* bei uns blicken. In Sekundenschnelle bildet sich eine lange Schlange vor seiner Tür. Man darf aus seinem Büro einen Anruf tätigen – aber nur einen einzigen! Natürlich stelle ich mich sofort an.

»Kann ich meinen Freund in Hamburg anrufen?«, frage ich ihn aufgeregt. Der Mann mittleren Alters hat sich zurückgelehnt und sieht mich herablassend an.

»Nach Deutschland? Auf keinen Fall. Nur Anrufe in Chicago und Umgebung.«

Aber wen kenne ich hier, überlege ich fieberhaft. Wieder einmal fallen mir Susan und Kurt ein.

»Welche Nummer?«

Mist! Die habe ich nicht im Kopf. Mit meinen Nachbarn habe ich so gut wie nie telefoniert. Ich zucke ratlos mit den Schultern.

»War's das?«, fragt der *Counselor* unwirsch. »Da draußen stehen noch andere, die was von mir wollen.«

»Bitte!«, nervös reiche ich ihm das Formular mit meinen Telefonnummern über den Tisch. »Könnten Sie mir diese Kontakte genehmigen?«

Er wirft nur einen kurzen Blick auf das Blatt.

»Die Vorwahlnummern nach Deutschland sind falsch«, erklärt er ungnädig.

Wie bitte? Seit anderthalb Jahren telefoniere ich so gut wie täglich mit Deutschland.

»Ich mein', die Nummern sind falsch ausgemalt«, seufzt er, als hätte er mir das schon hundert Mal erklärt. »Mach's einfach noch mal. Wird dir schon wer dabei helfen.«

Wütend und enttäuscht verlasse ich sein Büro. Ich hatte gehofft, endlich mit Christoph sprechen zu können. Jetzt muss ich bis zu seiner nächsten Sprechstunde warten, und wer weiß, wann die stattfindet.

Von morgens bis abends sind meine Mitgefangenen damit beschäftigt, ihre Zimmer zu putzen. Etwas anderes gibt es ja auch nicht zu tun. Die zwanghaften Reinigungsorgien bringen trotzdem nicht viel. Die Bude wirkt immer schmuddelig. Hier drinnen ist einfach alles abgewohnt und heruntergekommen. Außerdem weht über den Lüftungsschacht der Klimaanlage ständig neue staubige Luft herein. Der Lappen, mit dem der Boden gewischt wird, ist nach jedem Putzdurchgang ekelerregend dreckig.

Ich beteilige mich nur lustlos an diesen Putzaktionen und das militärische Bettenmachen finde ich richtig schikanös. Nachdem mich eine weibliche Wache an zwei aufeinanderfolgenden Tagen scharf gemaßregelt hat, wird Brenda nervös. Sie fürchtet Konsequenzen für unser Zimmer und übernimmt es deshalb lieber selbst, mein Laken und die Decke faltenfrei festzustecken.

Die drei Latinas schleppen mich zu jeder Freizeitaktivität

mit, die hier angeboten wird – sogar in ihren Gottesdienst am Sonntag. Nach »draußen«, auf das Dach des MCC, von dem man von einigen Aussichtspunkten aus einen Blick auf die Stadt und den See erhaschen kann, dürfen wir Frauen nur selten. Man muss sich schon Tage vorher in eine Liste eintragen, um für eine halbe Stunde an die frische Luft zu kommen.

Stattdessen werden wir zum »Freigang« im Gänsemarsch in eine unterirdische Turnhalle geführt. Dabei kommen wir am Eingang zur Gefängnisküche vorbei, in der männliche Häftlinge arbeiten. Sofort bricht ein ohrenbetäubender Lärm los. Die Männer grölen jede Menge anzüglicher Sprüche. Einige Frauen reagieren mit ebenso derben Bemerkungen, genießen den Kontakt. Die Wachen haben in diesem Lärm und Tohuwabohu alle Hände voll zu tun, uns schnell an den Kerlen vorbeizulotsen.

Im Freizeitraum im Keller versucht sich einer von ihnen als Pausenclown und veranstaltet mit uns Spiele wie auf einem Kindergeburtstag. Am Ende der Stunde bekommt jede einen kleinen Beutel mit billigen Süßigkeiten zur Belohnung. Bis auf eine kleine Tüte Chips finde ich dieses Zeug pappsüß und ekelhaft, aber das lasse ich mir nicht anmerken. Viele Insassinnen wären bereit, sich für so ein Tütchen zu prügeln. Ich gebe meine Ration an Brenda weiter, die sich wie ein kleines Kind darüber freut.

Danach werden wir in einem angrenzenden Raum noch eine Runde vor dem Fernseher geparkt: Welche DVD wir sehen wollen, dürfen wir aussuchen. Die Wahl meiner kolumbianischen Begleiterinnen fällt auf eine Musikshow ihrer Landsfrau Shakira. Ausgelassenes Mitsingen bei allen Songs, selige Blicke – so holen sich die Latinas ein Stück Heimat in den tristen Gefängnisalltag.

Immer wieder läuft mein letzter Besuch in Hamburg wie ein Film vor mir ab. Vor allem erinnere ich mich daran, wie ich nach diesen Ostertagen nach Chicago zurückkehrte.

Als der Pilot beim Landeanflug einen weiten Bogen über Chicago zog, konnte ich mein Wohnhaus, den *Park View Palace*, in der Skyline aufragen sehen und freute mich schon auf mein Bett im 47. Stock.

Sobald die Maschine ausgerollt war, erhoben sich die meisten Passagiere, um Taschen und Jacken aus den Gepäckfächern zu räumen. Da meldete sich der Flugkapitän noch einmal zu Wort: »Liebe Passagiere! Bitte halten Sie unbedingt Ihren Pass bereit, um ein zügiges Aussteigen zu ermöglichen!«

Gab es etwa schon wieder eine zusätzliche Kontrolle bei der Einreise in die USA? Oder betraf das nur dieses Flugzeug? Ich hatte keine Lust auf das Gedränge, blieb erst einmal sitzen und schaltete mein Handy ein.

Zwei Anrufe in Abwesenheit. Und Moritz hatte auf meine Mailbox gesprochen: »Ruf mich an, sobald du gelandet bist!« Seine Stimme klang angespannt. »Ich hole dich vom Flughafen ab. Fahr bitte auf keinen Fall ohne mich nach Hause!«

Ich rief ihn sofort zurück. »Steffi?«, fragte er hektisch. »Bist du angekommen? Ich stehe draußen am Ausgang und warte hier auf dich.«

»Was ist denn los?«, fragte ich verwirrt.

»Unser Büro ist von einer Bundesbehörde durchsucht worden. Ein Dutzend Leute waren da, bis an die Zähne bewaffnet. Es geht um das Honiggeschäft, sie wollen auch mit dir sprechen.« Alles Weitere würde er mir gleich persönlich erzählen.

Nachdem die meisten Leute das Flugzeug verlassen hatten, reihte auch ich mich in die Schlange vor dem Ausgang ein. Dort staute es sich, und bald sah ich auch den Grund dafür. Auf der Gangway standen sechs bewaffnete Männer in dunklen Uniformen und kontrollierten die Reisepässe der Fluggäste – ausschließlich die von weißen, blonden Frauen.

Wenige Augenblicke später begriff ich, dass ich diejenige war, auf die sie warteten.

»Stefanie Giesselbach? Bitte folgen sie uns!«, sagte ein Uniformierter nach einem kurzen Blick in meinen Reisepass. So schnell wie noch nie zuvor absolvierte ich die Einwanderungsformalitäten. Dann eskortierten mich die Uniformierten zum Gepäckband, wo wir noch ziemlich lange warten mussten, während langsam auch die anderen Fluggäste eintröpfelten.

Meinen Koffer nahmen sie sofort an sich, schoben ihn durch den Scanner, öffneten und durchwühlten ihn. Wonach suchten sie? Warum nahmen sie meine Osterpralinen eingehend in Augenschein? Waren sie auf der Suche nach Drogen? Ging es am Ende gar nicht um meinen Arbeitgeber und das Honiggeschäft? Ich fand die ganze Prozedur lächerlich.

Aber das war erst der Anfang. Als Nächstes führten sie mich in einen fensterlosen Konferenzraum im Flughafen, wo mich schon drei Ermittler erwarteten: Mary und ihre beiden Mitarbeiter. Während ich noch versuchte, meine Gedanken zu ordnen, breiteten sie wilde Verschwörungstheorien vor mir aus.

Sie bombardierten mich mit Namen und konstruierten Zusammenhänge, die völlig absurd waren. Aber ich blieb auf der Hut, wollte weder meine Vorgesetzten belasten noch die

Unwahrheit sagen. Auf die Idee, einen Anwalt in Anspruch zu nehmen, kam ich überhaupt nicht. Ich antwortete also möglichst knapp und hoffte, das Ganze so schnell wie möglich hinter mich zu bringen.

Abschließend drückte mir einer der Ermittler seine Visitenkarte in die Hand: Ich solle mich melden, wenn mir noch etwas einfiele.

Noch am selben Abend traf ich mich mit Moritz. Aufgeregt erzählten wir einander, was passiert war. Moritz, mein unmittelbarer Vorgesetzter, hatte seinen Job in Chicago kurz vor mir angetreten und an den Geschäftspraktiken unserer Kollegen genauso viel auszusetzen wie ich. Und so mischte sich in unsere Empörung über das Vorgehen der Polizei auch ein Quäntchen Erleichterung. Jetzt würden die Kollegen, aber vor allem auch der Juniorchef unsere Einwände endlich berücksichtigen und die Geschäfte künftig auf solidere Füße stellen.

An den Tagen danach gingen wir beide nicht zur Arbeit. Ein amerikanischer Freund von Moritz, der selbst Jurist war, riet uns dazu, eigene Anwälte zu Rate zu ziehen, die unsere persönlichen Interessen vertreten würden und nicht die der Firma.

Natürlich telefonierten wir auch mit der Firmenzentrale in Hamburg. Der Juniorchef spielte die Vorfälle herunter. Es sei doch überhaupt nichts passiert, die amerikanischen Behörden hätten nichts gegen seine Firma in der Hand. Wir sollten beide Ruhe bewahren, wieder an unsere Schreibtische zurückkehren und weiterarbeiten. Doch diese Beschwichtigungen beruhigten Moritz und mich keineswegs.

Schließlich beschlossen wir unabhängig voneinander, kurzfristig nach Hamburg zu fliegen. Ich wollte meinem Arbeitgeber unmissverständlich klarmachen, dass ich unter diesen Umständen keinen Tag länger in Chicago bleiben wollte.

In Hamburg argumentierte mein Juniorchef so lange gegen meine vorzeitige Rückkehr nach Deutschland, bis ihm klar wurde, dass er auf Granit biss. »Na gut, wenn du unbedingt zurückwillst«, räumte er schließlich gönnerhaft ein. »Ich will dich nicht zwingen, in Chicago zu bleiben. Auch wenn ich es sehr schade finde, wie dieser Auslandseinsatz endet. Wir hatten alle so große Hoffnungen in dich gesetzt.«

Er stellte mir eine neue Beschäftigung in Hamburg in Aussicht, allerdings unter der Bedingung, dass ich noch einmal in unser US-Büro zurückkehrte und eine Assistentin für Moritz einarbeitete.

Nach zähen Verhandlungen einigten wir uns auf eine Übergabezeit von maximal vier Wochen. So lange würde ich auch für meine eigenen Belange brauchen, musste in Chicago ja noch meine Wohnung auflösen, Kisten packen und den Umzug organisieren.

All das war unter Dach und Fach, als ich am 23. Mai erleichtert am Check-in für den Heimflug stand. Von den Zollfahndern hatte ich bis zu diesem Moment nichts mehr gehört.

»Du scheinst ein nettes Mädchen zu sein«, raunt mir eine schwarze Wärterin in einem unbeobachteten Moment zu. »Ich gebe dir einen Tipp. Sprich mit niemandem – hörst du! NIEMANDEM – über deinen Fall.« Diese Warnung werde ich im Gefängnis noch viele Male hören. Das Risiko, dass jemand dieses Wissen missbraucht, ist sehr groß. Als *Snitch* bezeichnet man Gefangene, die andere beim Staatsanwalt verpfeifen. Sie behaupten beispielsweise, ein anderer Insasse habe ihnen unter vier Augen eine Straftat gebeichtet. Wenn das auch nur halbwegs glaubwürdig klingt, kann der *Snitch* auf eine Strafverkürzung hoffen. Die Verachtung der Mitinsassen ist ihm oder ihr allerdings sicher, und nicht selten kommt es zu tätlichen Übergriffen auf vermeintliche Verräter.

All diese Warnungen ändern aber nichts daran, dass ich das unbändige Bedürfnis habe, über all das zu reden, was mir passiert ist und vorgeworfen wird. Ohnehin fragen mich viele Mitgefangene, was denn ein so nettes, wohlerzogenes Mädchen wie ich im Knast zu suchen habe.

Nach und nach erzähle ich den drei Frauen, mit denen ich meine Tage hier verbringe, dass mein Fall etwas mit meinem Arbeitsplatz zu tun hat. Dass ich für Vorgänge verhaftet worden bin, die meine Vorgesetzten zu verantworten haben. Manche von ihnen erzählen mir dann auch ihre Geschichten.

Sandra und Nora haben – im Gegensatz zu den meisten Frauen hier – ihr Strafverfahren schon hinter sich. Die eine hat sechs, die andere vier Jahre wegen Drogenhandel abzusitzen. Beide Frauen sind als Strafgefangene nur auf der »Durchreise« und warten im MCC seit über einem Jahr auf ihre Verlegung in ein Gefängnis an der Westküste.

Sandra hat sich die höhere Strafe eingefangen. »Das ist ungerecht«, beklagt sie sich, »ein einziges Mal habe ich Stoff verkauft und schon haben mich die Drogenfahnder erwischt.«

Nora hingegen war als Kurier regelmäßig zwischen Kolumbien und den USA unterwegs. Grinsend erzählt sie, dass sie von dem Drogengeld zwei Häuser für ihre Familie gekauft hat. Auch die Umstände ihrer Verhaftung belustigen sie. Rund zwanzig Beamte stürmten ihr Haus und kassierten die zierliche Frau ein, die da gemütlich vor dem Fernseher saß.

Nora hat vor Gericht ausgepackt und die Namen einiger Drahtzieher genannt. Deshalb ist ihre anfänglich drakonisch hohe Strafe deutlich reduziert worden. Für sie ist das alles ein Deal, in dem die vier Jahre Gefängnis schon eingepreist sind. Aber ob sie ihres Lebens in Kolumbien noch sicher ist, wenn sie ihre Strafe abgesessen hat, weiß sie nicht, und sie spricht auch nicht darüber.

Die Zustände hier im MCC sind erbärmlich. In der Strafanstalt an der Westküste hätten die beiden Frauen viel mehr Möglichkeiten, sich in Kursen weiterzubilden oder ein paar

Stunden am Tag zu arbeiten. Trotzdem ist Sandra nicht unglücklich darüber, dass sie noch immer in Chicago sitzt. Hier ist sie in der Nähe ihrer vier Kinder und ihrer Enkeltochter.

Wenn sie über ihre Familie spricht, wird die verhärmte Frau weich wie Butter und redet wie ein Wasserfall. Stolz zeigt sie mir ein Fotoalbum mit Bildern von ihren Lieben. Einmal im Monat kommen sie alle aus einer Kleinstadt in Illinois angereist, um ihre Mama im Knast zu besuchen.

Eines Tages erlebe ich mit, wie Sandra, eine ansonsten sehr beherrschte Frau, hemmungslos weint. Wir haben eine der seltenen Freistunden auf dem Dach des Gebäudes genehmigt bekommen, wovon sie ihrer Familie am Telefon erzählt hat. Die Kinder sind daraufhin extra angereist, haben die oberste Etage eines nahe gelegenen Parkhauses erklommen und halten dort selbstgebastelte Schilder hoch. »Mami, wir lieben dich«, rufen sie zu ihr herüber. Es ist herzzerreißend. Dieses eine Mal bin ich diejenige, die Sandra in die Arme nehmen und trösten darf.

»Aber das ist doch gar nichts! Du hast mir hier so sehr geholfen!«, wehre ich ihren Dank ab und frage sie in diesem ruhigen Moment, warum sie all das für mich tue.

»Als du vor ein paar Tagen hier reingekommen bist«, schnieft Sandra, »hab ich gedacht: Wenn du meine Tochter wärst, würde ich mir wünschen, dass sich jemand um dich kümmert. Mädels wie du und Brenda gehören einfach nicht hierher.«

Inzwischen kenne ich auch die Geschichte meiner Zimmergenossin. Mit vollem Namen heißt sie Brenda Quevedo Cruz. Sie ist in Mexiko geboren, dort zur Schule gegangen und hat nach erfolgreicher Ausbildung in der Medienbranche gearbeitet. Ihr Leben lief, wie sie es sich vorgestellt hatte, bis ihr Exfreund und seine Kumpels eines Tages mit der Entführung eines Mannes namens Hugo Wallace in Verbindung gebracht wurden. Brenda und ihre Freunde kannten diesen Hugo nur flüchtig und nach seinem Verschwinden kursierten verschiedene Theorien über sein Schicksal. War er wirklich entführt worden? Lebte er noch? War er einem Drogenkartell in die Quere gekommen?

Nichts davon ließ sich aufklären – doch Hugos Mutter, eine einflussreiche und wohlhabende Politikerin in Mexiko, verschrieb sich einem erbitterten Krieg gegen die vermeintlichen Entführer ihres Sohnes.

Auch Brenda geriet in den Kreis der Verdächtigen. Noch bevor ein Ermittlungsverfahren gegen sie eröffnet werden konnte, hing ihr Bild schon auf riesigen Plakaten in Mexico City aus. Hugos Mutter hatte ein üppiges Kopfgeld auf ihre Ergreifung ausgesetzt. Als sich einer von Brendas Freunden bei der Polizei meldete, um darzulegen, dass er mit der Sache absolut nichts zu tun hatte, wurde er vom Fleck weg verhaftet.

Meine Zimmergenossin bekam es mit der Angst zu tun und tauchte unter, floh in die USA. Mit falschen Papieren schlug sie sich als Kellnerin durch. Das ging eine Weile gut, bis sie einen verhängnisvollen Fehler beging und sich einer Kollegin anvertraute. Diese verriet sie wenig später an die amerikanischen Behörden. Brenda wurde im November 2007 an ihrem Arbeitsplatz in Louisville/Kentucky spektakulär verhaftet.

Seitdem versucht sie, ihre Auslieferung nach Mexiko mit allen rechtlichen Mitteln zu verhindern. Sie weiß, dass Verdächtige dort gefoltert werden, bis sie alles zugeben, was man ihnen vorwirft.

Trotz ihrer verzweifelten Lage lässt Brenda sich nicht unterkriegen. In ihrem Spind verwahrt sie eine Menge Fotos von einem gut aussehenden US-Soldaten namens Jorge, der irgendwo in Kentucky stationiert ist, ihr Ehemann. Die beiden haben sich während ihrer Zeit als »Illegale« kennengelernt und geheiratet.

An meinem ersten langen Wochenende im Knast hat Jorge seine Frau besucht. Brenda war davor total aufgeregt, verbrachte Stunden damit, sich die Haare zu waschen und die Augenbrauen zu zupfen. Aber am Samstagnachmittag kommt sie todunglücklich von dem Treffen zurück. Die Stimmung zwischen den beiden ist angespannt gewesen in dem überfüllten Besucherraum. Auf beiden Seiten lagen die Nerven blank und so fanden sie in der einen Stunde, für die er die weite Reise aus Kentucky auf sich genommen hatte, einfach nicht zueinander.[1]

Wie sehr ich mich nach Christoph sehne, wenigstens einmal, nur *einmal* seine Stimme zu hören! Der Sommer, in dem wir uns ineinander verliebten, liegt nun fast zwei Jahre zurück. Es war eine traumhafte Zeit. In Deutschland fand die Fußball-WM statt, und wochenlang herrschte schönes Wetter.

Ein paar Monate zuvor war eine langjährige Beziehung zu Ende gegangen, und dass ich jetzt mit einem entfernten Bekannten anbändelte, passte eigentlich überhaupt nicht zu meinen Plänen, stand doch schon fest, dass ich im Herbst nach Chicago gehen würde.

Aber vielleicht verlieh diese scheinbare Perspektivlosigkeit unseren Gefühlen auch erst recht Flügel. Als wir uns eingestanden, dass es uns schwer erwischt hatte, bestärkte mich Christoph in meinen Plänen. Amerika würde uns nicht auseinanderbringen, sagte er. Ich solle meinen Weg gehen, und er würde so bald wie möglich nachkommen.

---

1 Der Fall von Brenda Quevedo Cruz, deren Name hier nicht geändert wurde, ist 2016 noch immer nicht abgeschlossen. Obwohl nie in einem Strafverfahren verurteilt, sitzt sie bei Redaktionsschluss seit neun Jahren in Haft. Im November 2007 verhaftet, wurde sie im September 2009 nach Mexiko abgeschoben und dort zweimal (2009 und 2010) aus dem Gefängnis entführt, mehrfach vergewaltigt und gefoltert. Seit 2014 mehren sich – dank Recherchen einer kanadischen Menschenrechtsorganisation – Hinweise darauf, dass Hugo Wallace, das angebliche Entführungsopfer, mit einer anderen Identität noch am Leben ist.

Ich war so stolz auf meine Position als erste weibliche Produktmanagerin, die ich in der patriarchalisch geprägten Firma hart erkämpft hatte. Wie hätte es ausgesehen, wenn ich einen Rückzieher gemacht und die Stelle in Chicago ausgeschlagen hätte, weil ich frisch verliebt war?

In den folgenden anderthalb Jahren verbrachte ich jeden einzelnen meiner Urlaubstage bei Christoph in Hamburg. Nie im Leben hatte ich vorher so ausgiebig mit jemandem telefoniert. Wir waren Tausende Kilometer voneinander entfernt und uns doch immer ganz nah.

Im Gefängnis bin ich zum ersten Mal von jedem Kontakt mit ihm abgeschnitten. Und gerade jetzt würde ich ihn so sehr brauchen.

Nach sechs Tagen in Untersuchungshaft werde ich morgens um halb fünf aus dem Schlaf gerissen. Dass heute mein Haftprüfungstermin stattfindet, weiß ich natürlich. Aber doch erst gegen Mittag und im nur wenige Hundert Meter entfernten Gericht? Warum muss ich dann so früh aufstehen? Benommen schäle ich mich aus meiner Decke.

Mein Anwalt Jim Marcus hat mich inzwischen schon einige Male im Gefängnis aufgesucht. Er ist ein väterlicher Typ, der mir schon beim ersten Beratungsgespräch nach der Durchsuchung unseres Büros in Chicago sehr sympathisch war.

»Kein Anlass zur Sorge, Steff«, hat er mir damals erklärt. »Du bist nur eine Angestellte und hast auf Weisung deiner Vorgesetzten gehandelt. Selbst wenn diese sich strafbar gemacht haben sollten, wäre das nicht dein Problem.«

Bei unserem ersten Treffen im MCC ist Jim Marcus ausgesprochen erbost darüber, dass ich dennoch ohne jede Vorwarnung verhaftet und wie eine Schwerverbrecherin eingesperrt wurde. »Die Staatsanwaltschaft wusste, dass ich dich vertrete. Sie hätten mich kontaktieren können, dich zu einer Aussage vorladen.« Er geht nicht davon aus, dass ich lange im Gefängnis bleiben müsse. So eine Inhaftierung gilt in den USA als nicht ungewöhnlich, eher als lästiger kleiner Betriebsunfall.

»Wir werden aber mehrere Termine mit dem Gericht brauchen«, hat er mir angekündigt. »Du bist Ausländerin. Da müssen wir erst einmal eine Reihe von Bedingungen für deine Freilassung aushandeln.« Ein Wachmann bringt mich in eine Wartezelle im zweiten Stock. In der üblichen Eiseskälte, hungrig und müde, harre ich dort aus. Ab und zu schaut ein bulliger Zweimetermann mit einem hässlichen kleinen Pferdeschwanz herein. Offenbar ist er heute der zuständige Wachmann. Lauthals brüllt er auf der Etage herum und nervt mich mit seinen blöden Sprüchen.

Erst Stunden später kommen Uniformierte, um mich für den Transport zu fesseln. *Full shackle* bedeutet: Sie verpassen mir Fußfesseln und Handschellen. Letztere fixieren sie zusätzlich vor meinem Bauch.

»Tut es irgendwo weh?«, fragt mich einer von ihnen fast schon freundlich. »Hast du genug Spielraum in den Ketten oder schneiden sie ein?« Offenbar spürt er, dass mir die Situation vollkommen fremd ist.

Dann folge ich den beiden zum Fahrstuhl, mit den kurzen Trippelschritten, die mir in den Fußfesseln möglich sind. Dort treffe ich endlich wieder auf Moritz. Genauso wie mich haben sie auch ihn in Ketten gelegt. Wir freuen uns wie Schneekönige über das Wiedersehen, selbst wenn die Situation völlig grotesk ist.

Im Eiltempo erzählen wir einander, was wir in den letzten Tagen erlebt haben. Unsere Aufpasser lassen uns erstaunlicherweise reden, ohne dazwischenzugehen.

Moritz sitzt mit fast 90 Männern auf einer Etage, die kaum größer ist als die Abteilung für 35 Frauen. Mörder, Vergewaltiger, Anlagebetrüger und Chicagos berüchtigte Mafiabosse warten dort auf ihre Strafverfahren und vertreiben sich die Zeit mit Tischtennis oder Monopoly.

»Bei diesem Spiel zieht öfter mal jemand die Karte, auf der

es heißt: ›Gehen Sie direkt ins Gefängnis‹«, erzählt Moritz. »Und dann gibt's jedes Mal großes Geschrei und Gelächter, so nach dem Motto: Ey, Alter, da bist du ja schon!«

Die Gelassenheit dieser Jungs könne aber auch blitzschnell umschlagen. Dann flögen Spielbretter oder Tischtennisschläger durch die Luft.

Es tut so gut, mit ihm zu reden, auf Deutsch, in unserer Muttersprache – als tauschten wir uns über merkwürdige Reise-Erlebnisse aus. Für einen Moment löst sich meine Anspannung, ich kann wieder lachen, fühle mich wieder wie jene selbstbewusste und fröhliche junge Frau, die ich bis letzten Freitag war.

In der Tiefgarage verfrachten sie uns in einen Kleinbus. Ohne Hilfe kann ich mit meinen gefesselten Füßen das hohe Trittbrett nicht erklimmen; einer der Uniformierten muss mich hochheben und auf die vorderste Bank des niedrigen Transporters schieben. Ich werde direkt hinter der Trennscheibe zum Fahrer platziert. Die Männer sitzen mit zwei Reihen Abstand hinter mir. Moritz und mich hindert das nicht daran, ohne Punkt und Komma miteinander zu reden. Wahrscheinlich halten die anderen Männer mich für seine Freundin. Jedenfalls wagt es keiner, mir auch nur einen anzüglichen Blick zuzuwerfen.

Leider sind es nur einige Hundert Meter Fahrt bis zum Gerichtsgebäude. Im Parkhaus werden wir voneinander getrennt. Sie bringen mich ins oberste Stockwerk und sperren mich in eine vergitterte Großraumzelle, in der auch andere Frauen auf ihren Gerichtstermin warten. Stumm und angespannt starren wir vor uns hin.

Jetzt ist es so weit, denke ich, als ein Wachmann mich holen kommt. Doch er bringt mich nur zur erkennungsdienstlichen Behandlung. Ich muss ein weiteres Mal meine Fingerabdrücke abgeben, und sie machen ein Foto von mir. Dann sperren sie mich wieder ein.

Dem Wachmann ist anscheinend aufgefallen, dass all das für mich keine Routine ist. »Stefanie. Ste-fa-niiiiieh. Was maaaaachst du denn hier?«, brüllt er immer wieder über den langen Flur. Er findet das anscheinend lustig. Mir ist es unsäglich peinlich.

Allmählich wird es Mittag. Jede von uns erhält ein Sandwich, eine Tüte Chips und eine Dose Cola – im Vergleich zu dem Fraß im Gefängnis ist es ein Festmahl. Leider bin ich so angespannt, dass ich kaum einen Bissen hinunterbekomme und reiche meine Portion fast unberührt an die Gefangene neben mir weiter. Glücklich fällt sie darüber her.

Dann werde ich endlich vor den Richter geführt. Mit gefesselten Füßen tripple ich den breiten Gerichtskorridor entlang. Links und rechts vor den Zimmertüren der Staatsanwälte stehen die Schreibtische der Sekretärinnen. Für sie ist es wahrscheinlich nicht ungewöhnlich, dass eine in Orange gekleidete Gefangene hier vorbeikommt. Ich aber würde am liebsten im Boden versinken.

Vor dem Gerichtssaal werden mir die Fußfesseln abgenommen. Als ich nun denselben holzgetäfelten Raum betrete, in dem ich vor sechs Tagen zum ersten Mal vor dem Richter stand, entdecke ich ein vertrautes Gesicht: Kurt ist gekommen und sitzt auf der vordersten Zuschauerbank! Mir schießen Tränen in die Augen, ich hebe meine Hand ein kleines bisschen und winke ihm zaghaft zu. Dann setze ich mich zu Jim Marcus an den Tisch.

Wieder springen alle ehrfürchtig auf, als Richter Asher den Raum betritt. Zuerst ist der Staatsanwalt dran.

Triumphierend schwenkt er den Ausdruck einer Mail, die ich an meinem letzten Arbeitstag geschrieben habe. Einer der Empfänger muss diese Mitteilung an die Ermittler weitergegeben haben. Warum? Wer war das? Es ist nicht mehr als die offizielle Mitteilung darüber, dass ich zurück nach Hamburg gehe. Den meisten Leuten, mit denen ich in den USA zusammengearbeitet habe, hatte ich das ohnehin schon am Telefon erzählt. Nun soll dieser Routinebrief als Beweis dafür herhalten, dass ich Chicago fluchtartig verlassen wollte.

Auch gegen Moritz hat der Staatsanwalt neue Beweise gesammelt. Dieser habe, so führt er aus, für die folgende Woche mit seiner Frau eine Reise nach Hamburg geplant. Das stimmt. Er hat mir davon auf der Fahrt zum Flughafen erzählt. Es sollte ein Kurztrip zur Hochzeit seines besten Freundes werden – keine Flucht aus der Stadt, in der das Paar wohnt und arbeitet.

Alle Anwälte betonen nachdrücklich, dass keiner von uns jemals fliehen wollte. Jim Marcus hat sogar den deutschen Konsul gebeten, zu diesem Termin zu erscheinen, um vor Gericht auszusagen, dass viele deutsche Geschäftsleute ganz legal zwei Pässe besitzen. Den Richter scheint das nicht besonders zu interessieren, er holt den Mann wohl nur aus Respekt vor seinem Amt in den Zeugenstand.

Richter Asher horcht erst auf, als Moritz' Anwälte eine Kaution anbieten. Der sechsstellige Betrag, der da angedeutet wird, klingt für mich völlig utopisch. So viel Geld werde ich niemals auftreiben können, denke ich deprimiert.

»Sie erhalten Gelegenheit, dem Gericht darzulegen, welche Sicherheiten Sie im Fall einer vorläufigen Freilassung anbieten können«, erklärt Richter Asher gnädig. »Ich setze einen weiteren Termin für die nächste Woche fest.«

Seine Anwälte wirken so, als hätten sie einen ersten Erfolg zu verbuchen. Für Moritz und mich bedeutet das: zurück ins Gefängnis.

Am frühen Nachmittag treffen wir wieder dort ein, etwa zehn Stunden nachdem dieser Transport begann. Erst jetzt gestehe ich mir ein, dass ich die Hoffnung hatte, an diesem Tag freizukommen.

»Djeisslbock!«, brüllt ein Aufseher mal wieder durch unseren Aufenthaltsraum. »Anwaltsbesuch!«

Es ist schon beinahe Routine geworden, doch ich freue mich jedes Mal sehr, wenn Jim Marcus kommt. Er ist noch immer meine einzige Verbindung zu Außenwelt, bringt Neuigkeiten oder Grüße von meinen Angehörigen mit und sorgt für etwas Abwechslung in der grauen Monotonie meiner Tage im MCC.

»Da kommt ja schon wieder unsere VIP«, witzeln die Wachen, wenn ich auf die Besucheretage gebracht werde. Bei keiner anderen Gefangenen passiert das so oft wie bei mir. »Der Justiz muss ja ein dicker Fisch ins Netz gegangen sein«, mutmaßen sie, als mich ein Mitarbeiter des deutschen Konsulats sprechen will. Der Mann kann allerdings auch nicht viel mehr tun, als sich kopfschüttelnd meine Geschichte anzuhören.

Dieses Mal ist die unvermeidliche Leibesvisitation besonders unangenehm. Ich habe meine Regel und benutze die brettharten riesigen Damenbinden, die an die Gefangenen ausgegeben werden. Vor den Augen der weiblichen Wache muss ich meine Unterwäsche ausziehen und sogar die Binde anheben.

»Ich habe gestern länger mit deinen Nachbarn gesprochen«, erzählt Jim Marcus etwas später. »Susan und Kurt. Sie sind sehr aufgebracht und würden alles tun, um dich hier rauszuholen.« Was meint er nur damit?

»Es war wirklich schön und hat mich gerührt, dass Kurt zu meinem Gerichtstermin gekommen ist«, überlege ich. »Aber auf die Justiz haben die beiden doch vermutlich wenig Einfluss …«

»Sie haben angeboten, dass du bei ihnen wohnen kannst, wenn du hier rauskommst.«

Daran hatte ich noch überhaupt nicht gedacht – ich habe keine Wohnung mehr in Chicago. Das Gästezimmer bei Susan und Kurt ist allerdings die beste Option, die ich mir vorstellen kann. Und die beiden scheinen keinen Moment darüber nachgedacht zu haben, ob sie sich vielleicht in mir getäuscht haben: Sie stehen einfach zu mir.

»Und das ist noch nicht alles«, fährt Jim seelenruhig fort. »Sie stellen ihr Apartment als Kaution zur Verfügung.«

Ungläubig starre ich ihn an. »Das ist nicht dein Ernst! Das nehme ich nicht an!«

»Es ist unsere einzige Möglichkeit. Vergiss nicht, dass du Ausländerin bist. Das macht es viel schwerer, dich aus dem Gefängnis zu holen. Dein Vater und dein Freund sind in der Lage, gemeinsam maximal 100 000 Dollar als Kaution aufzutreiben. Das wird aber nicht reichen. Dein Arbeitgeber könnte natürlich mehr aufbringen. Aber es ist ihm gerichtlich verboten, für die Kaution einzustehen. Deine Eltern bieten außerdem ihr Haus als Sicherheit an, aber das akzeptieren die US-Behörden nicht, weil sie eine Immobilie in Deutschland nicht beschlagnahmen können, wenn du dich den Justizbehörden entziehst.« Er legt eine kurze Pause ein. »Aber ein Apartment in bester Lage in Chicago – das würde dem Richter gefallen. Kurt und Susan haben das sofort verstanden.«

Er hat sie gefragt, denke ich im Stillen. Es ist mir entsetzlich unangenehm. Energisch schüttele ich den Kopf. »Niemals! Kommt nicht in Frage.«

Ich weiß, dass diese Wohnung das Ein und Alles meiner Nachbarn ist – sie ist die Verwirklichung ihres Lebenstraumes. Dass sie dieses Eigentum jetzt für mich in die Waagschale werfen wollen, ist einfach zu viel. Zu nett, zu absurd, zu großzügig.

»Das werde ich nicht annehmen«, erkläre ich entschlossen.

»Überleg es dir gut«, erwidert Jim. »Es ist deine einzige Chance. Ich lass dich mal einen Moment allein. Was darf es denn heute sein?«

Jedes Mal, wenn er mich besucht, holt er mir etwas aus dem Automaten im großen Besucherraum. Eine Pepsi, einen Schokoriegel, eine kleine Tüte Chips oder alles zusammen.

Jim klopft an die Tür und eine Wache lässt ihn heraus. Ich bleibe allein mit meinen Gedanken zurück.

Als ich vor anderthalb Jahren nach Chicago umzog, blieb nur wenig Zeit für die Wohnungssuche. Der Makler fuhr mit mir in die Irving Park Road. Erstaunlicherweise fand er direkt vor der Hausnummer 655 einen Parkplatz. Von der Fassade des Hochhauses war ich zunächst nicht sonderlich angetan. Sie wirkte grau und in die Jahre gekommen. In so einem Koloss sollte ich wohnen? In Hamburg hatte ich in einer Erdgeschosswohnung mit großem Garten gelebt.

Eine breite, geschwungene Auffahrt führte zum Eingang unter dem eleganten Vordach. Wir meldeten uns an der Rezeption. In der Empfangshalle sah es aus wie in einer großzügigen Hotel-Lobby. Acht Meter hohe Decken, Marmor, Granit und gediegene Holzvertäfelungen an den Wänden. Dazu riesige Blumenbouquets, großformatige Bilder, bequeme Sofas und modische Sessel. Ich staunte nicht schlecht. Parallel zur stark befahrenen Straße erstreckte sich ein etwa 20 Meter langes Panoramafenster. Von dem Lärm war hier drinnen nichts zu hören. In einem separaten Raum waren Hunderte Briefkästen wie Schließfächer übereinander angeordnet: In den 55 Stockwerken mussten an die 2000 Menschen wohnen.

Wir ließen die Fahrstühle für die unteren Stockwerke links liegen und stiegen in die sogenannte Skyline, die im Expresstempo in die höheren Etagen sauste. Als wir im 47. Stock ausstiegen, knackte es mir in den Ohren.

Als der Makler die Tür Nummer 4702 aufschloss, verschlug es mir die Sprache. Zuerst sah ich nur strahlend blauen Himmel und Sonnenschein. Dann, direkt hinter der hochmodernen Küche, die Aussicht aus dem Wohnzimmerfenster auf den riesigen glitzernden Michigan-See. Vorsichtig ging ich auf die Fensterfront zu. Mann, war das hoch. Unter mir, direkt am See, erstreckte sich eine Golfanlage, daneben weite Grünflächen, ein Radwanderweg und Tennisplätze. Parallel dazu verlief der *Lake Shore Drive*, Chicagos Stadtautobahn.

Den Rest hatte ich schnell in Augenschein genommen: das große Schlafzimmer mit angrenzendem Badezimmer und begehbarem Kleiderschrank, ein Gästezimmer mit Badezimmer auf dem Flur, Einbauschränke, eine offene Küche mit Arbeitsplatte aus Granit und den hellen Parkettfußboden. Ich war schon restlos begeistert, als der Makler die weiteren Annehmlichkeiten herunterbetete: Im zweiten Stock, über der beheizten Parkgarage, gab es ein Sonnendeck mit großem Swimmingpool, einen Basketballplatz, überdachte Sitzgelegenheiten und Grills. Ein Supermarkt, Reinigung, Wäscherei, Friseur und Fußpflege, Partyraum und Fitnessstudio befanden sich im Haus. Den Müll entsorgte man einfach auf der Etage in einen Schacht – von dort sauste er dann in die Tiefe. Alle Pakete wurden von Bediensteten in Empfang genommen und konnten bis 22 Uhr bei ihnen abgeholt werden.

Ich sagte sofort zu. Es war die einzige Wohnung, die ich mir in Chicago ansah. Wenige Wochen später zog ich ein. Mein Hausstand wurde auf Kosten meines Arbeitsgebers in einem Container über den Atlantik gebracht.

Während die netten Möbelpacker noch einen Karton nach dem anderen mit dem Lastenaufzug nach oben transportierten, stand ich etwas verloren im Eingang meiner neuen Wohnung herum, als sich die gegenüberliegende Tür öffnete. Eine kleine Asiatin steckte ihren Kopf heraus und strahlte mich freudig an: »Bist du meine neue Nachbarin? Komm erst mal rein, ich mache uns einen Kaffee.«

Und schon saßen wir bei ihr auf dem Sofa und quatschten über Gott und die Welt. So lange, dass ich die Möbelpacker darüber völlig vergaß.

Susan war in Asien geboren, aber bei jüdischen Adoptiveltern an der Ostküste aufgewachsen. Seit vielen Jahren lebte sie mit Kurt zusammen, einem weißen, nicht-jüdischen Amerikaner. Ihre kaum 18-jährige Tochter hatte sich gerade für zwei Jahre zum Militärdienst in Israel verpflichtet. Das beschäftigte sie sehr, sie sorgte sich um ihr Kind.

Umso begeisterter nahm Susan mich vom ersten Tag an unter ihre Fittiche. Wo gab es gute Lebensmittel? Zu welchem Friseur ging sie? Reinigung? Schneider? Fußpflege? Behördengänge? Welche Autowerkstatt zog Winterreifen auf? Auf alles hatte sie eine Antwort und kannte Gott und die Welt.

Unter ihren Freunden im Haus waren viele Schwule, die sie mir nach und nach vorstellte. Der *Park View Palace*, der in unmittelbarer Nähe zu den vielen Bars und Clubs des Chicagoer Schwulenbezirks liegt, wird auch *Homo Hilton* genannt.

Auch mit Kurt verstand ich mich gut, wenn er auch ein ganz anderer Typ war als Susan. Ein ruhiger, häuslicher Mann, der viel arbeitete und seiner Frau jeden Wunsch von den Augen ablas. Wenn ich abends geschafft von der Arbeit kam, klebte oft ein gelbes Post-it an meinem Türklopfer. »Komm gern zum Abendessen rüber, wenn du Lust hast.« Täglich bereitete Kurt irgendeine Köstlichkeit aus frischen Lebensmitteln aus aller Welt zu. Manchmal stellten mir die beiden auch einfach eine Schüssel in meinen Kühlschrank und pappten einen Zettel daran: *Lass es dir schmecken*. Und zu Thanksgiving, Weihnachten oder Ostern war ich ganz selbstverständlich zu den Feiern bei ihnen willkommen. »Wir sind deine amerikanische Familie«, hatte Susan immer wieder zu mir gesagt.

»Und?«, fragt Jim, als er vom Automaten zurück ist. »Hast du es dir überlegt?«

Mir wird klar, dass ich dieses unfassbar selbstlose Angebot von Susan und Kurt annehmen muss. Schlüge ich es aus, würde ich die beiden damit brüskieren. Und meine Familie und meine Freunde wahrscheinlich auch, die draußen in heller Aufregung und Sorge sind. Mir ist außerdem überhaupt nicht danach zumute, die Heldin zu spielen, ich willige ein.

Dann falle ich gierig über das Knabberzeug her, das Jim mir mitgebracht hat.

»Du weißt doch, dass es streng verboten ist, fremde Kleidungsstücke zu tragen«, raunzt mich der Wärter an, als er mich aus dem Besprechungsraum abholt. Natürlich hat er durch die Glasscheiben sofort gesehen, dass mein Anwalt mir sein Jackett um die Schultern gehängt hat, weil ich nach der Leibesvisitation völlig durchfroren war. Immerhin hat er ihn gewähren lassen und verpasst mir erst jetzt einen Rüffel.

Als sich die Tür des Aufzugs etwas später im 28. Stock öffnet, sehe ich es sofort: Der *Counselor* ist da! Diesmal nimmt er mein Formular gnädig entgegen.

»Ich gebe es unten an die Sachbearbeiterin bei der Justiz weiter«, teilt er mir mit einem flüchtigen Blick auf die Zahlenreihen mit. »Sie muss das ins System eingeben. Kann aber ein paar Tage dauern.« Ich bin verzweifelt. Werden denn ständig neue Hürden vor mir aufgebaut? Wann kann ich endlich mit Christoph sprechen?

Einen Tag später ist es endlich so weit. Ich habe Geld auf meinem Konto und einen persönlichen Telefon-Code. Ohne Sandra würde ich dennoch an der komplizierten Prozedur scheitern.

Zunächst muss ich ein Telefonkonto einrichten, indem ich meinen Namen auf Band spreche. Bei jedem Anruf wird ein Sprachautomat künftig meine Stimme und meinen Namen mit dieser Aufnahme abgleichen. Dann muss ich meine Gefangenen-Nummer, die auf meinem roten Plastikausweis steht, eingeben. Und meine neue Telefon-PIN. Danach die Nummer, die ich in Deutschland anrufen will. Ich bin so nervös, dass ich mich andauernd vertippte.

Schließlich habe ich es geschafft. »Nennen Sie Ihren Namen!«, weist mich eine Stimme vom Band an.

»Stefanie Giesselbach«, sage ich klar und deutlich.

»Identifikation nicht möglich«, bedauert der Automat.

Wieso das denn? Ich starte einen zweiten und dann einen dritten Versuch, jedes Mal mit demselben Ergebnis. »Identifikation nicht möglich!«

Danach ist meine Karte für weitere Versuche gesperrt. 30 Minuten lang. Panik steigt in mir auf. Was ist, wenn beim nächsten Versuch meine PIN ungültig wird? Es ist Freitag. Niemand wird sich vor dem Wochenende um mein Problem kümmern.

Bei meinem nächsten Gang zum Telefon fühle ich mich wie auf dem Weg zum Schafott. Ich unterdrücke das aufkommende Zittern, hole tief Luft und sage meinen Namen. Meine Hände sind schweißnass, ich kann den Hörer kaum festhalten.

Diesmal klappt es.

Bei Christoph in Deutschland müsste jetzt das Telefon klingeln, und ein Sprachautomat müsste ihn fragen, ob er bereit ist, einen Anruf aus einem *federal prison*, einem amerikanischen Bundesgefängnis, anzunehmen.

Und dann höre ich ihn – unendlich weit entfernt, durch Rauschen und fernes Stimmengewirr hindurch.

»Christoph«, stammle ich. »Ich bin's. Schatz ...«

»Schatz! Steffi?« Er begreift erst allmählich. »Du bist es selbst? Du bist es wirklich?«

Minutenlang reden wir entweder gleichzeitig aufeinander ein oder verstummen gemeinsam.

»Hörst du mich? Ich bin dran!«

»Schatz! Wie geht es dir?«

»Hier ist es schrecklich, aber ich versuche irgendwie klarzukommen.« Ich schlucke.

»Ich mach mir solche Sorgen ...«

»Brauchst du nicht. Mit mir ist alles okay. Ich will nur ...«, und dann bricht mir doch die Stimme.

»Wir holen dich raus, ganz sicher, so schnell es geht!«

»Was ist mit meinen Eltern? Habt ihr Kontakt?«, schluchze ich.

»Wir telefonieren jeden Tag. Haben uns auch schon mit deinen Chefs in der Hamburger Firma getroffen ...«

Ich frage besser nicht nach. Jim Marcus hat mir eingebläut, niemals, auch nicht auf Deutsch, über Details meines Falles zu sprechen. Alle Gespräche werden abgehört, mitgeschnitten und im Zweifelsfall übersetzt.

Und so vergehen die 15 Minuten, die wir miteinander sprechen dürfen, damit, dass wir Dutzende Male »Schatz« stammeln – fragend, ungläubig und in Tränen aufgelöst.

Nach diesem Anruf habe ich mich die ganze Woche gesehnt.

Trotzdem dauert es nicht lange, bis ich wieder in der Schlange vor dem Fernsprecher stehe. 300 Minuten Telefonzeit im Monat stehen mir zu, für einen Dollar pro Minute, wenn ich im Ausland anrufe. Bis auf ein, zwei Anrufe bei meiner Mutter vertelefoniere ich meinen gesamten Vorrat innerhalb weniger Tage mit Christoph. Er wird ab jetzt zur Nachrichtenzentrale, die meine Familie und meine Freunde auf dem Laufenden hält.

»Morgen kommt die Häkeltante«, kündigt Sandra abends an. »Ich finde, da solltest du hingehen.«

»Was soll ich denn bei der?«

»Ist eine ehrenamtliche Helferin. Ganz nett, auch wenn sie dich ständig mit Bibelzitaten vollquatscht und wieder auf den rechten Weg bringen will.«

»Aber ich kann überhaupt nicht häkeln«, wende ich etwas unbeholfen ein.

»Umso besser! Sie verschenkt nämlich jedes Mal Wolle. Und die kann man hier gut gebrauchen.« Dann zeigt sie mir, wie man einfache Maschen häkelt, und ermahnt mich zum Schluss: »Verrate ihr nicht, dass ich dir das schon beigebracht habe. Gib dich als blutige Anfängerin aus – dann fühlt sie sich besonders toll.«

Am nächsten Tag gibt sich die etwas schrullige ältere Dame tatsächlich jede erdenkliche Mühe, mich in der Handarbeit zu unterweisen. Sie ist ganz begeistert von meinem Talent.

»Wie schnell du lernst!«, sagt sie gerührt, überreicht mir einen Satz Häkelnadeln und kramt ein Wollknäuel aus ihrer Tasche. »Das schenke ich dir! Damit du weiterüben kannst.« Zum Abschluss der Stunde verlost sie noch mehr Wolle unter uns Teilnehmerinnen und dreht es irgendwie so hin, dass ich den größten Teil davon gewinne.

»Kann ich das Zeug haben?«, fragt mich Sandra, nachdem sie mich vom Häkelunterricht abgeholt hat.

»Klar! Gerne!« Ich bin froh, dass ausnahmsweise mal ich etwas zu vergeben habe. Selig zieht die Latina mit ihrer Beute ab. Brenda reagiert ziemlich angesäuert, als ich mit leeren Händen ins Zimmer zurückkehre.

»Ich wäre als Erste dran gewesen. Mit mir teilst du dir ein Zimmer!«, erklärt sie vorwurfsvoll.

»Häkelst du denn?«, frage ich überrascht.

Aber darum geht es nicht. Ich habe nicht bedacht, dass Wolle im Gefängnis zu den harten Währungen gehört. Fast alle Frauen im Gefängnis häkeln und Brenda hätte die Wolle gegen irgendetwas eintauschen können: Briefmarken, Schreibpapier oder Shampoo.

Wer draußen Angehörige mit etwas Geld hat, lässt sich Magazine mit neuen Mustern schicken, die wie ein sorgfältig gehüteter Schatz von Zimmer zu Zimmer wandern. Viele Frauen haben eine gehäkelte Tagesdecke auf ihrem Bett. Diese darf man, im Gegensatz zu dem übrigen Bettzeug, auch tagsüber benutzen.

Einmal bekomme ich auch mit, wie eine dicke weiße Gefangene einem Wärter ihre neueste Kreation präsentiert: Sie hat ein richtig süßes, mit Kissenfüllung ausgestopftes Pony in Hellgelb und Flieder gehäkelt.

»Weißt du, warum DIE hier ist?«, zischt mir Sandra zu und wirft der Frau, die in einem seltsam kindlichem Tonfall mit dem Wachmann spricht, einen hasserfüllten Blick zu: »Die hat's mit Kindern getrieben! Mit der will hier keiner etwas zu tun haben.«

Überprüfen kann ich diese Geschichte natürlich nicht. Aber das Kuscheltier finde ich jetzt gar nicht mehr süß.

Nora hat sich auf eine andere Handarbeit spezialisiert. Mit Hilfe eines Fadens bringt sie die Augenbrauen ihrer Mitgefangenen in Form. Irgendwann frage ich sie, ob sie das bei mir auch mal machen könne. Sie wirft einen prüfenden Blick auf meine im Vergleich zu den Latinas spärliche Behaarung. »Nein, die müssen noch ein wenig wachsen.«

Jeden Tag kontrolliert sie, ob sich »die Situation« über meinen Augen verändert hat. Bis Sandra ihr erklärt, dass sie da lange warten könne. »Glaubst du, dass einer Europäerin über Nacht üppige, geschwungene Latina-Augenbrauen wachsen?!« Da müssen wir alle drei lachen.

Mitten in der Nacht werde ich aus dem Tiefschlaf gerissen. Schlaftrunken blinzele ich in den grellen Lichtstrahl einer Taschenlampe. Ich soll sofort aufstehen und mitkommen. Benommen trotte ich hinter dem Wachmann her zum Fahrstuhl. Dort übergibt er mich einer weiblichen Wache, die mit mir in eins der unteren Stockwerke fährt.

Vor ihrer Bürotür deutet sie auf einen Stuhl. »Warte da!«

Ich nehme im kalten Neonlicht auf dem unbequemen Metallsitz Platz. Um mich herum sind in gläsernen Schaukästen Polizeitrophäen aus Schießwettbewerben ausgestellt. An der Wand hängt eine große Uhr.

Eine Stunde vergeht. Dann zwei. Ich sitze immer noch ganz allein da und warte. Worauf, weiß ich nicht.

Um drei Uhr morgens ist es so weit. Ich muss eine Urinprobe für einen Drogentest abgeben.

Okay. Aber warum muss das mitten in der Nacht passieren? Und warum lässt man mich zwei Stunden lang warten? Kann ich mich darauf verlassen, dass das Testergebnis korrekt sein wird? Noch habe ich es mir nicht abgewöhnt, mir solche Fragen zu stellen.

»Da wäre noch etwas«, leitet Jim Marcus seine nächste Besprechung mit mir ein. »Wenn du hier rauswillst, müssen wir dem Staatsanwalt zusagen, dass du kooperierst. Dass du den Ermittlern alles erzählst, was du über die Geschäftspraktiken deines Arbeitgebers weißt.«

»Ich soll meine Firma anschwärzen?«

Er nickt. Ich zucke mürrisch mit den Schultern.

»Steff, diese Leute sind der Grund dafür, dass du hier im Knast sitzt. Hast du etwa Skrupel? Denkst du, du kommst hier raus, ohne zu kooperieren?!«, fragt er aufgebracht.

»Was sagt denn Moritz dazu? Lässt er sich darauf ein?«

»Aber selbstverständlich. Er hat schon zugestimmt.«

»Trotzdem, das gefällt mir nicht. Ich weiß im Moment einfach nicht, auf welcher Seite ich stehe.« Die US-Justiz hat mich in den letzten zehn Tagen unglaublich feindselig behandelt. Und jetzt soll ich mich mit den Ermittlern gegen meine ehemaligen Kollegen und Chefs verbünden?

Mein Anwalt sieht mich einen Moment schweigend an. Dann schlägt er einen für ihn ungewöhnlich ernsten Tonfall an.

»Der Staatsanwalt kann über zehn Jahre Haft für dich fordern, wenn du nicht kooperierst.«

Mir entgleisen die Gesichtszüge. »Das können die doch nicht machen!«

»Du kennst unsere Justiz nicht. Die können durchaus, wenn sie wollen.«

»Aber wofür sollten die mich einsperren?«

»Im amerikanischen Strafrecht heißt der Straftatbestand *Conspiracy* – Verschwörung. Das habt ihr in Europa nicht. Wenn du von Straftaten weißt und diese nicht sofort anzeigst, wenn du dich in einem Raum aufhältst, in dem etwas Verbotenes passiert oder betrügerische Papiere über deinen Schreibtisch wandern, dann kannst du so hart bestraft werden, als wärst du selbst der Täter.«

»Es sei denn, ich liefere andere ans Messer?«

Jim nickt. »So ist es.«

»Okay, dann bleibt mir ja wohl nichts anderes übrig.« Nur zögernd willige ich ein. Allzu großes Mitgefühl für meine ehemaligen Vorgesetzten, die inzwischen alle nach Deutschland zurückgekehrt sind, hege ich tatsächlich nicht. Ich will nur noch meine Aussage machen und dann nach Hause.

Ein paar Tage später ist es so weit. Am 14. Tag nach meiner Verhaftung habe ich die begründete Hoffnung, entlassen zu werden. Mein Vater und Christoph haben gemeinsam 100 000 Dollar für eine Kaution aufgetrieben und an Jim Marcus überwiesen. Ich habe zugestimmt, mit den Ermittlern zu kooperieren. Kurt hat das Apartment im *Park View Palace*, das ihm auf dem Papier allein gehört, als zusätzliche Sicherheit angeboten. In einem weiteren Gerichtstermin muss all das noch einmal dem Richter vorgebracht und durch entsprechende Papiere belegt werden. Und dann entlässt er mich hoffentlich in die Freiheit.

Am Freitagmorgen um sechs Uhr rufe ich Christoph in Deutschland an, der seinerseits laufend mit Jim Marcus telefoniert.

»Hast du was gehört? Ist das Geld bei der Gerichtskasse angekommen?«, frage ich ihn.

»Leider nicht«, antwortet er bekümmert. »Jim Marcus hat mir gerade gesagt, dass die Überweisung noch nicht auf seinem Konto ist. Er würde sonst sofort einen Scheck zum Gericht bringen …«

Das bedeutet, dass ich noch ein Wochenende im Knast verbringen muss. Ich brauche einen Moment, um meine Wut und Enttäuschung zu verdauen.

»Hat es überhaupt Sinn, zum Gericht zu fahren, wenn meine Kaution noch nicht da ist?«, frage ich den Uniformierten, der mich wenig später zum Transport ins Gericht abholen will.

»Wenn du Bock hast, mit dem Auto durch die Stadt zu fahren, schon. Sonst nicht«, grinst der Mann fröhlich. »Keiner zwingt dich, vor Gericht zu erscheinen. Kannst auch hierbleiben.«

Ich weiß ja schon, was in den nächsten Stunden auf mich zukommt. Hand- und Fußfesseln, Leibesvisitationen, stundenlanges Warten in einer Großraumzelle, die ewige Kälte in den Justizgebäuden. Und das alles für nichts und wieder nichts.

»Dann bleibe ich hier«, entscheide ich.

Wenige Stunden später sitze ich einem wutschnaubenden Jim Marcus gegenüber.

»Steff, du bist die erste Mandantin, die es anscheinend nicht eilig hat, aus dem Knast zu kommen«, giftet er mich an. »Wo zum Teufel warst du? Wir waren alle vor Gericht versammelt. Alles war vorbereitet. Nur diejenige, für die der ganze Auftrieb stattfand, hatte heute anscheinend etwas Wichtigeres vor!«

In den wenigen Stunden bis zum Termin am Mittag ist das Geld nämlich doch noch eingegangen. Natürlich sah die Justizbürokratie keinerlei Notwendigkeit, mich darüber zu informieren und die paar Hundert Meter ins Gerichtsgebäude zu bringen. Und so mussten mein Anwalt, der Vertreter des Deutschen Konsulats und auch Kurt unverrichteter Dinge wieder abziehen.

Vor dem nächsten Dienstag werden wir keinen neuen Termin bekommen.

Moritz ist an diesem Tag bereits entlassen worden, berichtet Jim Marcus. Der Staatsanwalt sei sichtbar beeindruckt von der Summe, die er als Kaution gestellt habe. Sofort ließ er sämtliche Argumente für eine Fortsetzung der U-Haft fallen.

»Soll diese junge Frau dafür bestraft werden, dass sie weniger wohlhabend ist als ihr Vorgesetzter?«, fragt Jim Marcus den Richter drei Tage später bei unserem nächsten Termin.

Auch Kurt sagt an diesem Tag vor Haftrichter Asher aus. Freundlich, aber sehr bestimmt nimmt der Richter ihn ins Gebet, während ich nur wenige Schritte entfernt im Gerichtssaal stehe und zuhöre. Wir haben es bisher vermieden, auch nur ein privates Wort miteinander zu wechseln. Alles kann mir negativ ausgelegt werden.

»Ist Ihnen bewusst, welches Risiko Sie eingehen?«, fragt Richter Asher.

»Meine Frau Susan und ich haben volles Vertrauen zu Frau Giesselbach«, erklärt Kurt. »Sie war anderthalb Jahre unsere Nachbarin. Wir sind eng befreundet, haben uns fast jeden Tag gesehen, kennen ihre Familie und ihren Lebenspartner.«

»Aber jetzt«, setzt Asher nach, »hat sich ihre Situation geändert. Stefanie Giesselbach wird beschuldigt, eine Straftat begangen und die Vereinigten Staaten von Amerika schwer geschädigt zu haben. Es ist denkbar, dass sie versucht, sich ihrer Strafverfolgung zu entziehen, und sich aus den USA absetzt. Wissen Sie, was das bedeuten würde?«

Kurt sieht den Richter ruhig an. »Darüber brauche ich nicht nachzudenken. Das wird sie nicht tun.«

»Ihre Wohnung fiele dann automatisch in den Besitz der Vereinigten Staaten von Amerika und käme schon bald unter den Hammer.« Der Richter bleibt hartnäckig.

Aber Kurt lässt sich nicht eine Sekunde verunsichern.

»Hut ab«, sagt Asher am Ende der Befragung. »Sie haben meinen vollen Respekt für diese noble Geste.«

Damit ist die letzte Hürde zu meiner Entlassung genommen.

Zugleich stellt mich Richter Asher mit seinem Beschluss aber unter Hausarrest. Per elektronischer Fußfessel soll von jetzt an Tag und Nacht überwacht werden, wo ich mich aufhalte.

Für Moritz galt das nicht, er ging ohne Fußfessel nach Hause. Mir ist dieser Unterschied aber ziemlich egal. Und ich nehme auch nicht wirklich wahr, dass ich persönlich noch immer einer Straftat beschuldigt werde: Ich gehe einfach davon aus, dass ich jetzt eine wichtige Zeugin für die US-Justiz bin und, bis sich alles aufklärt, noch kurze Zeit zur Verfügung stehen muss. Das ist lästig, aber die Aussicht, bei Susan und Kurt im Gästezimmer zu wohnen, erscheint mir im Vergleich zu meiner momentanen Unterkunft wie ein Luxusurlaub im Fünf-Sterne-Resort.

Wäre dies ein Hollywoodfilm, würde ich aus dem Gerichtssaal direkt in die Obhut meiner Freunde entlassen. Doch die Realität sieht anders aus: Ich muss erst einmal zurück in den Knast, um dort ein paar Stunden in der Wartezelle abzusitzen. Der dämliche Riesenwärter, den ich schon zur Genüge kennengelernt habe, holt mich am Nachmittag endlich zur »Auskleidung« ab.

»Welche Größe darf's denn sein?«, fragt er grinsend und mustert mich anzüglich von oben bis unten. Ich hatte immer ein durchschnittliches Gewicht, aber nach den drei Wochen im Gefängnis bin ich geradezu abgemagert.

»Haben Sie etwas in S oder XS?«, schlage ich vor.

Nach einer halben Ewigkeit kommt er mit einem Stapel Zeug zu mir und feixt. »Was anderes konnt' ich nich' finden!«

Die Sachen sind neu, aber von der allerbilligsten Sorte. Die Herrenjeans hat die Bundweite 36, zehn Nummern kleiner, und sie wäre mir wohl immer noch zu groß. Die Unterhosen kenne ich ja schon. Sie hängen mir fast in der Kniekehle. Das graue, langärmlige Oberteil in der Größe XXXL könnte ich auch als Kleid tragen. Meine dunkelblauen Billig-Slipper darf ich behalten, denn die kleinsten Männerturnschuhe, die hier aufzutreiben sind, haben die Größe 43.

Erst nach dem letzten Zählappell und dem Abendessen ist es um 16.30 Uhr so weit. Der Wachmann bringt mich zu einem Tresen, an dem ich meine Entlassungsdokumente unterschreibe. Dann geht es mit dem Fahrstuhl ins Erdgeschoss. Dort werden gerade ein paar von oben bis unten tätowierte Männer in Handschellen aus dem Gericht zurückgebracht. Sie grölen sofort los, als sie mich sehen, und ziehen mich mit ihren Blicken förmlich aus. Ich schnappe die Worte *»fuck«* und *»Baby«* auf und muss beinahe lachen. Offenbar bin ich sogar in dieser hässlichen Kleidung, die meinen gesamten Körper verhüllt, noch attraktiv für sie.

Zuletzt muss ich ein etwas seltsames Ritual absolvieren. Ich soll an einem langen Seil ziehen, das von einer verglasten Aussichtsplattform herabhängt. Von oben befiehlt mir jemand, meinen Nachnamen zu buchstabieren und meine Entlassung zu fordern. Dann betätigt der für mich unsichtbare Wachmann auf der Plattform einen Schalter. Vor mir öffnet sich eine kleine Tür. Am 19. Tag nach meiner Verhaftung trete ich wieder auf die Straßen von Chicago hinaus.

Ich stehe auf dem Bürgersteig der Clark Street, die Sonne blendet mich. Niemand ist zu sehen. In dem unförmigen Männershirt bricht mir sofort der Schweiß aus. Meine aufgekrempelte Hose halte ich mit einer Hand am Bund fest, damit sie mir nicht über die Hüften rutscht.

Kurt wollte mich doch abholen. Aber woher soll er wissen, wann ich hier rauskomme? Und wo? Ich bekomme es mit der Angst zu tun. Darf ich hier überhaupt auf der Straße herumstehen? Ich habe schließlich strengste Anweisung, mich nur im Apartment von Susan und Kurt aufzuhalten und mir am nächsten Tag die elektronische Fußfessel abzuholen.

Langsam gehe ich an der Mauer des dreieckigen Hochhauses entlang. Bestimmt ist mir anzusehen, dass ich soeben aus dem Knast entlassen worden bin.

Und dann ist Kurt da. Verschwitzt und aufgebracht läuft er mir entgegen.

»Da bist du ja! Bist du okay?« Erleichtert schließt er mich in die Arme. »Susan wartet zu Hause schon auf uns. Sie kocht uns was Leckeres!«

Klitschnass und zu Tode erschöpft sinke ich auf den Beifahrersitz seines Wagens.

»Willst du dich umziehen?«, fragt Kurt mit einem langen Blick auf die Rückbank.

Dort liegen die Kleidungsstücke, die ich vor knapp drei Wochen für meinen Flug nach Hamburg angezogen habe. Sauber gewaschen, gebügelt und zusammengefaltet. Das ist mal wieder typisch Susan.

Ich sehne mich danach, mir die kratzenden synthetischen Stofffetzen vom Leib zu reißen, zu duschen, mich mit einer wohlriechenden Bodylotion einzucremen und in meine eigenen Kleider zu schlüpfen. In dieser Reihenfolge. Auf der Rückbank eines Autos, mitten im Zentrum von Chicago, will ich nichts davon tun.

»Fahr mich einfach nach Hause«, bitte ich Kurt. »Und zwar so schnell wie möglich.«

Als ich wie ferngesteuert an meiner ehemaligen Wohnungstür im 47. Stock vorbeigehe, bucht Christoph in Hamburg schon seinen Flug nach Chicago.

Die Fußfessel hole ich mir am Tag nach der Entlassung ab. Kurt fährt mich noch einmal zum Gerichtsgebäude. Dort ist jetzt die Abteilung *Pretrial* für mich zuständig und wird mich überwachen, bis das Verfahren durch einen Richter abgeschlossen ist.

Ein junger Mann bringt ein breites schwarzes Band, das wie ein Kabelbinder verschlossen wird, an meinem rechten Fußknöchel an. An der Fußfessel, die sich jetzt nur noch mittels roher Gewalt abnehmen ließe, ist ein flacher schwarzer Sender im Format von etwa acht mal fünf Zentimetern befestigt. Dieses Kästchen kann ich außen oder innen am Fußgelenk tragen, doch Letzteres ist unbequem und störend.

Den zum Sender gehörenden Empfänger soll ich bei Susan und Kurt in die Telefonbuchse stecken. Sobald ich mich nicht mehr in Reichweite dieser Box befinde, geht bei der Polizei ein Alarmsignal ein, ich gelte dann als flüchtig. Die Box kann also nicht kontrollieren, wo ich mich gerade aufhalte, aber sie reagiert, sobald ich mich aus dem »erlaubten« Bereich entferne.

»Wie lange kann denn so eine Überwachung andauern?«, fragt Kurt den Behördenmitarbeiter. »Sie haben da bestimmt Erfahrung?«

»Ein paar Monate vielleicht«, sagt der junge Mann. »Rechnen Sie besser mit einem halben Jahr. Ist ja jetzt bald Sommerpause.«

Ich schlucke: Dass es ein paar Wochen, vielleicht sogar zwei oder drei Monate dauern wird, bis die Ermittler mich gründlich ausgefragt haben und nach Deutschland entlassen, darauf hat Jim Marcus mich vorbereitet. Aber ein halbes Jahr? Fast bis Weihnachten? Dieser Zeitraum kommt mir unvorstellbar lang vor.

Doch jetzt werde ich weitergeschickt, treffe in einem anderen Büro auf eine kleine Dame mit dunklen Locken. Sie ist kaum älter als ich: Miss Ortega, meine *Pretrial*-Betreuerin. Ihr soll ich jeden Montag telefonisch meinen Wochenplan bekannt geben: wann ich zum Einkaufen gehe, wann in den Wäschekeller und so weiter. Für solche Zwecke kann ich mich an zwei Tagen pro Woche für jeweils zwei Stunden von der Kontrollbox abmelden.

Ich höre mir das alles ergeben an. Ich werde schon damit klarkommen, denke ich. Hauptsache, ich bin nicht mehr in diesem grauenvollen Gefängnis.

In der ersten Nacht nach meiner Entlassung bin ich ein paarmal aufgewacht und habe erleichtert festgestellt, dass ich allein bin, in frisch gewaschener Bettwäsche auf einer richtigen Matratze liege und weder schwitze noch friere.

Meine beiden Koffer, die vom ICE beschlagnahmt wurden, hole ich später mit Susan im Hauptquartier der Behörde ab. Ich genieße es, endlich wieder meine eigene Kleidung zu tragen, so lange zu duschen, wie ich will, und mein Shampoo, meine Bodylotion, meine Cremes, mein Schminkzeug zu benutzen.

Und dann steht Christoph vor der Tür. Diesmal kann ich ihn nicht am Flughafen O'Hare abholen, sondern muss zu Hause auf ihn warten. Selbst wenn mir Miss Ortega diesen Ausgang genehmigen würde – an den Ort, an dem ich vor vier

Wochen festgenommen wurde, will ich im Moment auf keinen Fall zurück.

Ich erwarte meinen Freund voller Ungeduld und Vorfreude in unserem Apartment. Erst jetzt, als er endlich vor mir steht, erkenne ich am Ausdruck in seinen Augen, wie sehr er sich um mich geängstigt hat. Er ist unendlich erleichtert, mich äußerlich unversehrt wiederzusehen.

Eine ganze Weile liegen wir uns einfach nur in den Armen und sagen nichts. Allmählich fällt die Anspannung von uns beiden ab und ich heule mich erst einmal richtig aus. Niemand stört uns dabei. Kurt ist schon zur Arbeit gegangen und Susan hat sich diskret zurückgezogen.

Die Woche mit Christoph verbringe ich wie in Trance. Ich genieße seine Nähe und denke nicht darüber nach, wie mein Leben in den nächsten Monaten verlaufen wird. Die scheußliche schwarze Fußfessel an meinem Knöchel, die ich Tag und Nacht anbehalten muss, irritiert Christoph mehr als mich. Solange er bei mir ist, schlafe ich tief und fest wie ein Murmeltier. Aus dem verhuschten, schreckstarren Wesen, das der Knast aus mir gemacht hatte, wird allmählich wieder jene lebensfrohe junge Frau, die ich vorher war.

Draußen herrscht schönstes Sommerwetter, aber ich darf die Wohnung ja nur äußerst selten verlassen. Mein einziger Ausgang führt mich zum nahe gelegenen Supermarkt »Treasure Island« und wieder zurück. Die Auswahl an Lebensmitteln aus aller Welt dort ist riesig, es fehlt uns wirklich an nichts. Kaum haben wir den Laden voll bepackt verlassen, jault in einiger Entfernung die Sirene eines Polizeiwagens auf. Ich schrecke zusammen, lasse beinahe meine Tüten fallen. Mein Herz rast, kalter Schweiß tritt mir auf die Stirn. Sind sie hinter mir her, geht alles wieder von vorne los? Nur mit Mühe gelingt es Christoph, mich zu beruhigen.

Allmählich begreife ich, dass ich das Gefängnis mit nach

draußen genommen habe. Ich fühle mich auf der Straße verfolgt, stets habe ich Angst, irgendetwas falsch zu machen. Fast dreißig Jahre lang habe ich mich mit Selbstverständlichkeit durch die Welt bewegt. Damit ist es vorbei. Eigentlich braucht die Justiz keine elektronische Fußfessel, um mich am Verlassen der Wohnung zu hindern. Ich bin nicht mehr frei.

Erst als Christoph nach Hamburg zurückfliegt, stellen sich Niedergeschlagenheit und Erschöpfung ein. All die Energie, die ich aufgebracht habe, um im Gefängnis klarzukommen, fehlt mir jetzt.

Ich habe außerdem wenig Grund, meine Apathie zu überwinden.

Jede Tätigkeit für meinen langjährigen Arbeitgeber ist mir gerichtlich verboten. Den Resturlaub, der mir noch zustand, habe ich ironischerweise im Knast abgesessen. Niemand zahlt mir jetzt noch ein Gehalt.

Mein Schlafrhythmus läuft schon in den ersten Wochen vollkommen aus dem Ruder. Ich finde selten vor sechs Uhr morgens ins Bett. Erst wenn es draußen hell wird, kann ich einschlafen, und erst am frühen Nachmittag quäle ich mich wieder aus den Federn.

Nächtelang grübele ich darüber nach, wie ich in diese Situation geraten bin. Was habe ich falsch gemacht? Wann wäre der richtige Zeitpunkt gewesen, mich von den Vorgängen in meiner Firma zu distanzieren? Hätte ich meine Vorgesetzten bei der Polizei anzeigen sollen?

Immer wieder erinnere ich mich an die ersten Tage in Chicago zurück.

Sehr schnell bekamen Moritz und ich zu spüren, dass wir als »Neue« bei der amerikanischen Tochterfirma nicht wirklich willkommen waren. Unsere Kollegen feierten sich als Helden des Außenhandels, spielten hohe Erträge für die Firma ein. Sie gönnten es uns nicht so recht, dass wir mit schöneren Wohnungen und besseren Autos in den Job starteten als sie ein paar Jahre zuvor. Sie gönnten uns diese Annehmlichkeiten erst recht nicht mehr, als wir es wagten, ihre Geschäftsmethoden zu kritisieren.

Nach ein paar Monaten kam unser deutscher Firmeninhaber nach Chicago. Moritz und ich nahmen uns vor, mit ihm über die Geschäftsmethoden unserer neuen Kollegen zu sprechen. In einem Gespräch unter vier Augen schilderte ich also meine Enttäuschung darüber, dass ich hier keinerlei Möglichkeit hatte, meine Arbeit neu zu gestalten. Vom Aufbau eines eigenen Produktionsbetriebes, wie es mir in Deutschland in Aussicht gestellt worden war, war keine Rede mehr. Ich sollte einfach nur Verkaufsvorgänge nach den Anweisungen meiner Vorgesetzten abwickeln. Container von A nach B verkaufen – ein Großteil davon Umverschiffungen. Für so eine Tätigkeit hatte ich sehr viel in Hamburg aufgegeben! Obwohl ich einen Dreijahresvertrag unterschrieben hatte, war ich drauf und dran, in Chicago die Segel zu streichen.

Mein Chef aus Hamburg war erst ziemlich überrumpelt von der Vehemenz, mit der ich meine Unzufriedenheit vortrug. Doch dann lehnte er sich mit einem süffisanten Lächeln in seinem Stuhl zurück. »Dir ist schon klar, was über dich geredet wird, wenn du jetzt zurückkommst?«, fragte er. »Jeder wird denken, dass du Privates nicht von Beruflichem trennen kannst!« Ich verstand sofort, worauf er anspielte. In der Firma, aber auch in der Branche, könnte sich schnell das Gerücht verbreiten, dass ich das Getrenntsein von meinem Freund nicht ausgehalten hätte.

Doch damit nicht genug. Wie im Selbstgespräch fügte er hinzu: »Vielleicht war es doch ein Fehler, eine Frau ins Ausland zu schicken. Mit keinem der männlichen Kollegen hatte ich je solche Probleme.«

Das saß. Ich hatte die Dreistigkeit dieser Aussage noch nicht richtig realisiert, als er überraschend ein Zugeständnis hinterherschob. Er versprach, die Umverschiffung von Containern externer Lieferanten aus China umgehend zu stoppen. Ich war derart aufgewühlt und überrascht, dass mir eine sprachliche Finesse dieser Aussage zunächst entging. Gemeint waren nicht etwa alle Honig-Importe aus China, sondern nur jenes Drittel, das von »fremden« Lieferanten kam und nicht über unsere Tochterfirmen in Hongkong und Peking abgewickelt wurde.

Mit anderen Worten: Ein Großteil des Geschäftes lief danach weiter wie gehabt. Moritz nahm sich zwar vor, den Honig-Handel neu aufzustellen, sobald er seine leitende Position übernommen hätte, doch auch dies erwies sich als illusorisch. Sein vermeintlicher Vorgänger schob seinen Abschied aus Chicago immer weiter auf. Vermutlich war es den Herren in der Hamburger Chefetage ganz recht.

Irgendwann gab ich auf. Von meinem Job und auch von meinem Arbeitgeber war ich zwar tief enttäuscht, aber ich fand meinen Ausgleich im Privatleben: Ich verbrachte möglichst viel Zeit mit Christoph und beschloss, nicht länger als nötig in Chicago zu bleiben. Bis mir nicht mehr nachgesagt werden konnte, dass ich der Liebe wegen nicht durchgehalten hätte. Die Papiere, die über meinen Schreibtisch gingen, bearbeitete ich so, wie es von mir verlangt wurde. Ich ahnte nicht, dass ich mich damit nach amerikanischem Recht bereits einer sogenannten Verschwörung strafbar machen konnte.

Die amerikanischen Anwälte hatten Moritz und mich nicht einmal nach der Durchsuchung unseres Büros gewarnt. Warum hatten sie uns nicht geraten, die USA zu verlassen, solange es noch möglich war? So oft ich auch darüber nachgrübelte: Ich fand keine Antwort.

In diesen ersten Wochen nach der Haftentlassung bestimmt die Zeitverschiebung zwischen Deutschland und den USA meinen Tagesablauf. Will ich meine Familie oder Freunde in Hamburg vor deren Nachtruhe erreichen, muss ich in Chicago im Morgengrauen zum Hörer greifen. Die nicht berufstätigen jungen Mütter unter meinen Freundinnen wiederum erreiche ich am besten an deren Vormittag – für mich ist das jetzt oft der einzige Grund, jedenfalls nachmittags wieder aus den Federn zu kriechen. Anfangs benutze ich noch den Telefonanschluss von Kurt und Susan, aber die Kosten sind immens. Bald telefoniere ich nur noch per Skype.

Meine beste Freundin in Hamburg hat nach einer langen Phase als Single jemanden kennengelernt, und darüber reden wir viel. Ich bin skeptisch, denn der Mann ist geschieden und Vater dreier Kinder. Aber sie sprudelt über vor Glück und Optimismus. Ein anderer Freund hat es im Moment nicht leicht: Seine Lebenspartnerin ist schwer erkrankt. Unsere langen Gespräche tun uns beiden gut. Denn wir wissen jetzt, wie es ist, wenn man mit wirklichen Problemen zu kämpfen hat.

Jeden Tag bringt mir Susan vom Einkaufen eine kleine Aufmunterung mit. Eine Tüte Lakritzschnecken, ein Stück Leberwurst oder eine deutsche Frauenzeitschrift. Sie hat auch eine Idee, wie wir uns drinnen sportlich austoben können. Vor dem riesigen Flachbildschirm ihres Fernsehers tragen wir virtuelle Tennismatches aus. Susans digitale Identität ist ihr wie aus dem Gesicht geschnitten und trägt, wie sie selbst, eine knallgrüne Pyjamahose. Ich pariere ihre Schläge als Steffi-*Mii* mit wehendem blonden Pferdeschwanz.

Manchmal überredet Susan mich während meiner genehmigten Waschzeit dazu, mit zum Pool hinter dem *Park View Palace* zu kommen, wo Kurt ihr ein kleines Badehäuschen mit Dusche und Kühlschrank spendiert hat.

Selbst meine Betreuerin bei *Pretrial* hat mir zu verstehen

gegeben, dass niemand kontrollieren kann und will, ob ich während meiner zweistündigen Auszeiten wirklich einkaufen gehe, die Wäsche mache oder mich ganz woanders aufhalte.

Ins Wasser kann ich mit der Fußfessel natürlich nicht. So strecke ich mich am Beckenrand auf einer Liege aus und bandagiere meinen Knöchel mit einem Handtuch. Es soll aussehen, als sei ich am Fuß verletzt.

Trotz solcher kleiner Fluchten und Susans unermüdlicher Versuche, mich bei Laune zu halten, vergeht die Zeit quälend langsam. Die amerikanischen Justizbehörden sind scheinbar in der Sommerpause: Für mich findet kein einziger Gerichts- oder Vernehmungstermin statt und nichts scheint sich auch nur um einen einzigen Schritt voranzubewegen. Ich beginne mich für meine Untätigkeit zu hassen, werde immer dünnhäutiger. Auch meine finanzielle Situation belastet mich. Da ich über keinerlei Einkommen verfüge, muss ich auf meine Ersparnisse zurückgreifen, außerdem rechne ich mit hohen Anwaltskosten.

Mitte August steht immerhin ein kleiner Lichtblick an. Wie jedes Jahr findet die spektakuläre *Air and Water Show* mit extrem waghalsigen Flugmanövern über dem Michigan-See statt. Am ersten Abend gibt es ein gigantisches Feuerwerk. Ich freue mich auf dieses Schauspiel, das man aus den Wohnzimmerfenstern unseres Apartments wunderbar verfolgen kann. Und auf die kleine Party, die Susan und Kurt wie jedes Jahr für diesen Abend planen. Vielleicht erwacht ja auch die Justiz in Chicago danach aus der Sommerpause.

Es ist ein strahlend schöner Augustmorgen, als ich zum ersten Mal wieder Ausgang für einen ganzen Tag habe, um zwei Termine im Zentrum von Chicago wahrzunehmen.

Ich bin auf Jobsuche. Überraschend schnell und unbürokratisch haben mir die US-Behörden eine Arbeitsgenehmigung ausgestellt. Mein Haftrichter hat dafür gesorgt. Weiß er doch, dass ich nicht freiwillig in den USA bleibe und von irgendetwas leben muss. Zwar habe ich mich nur halbherzig um eine Arbeitsstelle bemüht, war damit aber sofort erfolgreich. Jetzt bin ich auf dem Weg zu einem Vorstellungsgespräch in einer exklusiven Boutique auf der Michigan Avenue. Später am Tag werde ich eine Mitarbeiterin der Deutsch-Amerikanischen Handelskammer treffen, die mir vielleicht bei der Suche nach einer Arbeit helfen kann. Natürlich musste ich diese Termine im Voraus bei den Justizbehörden anmelden und mir diesen langen Ausgang genehmigen lassen.

Ich habe kaum geschlafen, als ich mich um kurz nach acht auf den Weg mache. So früh bin ich schon lange nicht mehr aus dem Haus gegangen. Kurt ist bereits zu einem Kundentermin irgendwo auf der anderen Seite des Sees in Michigan unterwegs. Von Susan ist noch nichts zu sehen oder zu hören, als ich die Tür leise hinter mir ins Schloss ziehe.

Es ist gut, dass sie schläft. Meine quirlige, lustige Freundin hat es nämlich nicht immer leicht mit dem Leben. Sie hat eine erste, sehr schwierige Ehe hinter sich und ist nach der Scheidung sehr krank geworden. Ihr jüngerer, noch halbwüchsiger Sohn lebt heute bei seinem Vater, ein paar Blocks entfernt. Um ihre Tochter, die noch immer in der israelischen Armee dient, sorgt sie sich Tag für Tag.

Zum Vorstellungsgespräch werde ich in das Hinterzimmer der Boutique gebeten. In einem engen Kabuff sitzt mir eine Frau etwa in meinem Alter gegenüber. Ich mache anscheinend einen ganz passablen Eindruck auf sie.

»Wie lange wollen Sie in den USA bleiben?«, fragt sie mich zum Schluss. »Haben Sie eine unbefristete Arbeitserlaubnis?«

»Ja. Das heißt nein«, ich stottere. »Ich halte mich für ein Gerichtsverfahren bereit. Das kann noch eine ganze Weile dauern – und so lange darf ich hier arbeiten.«

Sie gibt sich mit dieser Auskunft zufrieden.

Nach einer knappen halben Stunde verabschieden wir uns voneinander.

»Ich melde mich bei Ihnen«, sagt sie zum Schluss liebenswürdig und unverbindlich.

Als ich wieder auf der Straße stehe, frage ich mich, ob ich den Job als Verkäuferin, weit unterhalb meiner Qualifikation, wirklich ausüben will. Und ob es sich wirklich lohnen würde – hoffe ich doch, nicht mehr lange in den USA bleiben zu müssen. Aber ich bin froh, mal wieder in der Stadt unterwegs zu sein, und habe noch zwei freie Stunden bis zum nächsten Termin. Ich könnte in dieser Zeit sogar noch mal nach Hause fahren – aber wozu? In dem Apartment von Susan und Kurt habe ich in den letzten Wochen schon zur Genüge herumgesessen.

Viel verlockender ist es, endlich mal wieder durch meine Lieblingsboutiquen an der Michigan Avenue zu bummeln.

Gut gelaunt sehe ich mich nach einer bequemen Hose um. Eine, die ich auch tagsüber in der Wohnung tragen kann – wie Susan, die ihre grüne Pyjamahose über alles liebt. Kleider und Röcke kommen für mich ohnehin nicht in Frage, solange ich diesen schwarzen Klotz an meinem Knöchel spazieren tragen muss.

Beim Kaufhaus *Nordstrom's* entdecke ich eine dunkelblaue Nike-Jogginghose aus der Olympia-2008-Kollektion und nehme sie mit in die Umkleidekabine. Die Hose sitzt perfekt und verdeckt mit den leicht ausgestellten Beinen sehr vorteilhaft meine Fußfessel. Ich beschließe, mir diese Ausgabe einfach mal zu leisten. Während ich meine Siebensachen in der Kabine zusammenpacke, klingelt mein Handy.

Wer kann das sein? Etwas beunruhigt fische ich das brummende Gerät aus meiner Tasche. »Hallo?«

»Steffi? Hier ist Terri!« Susans beste Freundin klingt atemlos. »Du bist nicht zu Hause?«

»Nein, ich bin in der Stadt und stehe gerade in einer Umkleidekabine«, verkünde ich fröhlich. »Ich hatte heute Morgen ein Vorstellungsgespräch und durfte deshalb mal etwas länger raus!«

»Ich habe schon bei euch auf dem Festnetz angerufen«, unterbricht sie mich. »Weißt du, wo Susan ist? Ich erreiche sie nicht auf ihrem Handy.«

»Keine Ahnung. Ich glaube, sie ist mit einem ihrer schwulen Freunde zum Lunch verabredet. Was gibt's denn so Dringendes?«

»David hat mich angerufen. Ich bin gerade im Supermarkt«, Terri klingt angespannt. »Es soll jemand aus dem *Park View Palace* gefallen sein ...«

»Gefallen oder gesprungen?«, frage ich. Es ist schon öfter vorgekommen, dass sich jemand aus dem gigantisch hohen Gebäude gestürzt hat. »Aber doch nicht Susan!«

»Ist beknackt, dass ich mir Sorgen mache«, räumt Terri ein. »Aber ich habe ein blödes Gefühl. Ich melde mich noch mal, wenn ich etwas erfahre.« Dann legt sie auf.

Ich gehe zur Kasse, bezahle meine Hose und stelle fest, dass es an der Zeit ist, meine nächste Verabredung anzusteuern. Den Anruf von Terri schiebe ich innerlich beiseite – weil ich denke, dass ich mir um Susan keine Sorgen machen muss.

Erst ein oder zwei Stunden später werfe ich wieder einen Blick auf mein Handy. Für das Gespräch in der Handelskammer hatte ich es stumm geschaltet. Mit großen Augen hat sich die deutsche Mitarbeiterin dort meine Geschichte angehört. Einen passenden Job hat sie allerdings nicht für mich. Für die Art kurzfristiger Einsätze, die zu meiner Situation passen würden, bin ich überqualifiziert. Doch ihr Interesse und ihr Mitgefühl haben mir gutgetan.

»Ein Anruf in Abwesenheit«, steht auf dem Display. Die Nummer sagt mir nichts, aber die Nachricht auf der Mailbox höre ich sofort ab. »Miss Djeisslbock, hier spricht das *Chicago Police Department*, Manning mein Name«, bellt eine Männerstimme. »Rufen Sie mich bitte umgehend zurück! Umgehend!«

Meine Stimmung schlägt sofort um und meine Knie werden weich. Polizei? Woher haben die meine Handynummer? Habe ich etwas falsch gemacht, gegen eine gerichtliche Auflage verstoßen? Ist bei der Absprache über meinen langen Ausgang etwas schiefgelaufen?

Jim Marcus fällt mir ein. Mein Anwalt hat mir eingebläut, nie mehr – wirklich nie mehr – ohne Rechtsbeistand mit amerikanischen Ermittlungsbehörden zu reden. Das Herz klopft mir bis zum Hals, als ich die Nummer der Kanzlei wähle. Seine Assistentin nimmt ab. Mit sich überschlagender Stimme erzähle ich ihr, was los ist.

»Ach, da kommen Sie am besten kurz bei uns vorbei«, sagt sie gelassen und freundlich. »Mr. Marcus ist hier. Er kann sich dann gleich selbst der Sache annehmen.«

Ich halte das nächstbeste Taxi an und werfe mich auf die Rückbank des knallgelben Wagens. Immer wieder blicke ich mich auf der kurzen Fahrt gehetzt um. Ist schon jemand hinter mir her? Werde ich gleich verhaftet? Nach knapp zehn Minuten Fahrt haste ich in die marmorgeflieste, kühle Eingangshalle des Gebäudes. Vor dem Express-Fahrstuhl muss ich eine halbe Ewigkeit warten. Als sich die Türen im 3. Stock endlich mit einem zarten »Pling« öffneten, stürme ich völlig verausgabt in die Kanzlei.

Im Büro von Jim Marcus und seinem Kollegen gibt es nur einen winzigen Vorraum mit einer Glasscheibe, hinter der die einzige Anwaltsgehilfin der beiden Strafverteidiger wie an einem Bankschalter sitzt.

»Herzlich willkommen«, begrüßt sie mich aufmunternd. »Jetzt beruhigen Sie sich erst einmal. Nehmen Sie einen Moment im Wartebereich Platz. Ihr Anwalt ist gleich für Sie da.«

Ich setze mich hin und fummle nervös an meinem Handy herum. Ich beschließe, Terri anzurufen und mich noch einmal bei ihr zu erkundigen, was bei uns im Haus passiert ist.

Es klingelt eine Weile, bevor Terri abnimmt. Unerwartet schroff fällt sie mir sofort ins Wort. »Steffi, ich kann jetzt nicht reden …« Dann reicht sie das Telefon weiter.

»Hallo?«

»Steffi?« Eine Männerstimme. Wahrscheinlich David, Terris Ehemann. »Steffi, hör zu! Es ist etwas Furchtbares passiert. Susan ist aus dem Fenster gefallen.«

Um mich herum wird es plötzlich ganz still.

»Sorry, Steffi, aber Kurt ruft auf der anderen Leitung an. Ich muss rangehen.« Hektisch legt er auf.

Oh Gott. Oh Gott. Oh Gott. Ich kann nicht begreifen, was ich eben gehört habe. Susan aus dem Fenster gefallen? Aus dem 47. Stock? Kann man einen solchen Sturz überleben? Ich kenne die Antwort, aber ich will sie einfach nicht wahrhaben.

Vollkommen aufgelöst findet Jim Marcus mich einige Augenblicke später in seinem Wartezimmer. Ich zittere am ganzen Körper, Tränen laufen mir über die Wangen. Verzweifelt klammere ich mich an einen kleinen Rest Hoffnung. Solange es mir niemand ausdrücklich gesagt hat, glaube ich einfach nicht daran.

Mehrmals versuche ich, David anzurufen. Endlich ertönt das Freizeichen.

»David?«, frage ich ängstlich, als er abnimmt. »Was ist los? Wie kannst du auflegen, ohne mir zu sagen, was passiert ist?«

»Steffi, Steffi! Susan ist tot!«

Tot. Ich verstehe es nicht. Tot? Das kann nicht sein! Sie war doch zum Lunch verabredet! Wie ein Film läuft der gestrige Abend vor mir ab. Kurt und Susan waren zusammen am Pool. Susan hat gerade eine Diät hinter sich und sah in ihrem neuen Badeanzug strahlend schön aus. Kurt hat danach wie immer gekocht. Wir haben zusammen gegessen und dann sind die beiden vergnügt zu Bett gegangen.

Und jetzt soll Susan tot sein? Meine liebe Freundin Susan? Der erste Mensch, den ich nach meiner Ankunft in den USA kennengelernt habe! Mein amerikanischer Familienvorstand! Und jetzt, in dieser absurden Lage, meine engagierteste Unterstützerin! Meine über alles geliebte, lebensfrohe, warmherzige Susan soll nicht mehr da sein. Was auch immer da passiert sein mag. Sie ist bestimmt nicht aus dem Fenster gesprungen.

Jim Marcus begleitet mich in sein Besprechungszimmer. Seine Assistentin bringt mir ein Glas Wasser. Dann lässt er mir Zeit. Irgendwann bin ich so weit, dass ich meine Familie und Christoph in Deutschland anrufen kann. Immer wieder bricht während der Gespräche meine Stimme. Ich heule so unkontrolliert los, dass meine Angehörigen kaum verstehen, was geschehen ist. Mir ist etwas zugestoßen? Nein? Susan? Alle, die mich in Chicago besucht haben, kennen meine Nachbarin. Dieses Unglück ist auch für sie unfassbar.

Jim Marcus ruft unterdessen den Polizeibeamten namens Manning zurück. Er war als einer der Ersten am Unglücksort. Irgendjemand hat ihm gesagt, dass zwei Frauen in dem Apartment 4701 leben, und ihm meine Handynummer gegeben. Sein Anruf diente dazu, herauszufinden, welche von uns beiden tot am Fuße des *Park View Palace* lag.

Erst jetzt fällt mir Kurt ein. Wahrscheinlich haben sie ihn aus einem Meeting herausgeholt. Wie kommt er jetzt die weite Strecke aus Michigan zurück? Ist er allein? Sitzt er selbst am Steuer? Kehrt er in seine Wohnung zurück – dorthin, wo Susan noch vor wenigen Stunden am Leben war?

Und ich?, frage ich mich. Mein Ausgang endet um 17 Uhr. Danach wird die schwarze Box gnadenlos Alarm schlagen.

Ich schwanke zwischen Trauer und Furcht, frage mich auch, wie ich Kurt jetzt gegenübertreten soll. Eigentlich will ich nur noch eins: nach Hause, zu meinem Freund und meiner Familie. In diesem tiefschwarzen Moment spüre ich mehr denn je, dass der Weg nach Deutschland für mich versperrt ist.

Mein Anwalt hat ganz andere Sorgen.

»Steffi, kannst du beweisen, dass du heute Vormittag nicht in eurem Apartment warst?«

Ich gucke ihn entsetzt und verständnislos an: »Wozu das denn?«

»Gibt es Zeugen dafür, dass du in der Stadt unterwegs warst?«, setzt er nüchtern nach.

Jetzt verstehe ich: Er fragt mich nach meinem Alibi.

»Jemand könnte auf die Idee kommen, dass Susan für Kurt und dich ein Hindernis war …«, deutet Jim Marcus an.

»Das ist doch völlig absurd!«, blaffe ich ihn wütend an. Jim ist zwar mein Anwalt und stellt diese Fragen nicht, um mich zu quälen, trotzdem ekelt mich der Gedanke an. Rechnet er etwa damit, dass ich unter Mordverdacht gerate? Dass ich demnächst wieder in U-Haft sitze, diesmal wegen eines Kapitalverbrechens?

Aber im Umgang mit der US-Justiz, soviel weiß ich inzwischen, hat es überhaupt keinen Sinn, emotional zu reagieren. Haarklein schildere ich Jim also den Vormittag, den ich fröhlich in der Innenstadt verbummelt habe.

Dass ich beim Vorstellungstermin war, kann die Frau aus der Boutique bezeugen. Aber danach? Wo bin ich gewesen? Wer kann sich daran erinnern?

Mein Blick fällt auf die Einkaufstüte. Meine neue Hose! Hektisch durchwühle ich meine Taschen. Irgendwo muss der Kassenbon doch sein. Und tatsächlich finde ich ihn. Auf dem Beleg sind das Datum und die Uhrzeit des Kaufs exakt vermerkt. In meinem Portemonnaie steckt außerdem noch der Bon für eine kleine Flasche Mineralwasser, die ich mir in einem Drugstore gekauft habe.

Mein Anwalt heftet die Zettel sorgfältig in seinen Akten ab.

»Und jetzt?«, fragt er mit einem Blick auf die Uhr. »Ist dein Ausgang nicht bald zu Ende?«

»Eigentlich schon.« Ich zucke ratlos mit den Schultern. »Wenn ich nicht bis 17 Uhr in die Wohnung zurückkehre, buchten sie mich wahrscheinlich wieder ein.«

»Zu Kurt ins Apartment? Wo gerade jemand zu Tode gekommen ist? Das ist unzumutbar«, entscheidet Jim. »Weißt du, was? Du übernachtest bei uns. Ich sage nur kurz meiner Frau Bescheid.«

Danach ruft er Miss Ortega und den Staatsanwalt an und informiert sie darüber, dass ich die folgende Nacht in seinem Haus verbringen werde. Dies sei ein außergewöhnlicher Notfall.

Noch am Abend des Unglückstages treffe ich Kurt. Jim Marcus fährt mit mir in die *Irving Park Road* und bleibt vor dem Haus im Auto sitzen. Ich soll nach oben gehen, die schwarze Box aus der Telefonbuchse ziehen und sie mitnehmen. Sie würde sonst ununterbrochen Alarm schlagen.

Meine Knie zittern, als ich die Auffahrt zum *Park View Palace* hinaufgehe. Mit einer Hand schirme ich meine Augen ab. Ich weiß nicht, wo die Absturzstelle ist und ob die Polizei sie abgesperrt hat. Aber mir graut vor dem Anblick. Beklommen steige ich in den Lift in die 47. Etage und öffne die Tür zum Apartment.

Kurt ist schon da. Mit hängenden Schultern steht er mitten im Raum. Er ist furchtbar blass und sehr ernst, aber beherrscht. Eine Weile halten wir einander einfach in den Armen und lassen unseren Tränen freien Lauf.

»Weißt du, was passiert ist?«, frage ich ihn schließlich.

Er schüttelt den Kopf. »Nicht genau. Auf jeden Fall ein Unfall. Sie hat wohl versucht, die Fenster zu putzen. Ich hab mich noch nicht getraut, genauer nachzusehen.«

Gemeinsam wagen wir es, an die über Eck laufenden Panoramafenster im Wohnzimmer zu treten. Ich vermeide jeden Blick nach unten. Ich weiß ja, wie unfassbar hoch es ist.

Man kann die einzelnen Fenster relativ leicht nach oben schieben. Die in die Rahmen montierten Fliegengitter sind mit ein paar Handgriffen leicht zu entfernen.

Mir fällt die *Air and Water Show* ein, die in ein paar Tagen stattfinden wird. Vermutlich wollte Susan die Spinnen entfernen, die im August zuhauf in ihren Netzen vor den Scheiben hängen. Ihre Gäste sollten einen ungetrübten Blick auf den See genießen.Zwei der drei Glasflächen sind vollkommen von Insekten befreit. Das dritte Fenster steht noch einen Spaltbreit offen, und das Fliegengitter fehlt.

»Kannst du dich an die große Dose Insektenspray erinnern, die in der Küche stand?«, fragt Kurt.

Ich nicke entsetzt.

»Sie haben Susan dort unten gefunden«, sagt er mit zitternder Stimme. »Die Dose lag direkt neben ihr. Außerdem ein Besenstil.«

Susan musste sich sehr weit hinausgebeugt haben, um mit diesem improvisierten Putzwerkzeug zu hantieren. Dass sie Kreislaufprobleme hatte und gelegentlich unter Schwindelanfällen litt, habe ich aus nächster Nähe miterlebt. Erst vor zwei Tagen war sie in der Wohnung umgekippt.

Es war also ein grauenhafter, sinnloser Unfall – eine Folge des Leichtsinns, den wir beide so sehr an Susan liebten. Kurt und ich konnten es nicht fassen.

»Ich denke, ich lasse dich jetzt besser allein«, setze ich nach einer Weile vorsichtig an. »Ich kann heute bei Jim Marcus übernachten – er hat das schon mit dem Staatsanwalt geklärt. Ich packe nur schnell ein paar Sachen zusammen. Um mich musst du dich jetzt wirklich nicht kümmern.«

Kurt sieht mich verständnislos an. »Bleib bitte. Du gehörst hierhin. Susan hätte es nicht anders gewollt.«

»Lass dir Zeit«, stammle ich. »Meine Situation ist jetzt überhaupt nicht wichtig.«

»Steffi, bitte! Du bist die Einzige ...«

»Ich kann nicht. Jim Marcus wartet unten im Auto.«

Ausnahmsweise erleichtert es mich, dass ich nicht selbst entscheiden kann. Einen kurzen Augenblick wundere ich mich darüber, wie einfach es ist, die schwarze Box aus der Telefonbuchse zu ziehen und abzuschalten.

Den ersten Abend nach Susans Tod verbringe ich auf der Terrasse der Vorstadtvilla von Jim Marcus und seiner Frau. Die beiden geben sich alle Mühe, mich bei einem leckeren Essen auf andere Gedanken zu bringen, aber mir kommt die ganze Situation komplett unwirklich vor. Abends liege ich weinend im Bett, denke an Susan und fühle mich so einsam wie nie zuvor.

Wer schon einmal einen lieben Menschen verloren hat, weiß, dass Trauer nicht geradlinig verläuft. An manchen Tagen fühlt man sich wie gelähmt, an anderen geht das Leben weiter, als wäre nichts passiert.

Am Tag nach Susans Tod hat mich Jim Marcus in den *Park View Palace* zurückgebracht – und Kurt macht mir seither immer wieder deutlich, wie froh er ist, dass jedenfalls ich noch da bin. Gemeinsam haben wir die Trauerfeier und Beerdigung bewältigt und versuchen, in irgendeine Art Alltag zurückzufinden. Kurt stürzt sich mehr denn je in seine Arbeit. Oft verlässt er morgens früh das Haus, kehrt abends erst spät heim, schnappt sich ein Bier und zieht sich zurück. Dann wieder ist uns beiden so, als müsse Susan gleich lachend durch die Tür wirbeln, als wäre sie nur kurz etwas einkaufen gegangen, hätte mit einem ihrer vielen Freunde beim Lunch gesessen und jede Menge zu erzählen. Manchmal meine ich zu hören, wie sie mit ihren kleinen Füßen über den Holzfußboden der Wohnung trippelt und ihre Handtasche sucht. Der Duft ihres Lieblingsparfüms hängt noch in der Wohnung.

Stundenlang tauschen Kurt und ich Erinnerungen aus. Wenn er über Susan sprechen kann, geht es ihm gut. Aber sonst gibt es kaum etwas, was ihm Freude macht.

Mir weiterhin zur Seite zu stehen, das nennt er jetzt »Susans Vermächtnis«. Er will dafür sorgen, dass ich wohlbehalten zu Christoph und meiner Familie nach Deutschland zurückkehren kann.

Gut drei Wochen nach dem tragischen Unglücksfall werde ich 30 Jahre alt. Meine Familie und meine Freunde in Hamburg tun alles dafür, dass ich trotz allem einen schönen Geburtstag verlebe. Sie überbieten einander mit liebevollen Gaben, die Christoph in einem riesigen Koffer nach Chicago mitbringt. Er ist bei mir, als ich all diese wunderbaren Dinge am 1. September 2008 in unserem lichtdurchfluteten Wohnzimmer auspacke.

Schon am Tag zuvor hat ein Kurier einen üppig-bunten Blumenstrauß angeliefert. Kurt hat das Bouquet in Empfang genommen und in einer von Susans mundgeblasenen Vasen auf den Esszimmertisch gestellt. Erst an meinem Geburtstag frage ich ihn, von wem der Strauß ist.

»Die waren für dich?«, fragt er verdutzt. »Ich dachte, die hat irgendjemand wegen Susan geschickt.« Einen Absender hat er an dem opulenten Strauß nicht entdeckt. Als er den Berg von Papiermüll durchsucht und schließlich auf das Seidenpapier stößt, ist daran ein kleines Kärtchen befestigt.

»John Marble?«, liest er vor. »Weißt du, wer das ist?«

Am liebsten würde ich die Blumen mitsamt der Vase aus dem Fenster schleudern. Natürlich kenne ich John Marble. Er ist der Buchhalter meines ehemaligen Arbeitgebers in Chicago. Einmal im Monat kam er mit seinem kleinen schwarzen Rollkoffer in unser Büro, um die Abrechnung zu machen. Es war bestimmt nicht seine Idee, mir Blumen zum Geburtstag zu schicken, sondern ein Auftrag aus der Hamburger Firmenzentrale. Wünscht mir mein ehemaliger Arbeitgeber wirklich von Herzen alles Gute zum neuen Lebensjahr? Oder will sich die Firma meiner Loyalität versichern? Gerade jetzt, da meine *Proffer Sessions* anfangen, meine regelmäßigen Treffen mit den Zollfahndern? Ich kann mich über den prächtigen Strauß nicht freuen.

Seit Ende August sind die Ermittler des ICE aus den Sommerferien zurück und laden mich kurzfristig zu Gesprächen vor. Im Internet habe ich mich kundig gemacht, mit wem ich es überhaupt zu tun habe. Das ICE bildet einen investigativen Zweig des *U.S. Department of Homeland Security*, der sogenannten Heimatschutzbehörde, die nach dem 11. September 2001 ins Leben gerufen wurde. Für die Gespräche muss ich mir jedes Mal einen teuren Mietwagen nehmen und zu den Ermittlern nach Oakbrook Terrace fahren, einem kleinen Städtchen, das etwa eine Autostunde außerhalb von Chicago liegt und im Wesentlichen aus einem Büroturm mit 31 Etagen besteht.

Mir ist etwas unbehaglich dabei, dass ich meine Termine ohne anwaltliche Begleitung wahrnehmen muss. Jim Marcus, der mir noch vor kurzem eingeschärft hat, niemals allein mit Ermittlern zu sprechen, hat das mit der Staatsanwaltschaft so ausgemacht. Der Zeitaufwand, mich zu allen Fragestunden in den Agententurm zu begleiten, wäre für ihn zu groß und für mich zu teuer. Mich beruhigt einzig die Tatsache, dass auch Moritz alleine dorthin fährt.

Meine ersten Termine in Oakbrook Terrace sind nervtötend. Die zwei Ermittler, die sich meiner Sache annehmen, haben von dem Vorgang, den sie erhellen sollen, offenkundig keine Ahnung. Sie stochern im Nebel, ohne zu wissen, was sie eigentlich herausfinden wollen. Immer wieder muss ich ihnen die Namen meiner deutschen Vorgesetzten und der ausländischen Lieferanten buchstabieren. Gemeinsam sehen wir

Unmengen von Geschäftsmails und meine private Korrespondenz durch. Was uns wichtig erscheint, drucken wir aus. Drei Monate später sind alle Ausdrucke meiner Privatmails unauffindbar. Ich kann sie auch nicht erneut abrufen, weil der Zugang zu meinem kostenlosen Konto inzwischen gesperrt ist. Bei dem schleppenden Tempo der Ermittlungen, so fürchte ich, werde ich auch bis Weihnachten nicht wieder zu Hause sein. Es ist zum Verzweifeln.

Meine Tage im *Park View Palace* sind ohne Susan einsam und öde und meine Ersparnisse schmelzen dahin. Um einen Job habe ich mich nach dem Tod meiner Freundin nicht mehr gekümmert. Ich war eher froh, dass sich die Boutique-Chefin wohl für jemand anderen entschieden hat. Aber ich brauche jetzt wirklich wieder Einkünfte.

Mir fällt ein deutsches Restaurant ein, das Stammlokal meiner ehemaligen Kollegen. Als ich noch Gutverdienerin war, begleitete ich sie ab und zu auf ein Schnitzel dorthin. Der Chef des Ladens flirtete gern mit mir und meinte scherzhaft, ich könne jederzeit bei ihm anfangen. Darauf komme ich jetzt zurück. Ich stelle meine Bewerbungsunterlagen zusammen und gebe sie auf einem meiner raren Ausgänge im Lokal ab. Schon am selben Abend ruft er zurück und bietet mir reserviert, aber höflich eine Probeschicht an.

Erst als ich durch die Tür trete, fällt der Groschen. »Steff, du bist das? Warum hast du das nicht gleich gesagt? Aber du bist doch total überqualifiziert für den Job!«

»Ich habe ein Problem mit der Justiz«, antworte ich knapp. »Ich brauche einen Job für eine Übergangszeit.«

»Na ja, wenn es so ist, bist du hier natürlich herzlich willkommen!«, schmunzelt er. Bei ihm ist gerade Not am Mann. Das Oktoberfest steht bevor. Er engagiert mich vom Fleck weg für vier Schichten pro Woche.

Natürlich muss ich die Arbeitszeiten am Montag erst mit Miss Ortega, meiner *Pretrial*-Betreuerin, haarklein vereinbaren.

Von dem schwarzen Plastikkästchen, das ich unter meiner Jeans am Fußknöchel trage, erzähle ich weder meinem Chef noch den neuen Kollegen. Doch schon am zweiten Arbeitstag gerate ich deshalb in Bedrängnis. Spätestens um Mitternacht bin ich zu Hause – so habe ich es bei *Pretrial* angekündigt. Doch am Freitagabend herrscht im Restaurant und an der Bar Hochbetrieb. Nervös schiele ich immer wieder auf die Uhr, während ich mir meinen Weg zwischen den eng aneinanderstehenden Tischen bahne, deutsches, österreichisches und belgisches Bier zapfe, zum Computer flitze, Bestellungen eingebe und in der Küche abhole. Ich will mindestens zehn Minuten vor Ablauf meiner Ausgehzeit mit beiden Beinen im Apartment 4701 stehen. Doch ich kann im Restaurant auch nicht alles stehen und liegen lassen. Um kurz vor halb zwölf gehe ich schließlich zu meinem Chef. »Tut mir furchtbar leid, aber ich muss jetzt wirklich ganz dringend gehen …«

Belustigt sieht er mich an. »Das hier ist eine Kneipe – siehst du nicht, was los ist?«

Der Laden ist bis auf den letzten Platz gefüllt.

»Ich muss – ich habe einen Termin«, stottere ich.

»Aha? Um Mitternacht? Wartet ein Lover auf dich?«

Verzweifelt schüttle ich den Kopf.

»Okay, musst du mir auch nicht sagen. Aber bring nächstes Mal ein bisschen mehr Zeit mit. Und versorg vorher noch die Jungs da.« Am Tresen findet offenbar gerade der letzte Teil eines feuchtfröhlichen Junggesellenabschieds statt. Die Truppe angeheiterter Männer hat gerade das Lokal betreten und lärmt herum. Ihre Bestellungen aufzunehmen und abzuarbeiten dauert locker eine Viertelstunde. Mir bleibt nichts anderes übrig, als die Hosen herunterzulassen. Besser gesagt:

ein Hosenbein hochzuziehen und meinem Chef meinen Knöchel zu präsentieren.

»Was ist das denn?«, fragt er sichtlich verblüfft.

»Meine elektronische Fußfessel … ich habe nur bis Mitternacht Ausgang.«

»Und so etwas verpassen sie einer wie dir? Hast du jemanden umgelegt?«, witzelt er. Keinen Moment scheint er an meiner Redlichkeit zu zweifeln. »Na ja, erklär es mir ein andermal! Und mach dich auf die Socken – ich kümmere mich um die Jungs.«

Erleichtert werfe ich mich vor der Tür in das nächstbeste Taxi. Kurz vor Mitternacht schließe ich völlig abgehetzt die Tür zur Wohnung auf. Das ist gerade noch mal gut gegangen.

Schon in der folgenden Woche kann ich mit Erlaubnis von Miss Ortega bis zwei Uhr früh arbeiten. Und das ist auch nötig. Während des »Oktoberfests« herrscht sieben Wochen lang Hochbetrieb in der deutschen Gaststätte. An den Freitagen und Samstagen flippen die Amerikaner vollkommen aus. Auf Stühlen und Bänken wird geschunkelt und übermütig mit jeder Maß Bier angestoßen, bis die Krüge überschwappen oder Risse bekommen. Und alle grölen mit, wenn die Band, die sich »Drei lustige Musikanten« nennt, immer wieder dieselben deutschen und amerikanischen Evergreens spielt, von *Anton aus Tirol* bis *Country Roads*.

Mein bisheriges berufliches Leben habe ich im Hosenanzug zugebracht, an Schreibtischen, in Konferenzräumen oder blitzsauberen Lagerhallen. Jetzt flitze ich durch enge Bankreihen voller schwitzender Menschen, tausche zerbrochene Gläser aus, wische Bierlachen weg, schenke Schnäpse auf einem Holzbrett-Meter aus, serviere warmen Apfelstrudel mit Vanilleeis und versuche, in der johlenden Meute den Überblick zu behalten. Am Ende werde ich meist mit einem großzügigen Trinkgeld dafür entlohnt. Unsere Gäste lieben die *German Gemütlichkeit.* Und ich bin trotz schmerzender Füße und Blasen froh darüber, dass ich ein paar Stunden lang einfach nicht nachdenken muss.

»Ich habe eine gute und eine schlechte Nachricht«, erklärt Jim Marcus, als ich Mitte Oktober bei ihm im Büro sitze.

»Zuerst die schlechte.«

»Die Frist wurde verlängert. Du musst vorerst in den USA bleiben.«

»Wie lange denn?«, frage ich entsetzt.

»Drei oder vier Monate.«

»Bitte! Wie lange? Ich will es genau wissen!«

Umständlich kramt er in seinen Papieren und teilt mir dann mit: Vor Ende Februar darf ich nicht nach Hause. Ich schlucke. Auch wenn ich schon geahnt habe, dass die Ermittlungen sich länger hinziehen, mit dieser Enttäuschung muss ich erst einmal fertigwerden.

»Und die gute Nachricht?«

»Ich habe beantragt, dich von der Fußfessel zu befreien. Der Staatsanwalt hatte keine Einwände.«

Ganz unspektakulär schneidet Miss Ortega am folgenden Tag das schwarze Band der Fußfessel an meinem Bein mit einer Schere durch. Zum Vorschein kommt ein kalkweißes Stück Bein mit einem Haarkranz. Vier Monate lang bin ich dem Nassrasierer nicht dorthin gekommen. Das technische Equipment meiner elektronischen Überwachung übergebe ich Miss Ortega in einer Aldi-Plastiktüte.

Ab sofort darf ich mich zu jeder Tages- und Nachtzeit überall im Gerichtsbezirk Northern Illinois aufhalten, das heißt in der Stadt Chicago und der Umgebung. Trotzdem muss ich mich weiterhin montags bei *Pretrial* melden und dem Anrufbeantworter mitteilen, dass ich nicht aus den USA geflohen bin. Außerdem will Miss Ortega regelmäßig die Kopien meiner Gehaltsschecks sehen.

Zur Feier meiner neuen Freiheit verabrede ich mich ein paar Wochen später mit Terri zum Lunch in einem französischen Restaurant auf der Michigan Avenue. Den Gutschein für das Lokal habe ich einst Susan geschenkt, um mich für ihre Gastfreundschaft zu bedanken. Sie hat ihn nicht mehr einlösen können, und Kurt hat ihn mir zurückgegeben.

Ich kenne Terri bisher nur oberflächlich über unsere gemeinsame Freundin. Bei einem Glas Sekt stoßen wir unter Tränen auf Susan an.

»Sie würde sich freuen, uns beide hier sitzen zu sehen«, seufzt Terri. »Und sie würde wollen, dass wir es uns gut gehen lassen.« In ihrer figurbetonten Hose und dem zarten orangefarbenen Blazer, mit den langen dunkelbraunen Haaren und dem sorgfältig ausgewählten Schmuck ist sie wie immer perfekt gestylt. Sie, die Ehefrau eines erfolgreichen amerikanischen Rechtsanwalts, begegnet mir, der von der Justiz verfolgten Ausländerin, die sich mit einem Kneipenjob durchschlägt, kein bisschen arrogant, sondern sehr herzlich und aufmerksam.

Sie erzählt mir, dass sie fast zehn Jahre in Frankfurt gelebt hat und nur gute Erinnerungen an ihre Zeit in Deutschland hat.

»Kannst du ab und zu deutsch mit mir sprechen?«, fragt sie mich. »Ich würde meine Sprachkenntnisse gern ein bisschen auffrischen.«

An diesem Abend beginnt eine tiefe Freundschaft. Zum ersten Mal seit langer Zeit habe ich das Gefühl, in Amerika nicht nur meine Zeit totzuschlagen, sondern etwas Wertvolles zu erfahren.

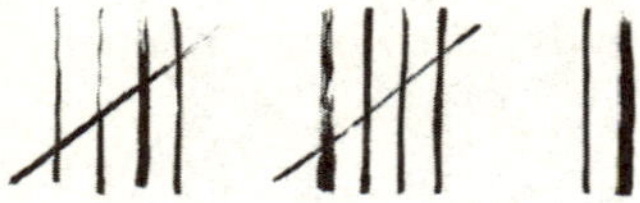

Hätte ich gewusst, dass ich so lange in den USA bleiben würde, hätte ich einiges anders gemacht. Ich hätte versucht, mir ein neues Leben aufzubauen, statt in der Warteschleife festzuhängen, hätte mir früher einen qualifizierten Büro-Job gesucht, hätte nicht alle drei oder vier Monate wieder auf das Ende der Frist hingefiebert, die mir die Justiz für meinen weiteren Verbleib in Chicago setzte – um dann erneut enttäuscht zu werden. Ich wäre womöglich nicht zum Dauergast in Kurts Apartment geworden, sondern hätte mir etwas Eigenes gesucht. Und ich hätte Christoph viel früher gefragt, ob er nicht zu mir nach Chicago ziehen will.

So aber kämpfte ich mich nur mühsam und Schritt für Schritt in einen mir fremden Alltag zurück, absolvierte unzählige Termine mit den chaotischen Ermittlern vom ICE, die keinen Schritt weiterkamen, bis schließlich dem Staatsanwalt der Geduldsfaden riss und er sich persönlich in die Befragungen einschaltete.

Wie ich erlebt auch Kurt fassungslos die Willkür des amerikanischen Staates mit, auf den er bisher so große Stücke gehalten hat. Er hängt mit mir in der Warteschleife, kann seine Wohnung nicht verkaufen, solange er diese an die Justiz verpfändet hat. Zum Glück kommen wir beide so gut miteinander aus, dass er über die Option, woanders ein neues Leben anzufangen, nicht ernsthaft nachdenkt.

In Hamburg konsultieren meine Eltern immer wieder andere Rechtsanwälte und schreiben dem Ersten Bürgermeister. Sie kontaktieren das Bundesjustizministerium und das Auswärtige Amt. Auch Kurt verfasst zahlreiche Briefe, an die deutsche Bundeskanzlerin, den Senator von Illinois und späteren US-Präsidenten Barack Obama. Ich selbst schicke einen Hilferuf an die Stiftung der ehemaligen US-Außenministerin Madeleine Albright. All das führt zu nicht mehr als ein paar höflichen, aber völlig unverbindlichen Antwortbriefen. Jedes unserer Schreiben wird letztlich an das deutsche Konsulat in Chicago weitergereicht.

In mir wächst der Wunsch, die Zeit des Abwartens und Ausharrens sinnvoll zu nutzen, mich ehrenamtlich zu engagieren, statt endlos über meine Situation nachzugrübeln. Jim Marcus unterstützt diese Idee und verfolgt noch einen anderen Hintergedanken. Wenn ich kostenlose Sozialstunden leiste, kann mir das außerdem eines Tages vom Gericht positiv ausgelegt werden.

So komme ich zu *Shelter & Hope*[2], einer Organisation, die sich um Menschen kümmert, die psychisch krank und größtenteils bettelarm sind. Das Büro liegt nur wenige Busstationen vom *Park View Palace* entfernt.

Die meisten Sozialarbeiter bei *Shelter & Hope* haben selbst schlimme Erfahrungen mit Drogen, Sucht, psychischen Störungen und Gewalt gemacht, einige waren im Gefängnis. Sie sind überzeugt davon, dass diese Erfahrungen sie besser darauf vorbereitet haben, anderen zu helfen, als es jedes Universitätsstudium könnte.

Bevor ich mit meiner Arbeit dort beginne, nehme ich an

2 Name der Organisation geändert

einer Schulung über die Grundsätze der Organisation teil. Dazu gehört es auch, Fehler offenzulegen, nichts zu vertuschen und aus Problemen zu lernen – ein ganz anderer Arbeitsstil, als ich ihn von meinem ehemaligen Arbeitgeber kenne.

Der Schwerpunkt meines Engagements liegt im Büro. Organisation, Abrechnung, Excel-Tabellen, Telefondienst – all das kann ich gut und mache es gerne. Aber ich will auch die tägliche Praxis im Umgang mit den Frauen und Männern kennenlernen, die bei *Shelter & Hope* »Teilnehmer« genannt werden. Schon bald bin ich mit den Sozialarbeitern in Gegenden von Chicago unterwegs, in die ich zuvor nie einen Fuß gesetzt habe.

Einmal nehme ich an einer Gruppensitzung irgendwo im Norden der Stadt teil. Im oberen Stockwerk des schäbigen Mehrzweckbaus wohnen Frauen und Männer, die *Shelter & Hope* betreut. Eine Sozialarbeiterin hat mir erzählt, dass sie das Haus im Sommer regelmäßig mit von Wanzen zerbissenen Armen verlässt.

Unten gibt es einen Gemeinschaftsraum mit einem Stuhlkreis für das Treffen. Eine dunkelhaarige Teilnehmerin – eine Iranerin, wie ich später erfahre – starrt mich die ganze Stunde über unverhohlen an und fragt immer wieder: »Hat sie nicht schöne Haare?«

Manche in der Runde reden wie ein Wasserfall, sobald man sie anspricht. Andere starren nur stumpf und schweigsam vor sich hin. Eine Frau bricht in Tränen aus, als sie gefragt wird, wie es ihr gehe. Sie war Lehrerin, bis sie ihre ganze Familie bei einem Autounfall verlor. Sie allein hat überlebt – körperlich unversehrt, aber seelisch schwer verwundet.

Der gemeinsame Lunch nach dieser Gesprächsrunde ist für einige wahrscheinlich der Hauptgrund, hierherzukommen. Ich bereite die Sandwiches gemeinsam mit einem freundlichen, sehr gewandten jungen Mann vor, der spürbar aus gutem Hause stammt. *Shelter & Hope* hat ihn vor einiger Zeit aus einem Wohnwagen geklaubt, in dem er tief depressiv, verwahrlost, dreckig und abgemagert auf einer Liege lag – in seinem eigenen Kot und mit einem Bart, der ihm bis zum Bauchnabel reichte. Jetzt lebt er wieder in einer eigenen Wohnung und bewältigt seinen Alltag selbstständig. Am liebsten würde er sich mit mir gleich auf einen Kaffee verabreden, doch Privatkontakte zwischen Teilnehmern und Mitarbeitern sind streng verboten: Für eine professionelle Hilfe ist diese Abgrenzung wichtig.

Schon nach ein paar Monaten übernehme ich im *Shelter & Hope*-Büro einen bezahlten Teilzeitjob. Und ich freunde mich mit Kolleginnen an, von denen einige auch im *Park View Palace* wohnen. Wenn ich jetzt, wie so oft, am Wochenende einen Kuchen backe, weiß ich, dass dieser am Montag im Büro hochwillkommen sein wird. Immer häufiger helfe ich auch in einem Zentrum in der Nähe des Michigan-Sees aus. Dort können sich die Teilnehmer treffen, Tischtennis spielen, zusammen kochen und essen. Viele dieser Menschen sehen schlimm aus, haben keine Möglichkeit, sich zu waschen, und keine Zähne im Mund. Sie haben von Kindheit auf sexuelle Gewalt und ungewollte Schwangerschaften erlebt, sind verprügelt und vernachlässigt worden, haben Hunger gelitten. Nie hat sich jemand richtig um sie gekümmert. Mich beeindruckt das Engagement sehr, mit dem meine Kollegen versuchen, ihnen endlich ein menschenwürdiges Leben zu ermöglichen. Die Arbeit mit diesen Leuten erscheint mir unendlich viel sinnvoller als das, was ich vorher getan habe: Container mit Honig von A nach B verschieben.

Oft gehe ich am Freitagnachmittag direkt aus dem Büro zu meinem Job in die deutsche Gastwirtschaft. Der Kneipier hat längst gemerkt, dass ich für seinen Laden Gold wert bin, weil ich als Deutsche alle Fragen nach den Spezialitäten des Hauses – etwa Spätzle oder Schnitzel – aus erster Hand beantworten kann. Ansonsten kommt es vor allem darauf an, schnell, freundlich und stressresistent zu bleiben, wenn der Gastraum brechend voll ist, und das ist vor allem freitag- und samstagabends der Fall. Die meisten Amerikaner erwarten in einem Restaurant in erster Linie große Portionen und schnellen Service. Dann geben sie auch großzügig Trinkgeld. Wie das Essen schmeckt, ist ihnen weniger wichtig.

Manchmal kommen uralte Männer mit Pickelhaube in die Traditionsgaststätte marschiert. Sie nehmen ihre filmreife Kostümierung anscheinend todernst. Ab und zu bringen Enkel ihre Oma hierher, die noch in Deutschland geboren ist. Einmal hebt eine weißhaarige Dame nach ein paar Gläsern Bier ihre Hand zum Hitlergruß und stimmt den verbotenen Teil der Nationalhymne an. »Hitler hätte dich geliebt«, lallt sie, wahrscheinlich wegen meiner nordischen Erscheinung. Ich lächele höflich und suche das Weite. Mit steigendem Alkoholpegel sind die meisten unserer Gäste aber einfach glücklich und feiern. Mit Vorliebe bestellen sie »das Boot«, den berühmt-berüchtigten Riesenstiefel, der zwei Liter Bier fasst.

Durch *Shelter & Hope* und die Gastwirtschaft lerne ich ein ganz anderes Amerika kennen als das Land, in dem ich vorher gelebt habe. Und eigentlich interessiert mich das sehr. Schon von klein auf war es meinen Eltern wichtig, dass wir Kinder offen für fremde Länder und Kulturen sind. Meine Mutter ist seit jeher sehr reiselustig, hat schon in den Sechzigerjahren als Krankenschwester in Kanada und in Uganda als Entwicklungshelferin gearbeitet. Und mein Vater nahm sich in meiner Kindheit jeden Sommer sechs Wochen Urlaub, um mit uns die Welt zu erkunden. Schon als Sechsjährige sah ich die Tiere Afrikas in freier Wildbahn, in den Nationalparks Namibias, und bald darauf bereisten wir Kanada, Australien und die

USA. Meine Eltern liebten es, mit uns in der Natur zu sein, zu campen, Tiere zu beobachten und Beeren zu sammeln. Sie waren keineswegs reich, also reisten und lebten wir meist nicht in teuren Hotels, sondern in günstigen Unterkünften, mittendrin in den fremden Ländern. Noch bevor ich 14 Jahre alt war, besuchte ich Kenia, Hongkong und Bangkok. Während sich mein Bruder mutig den Bauch mit den Gerichten aus den unterschiedlichsten Garküchen vollschlug, tauschte ich mein Urlaubs-Taschengeld gegen einheimische Handarbeiten oder seltene Muscheln. Dass Handeln und Verhandeln mir Spaß macht, habe ich zum ersten Mal an einem afrikanischen Strand erlebt. Erst später wurde ein Beruf daraus.

Ich bin nach meinen ersten Monaten unter Hausarrest also wieder mitten im Alltag eines anderen Landes gelandet. Doch diese Zeit in Chicago ist kein Abenteuer, das ich mir freiwillig ausgesucht habe. Jeden einzelnen Tag, den ich gezwungenermaßen dort verbringen muss, streiche ich abends in meinem Kalender ab. Und es fällt mir nicht leicht, aus der Ferne zu verfolgen, wie das Leben in Deutschland weitergeht. Nach und nach heiraten meine Freundinnen und Freunde, gründen Familien, ziehen aus ihren Single-Buden in familientaugliche Häuser am Stadtrand. Ich aber kann über solche Schritte nicht einmal nachdenken und ihre Hochzeiten und Kindstaufen nicht mitfeiern.

Unterdessen wird Terri, die ich als Susans Freundin kennengelernt habe, zu meiner wichtigsten Vertrauten in Chicago. Gemeinsam mit ihrem Mann hilft sie mir, wo immer sie kann. Wenn die beiden verreisen, kann ich meine Besucher aus Deutschland in ihrer Wohnung einquartieren. Sogar ihr Auto stellen mir Terri und David zur Verfügung – einfach so.

Im Sommer bin ich gemeinsam mit dem Paar zu einem Gartenfest eingeladen. Bei den Gastgebern treffen sich vor allem

Juristen – Kollegen von David, der als Strafverteidiger arbeitet. Ich sitze dort zwischen einem älteren schwarzen Richter und einer Assistenz-Staatsanwältin, futtere mit ihnen Würstchen und Burger vom Grill und unterhalte mich über Deutschland. Jeder hier weiß, dass ich ein rechtliches Problem habe, doch niemanden scheint das zu irritieren. Auch das ist Amerika.

Und so verändere ich allmählich meine Einstellung zum Leben. Es zählt nur noch das, was mich weiterbringt. Ich bemitleide mich nicht mehr selbst oder ergebe mich in meine Opferrolle. Ich schätze es, wenn Kurt jedes neu auftretende Problem in Angriff nimmt, indem er sagt: »Lass uns die Sache von allen Seiten beleuchten.«

Dann analysieren wir das Thema und zerlegen es in seine Einzelteile, bis sich herausstellt, dass in jeder neuen Situation auch die Chance steckt, etwas Gutes daraus zu machen.

Alle zwei Monate kommt Christoph für eine Woche zu Besuch. Ich freue mich jedes Mal unglaublich auf ihn – und doch wird es mit der Zeit immer schwieriger, diese gemeinsamen Tage zu gestalten. Ich habe meinen Alltag, meine Termine; er aber will Urlaub machen und ausspannen.

»Könntest du dir vorstellen, doch noch hierherzukommen?«, frage ich ihn, als wir zusammen auf dem Schlafsofa in dem kleinen Gästezimmer liegen.

»Ich denke, du kommst bald zurück?«, fragt er erschrocken. »Wie lange kann das denn noch dauern?« Inzwischen sitze ich schon fast zwei Jahre in Chicago fest.

»Ich weiß nicht. Sie verlängern immer wieder die Frist.«

Christoph schweigt.

»Wir könnten uns hier eine eigene Wohnung suchen. Ich verdiene genug, und du würdest bestimmt auch eine Arbeit finden.«

Keine Antwort.

»Nur solange ich hierbleiben muss«, setze ich nach. »Ich

hab dieses ewige Provisorium satt, diese Ferienwochen mit dir und die langen Zeiten, in denen wir nur via Skype miteinander reden können.«

»Na ja«, meint er zögernd, »wenn ich hier einen Job hätte und eine Arbeitserlaubnis ... und wenn meine Chefin in Hamburg mir zusichern würde, dass ich zurückkommen könnte und ich sicher wüsste, für wie lange es wäre ...«

Das klingt eher halbherzig. Trotzdem frage ich die ICE-Ermittler beim nächsten Treffen, ob es nicht möglich wäre, auch für meinen Freund ein Arbeitsvisum zu bekommen? Schließlich verdient auch Moritz' Ehefrau in Chicago das Geld für die ganze Familie, während er auf das Baby aufpasst. Mit offensichtlicher Genugtuung wischen die Ermittler meine Anfrage vom Tisch. Kommt überhaupt nicht in Frage. Wir seien ja noch nicht einmal verheiratet.

Ich habe den Eindruck, dass Christoph eher erleichtert auf diese Nachricht reagiert. Die Entscheidung ist ihm damit abgenommen.

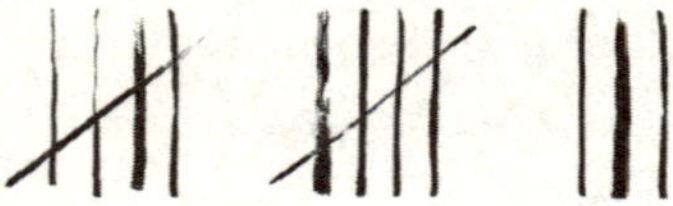

Im Juli 2010, im dritten Sommer nach meiner Verhaftung, sind die Ermittlungen endlich abgeschlossen. Doch bevor uns die Anklageschrift zugestellt wird, folgt auf die gute Nachricht vom Staatsanwalt sofort die Schlechte. Moritz und ich werden in dem Verfahren weiter als Angeklagte und nicht nur als Zeugen geführt. Wir müssen angeblich sogar mit einer Gefängnisstrafe rechnen – doch diese Möglichkeit weise ich innerlich weit von mir.

Jim Marcus rät mir, meine Wut und Enttäuschung darüber, dass ich noch immer als Angeklagte gelte, bei meinem nächsten Gespräch mit dem Staatsanwalt zum Ausdruck zu bringen, möglichst ohne allzu emotional zu werden.

»Warum muss ich trotz allem, was ich schon durchgemacht habe, jetzt weiter zittern?«, frage ich den Mann ein paar Tage später. Dieses eine Mal reagiert der Vertreter der Anklage überraschend offen und freundlich. »Mich wundert es auch, dass euer Arbeitgeber nie versucht hat, euch hier bei der Staatsanwaltschaft rauszuboxen«, räumt er ein. »Zumal ihr das Ganze ja nicht verschuldet und nicht einmal davon profitiert habt.« Er schaut mich einen Moment nachdenklich an. »Ihr seid die Bauernopfer in diesem Spiel. Hätten wir einen eurer Chefs zu fassen bekommen, wärt ihr schon längst zu Hause.« Natürlich weiß ich nicht, ob der Chef-Ankläger mir in diesem

Moment wirklich seine ehrliche Einschätzung mitteilt – aber es verblüfft mich, was für einen Ton er mir gegenüber plötzlich anschlägt.

An meinem 32. Geburtstag, dem 1. September 2010, wird mir die Anklageschrift zugestellt. Ich beschließe, mir meine Laune vorerst nicht vermiesen zu lassen, und gehe mit Christoph und meinen amerikanischen Freunden abends in mein mexikanisches Lieblingsrestaurant.

Mit dem Schriftsatz befasse ich mich erst am nächsten Tag. Unter der Überschrift »Amerika gegen …« sind alle Namen der Angeklagten aufgelistet. Zunächst die acht Herren aus den höheren Positionen der Firma, dann Moritz und ich sowie ein chinesischer Lieferant und die beteiligten Firmen. Auf 70 Seiten sind detailliert alle Vergehen aufgelistet, die ihnen allen zur Last gelegt werden. Schmuggel, Behinderung der Justiz, Inverkehrbringen von belasteter Ware und so weiter. Von insgesamt 44 Einzeltatbeständen wirft man Moritz und mir zwar nur einen einzigen vor, doch vor dem Hintergrund all der anderen Anklagepunkte wirkt der Schriftsatz, als seien wir Mitglieder eines kriminellen Kartells.

Der einzige Ausweg, den uns die Staatsanwaltschaft anbietet, ist der *Plea Bargain*, ein Deal mit dem Staat. Das bedeutet in meinem Fall: Ich soll einen einzelnen Gesetzesverstoß zugeben, damit ich nicht auch noch für die 43 weiteren Tatbestände – über die Klammer der *Conspiracy*, also der Verschwörung – strafrechtlich belangt werde. Nach höchst komplizierten Kriterien legt der Staatsanwalt dann einen Strafrahmen fest. Über die genaue Höhe und Art der Bestrafung und darüber, ob diese zur Bewährung ausgesetzt wird, entscheidet anschließend ein Gericht. Mir kommt dieser »Handel« höchst fragwürdig und riskant vor und ich frage mich immer wieder, ob ich mich wirklich auf so etwas einlassen soll.

Bei *Shelter & Hope* sitze ich inzwischen fast nur noch am Telefon und betreue die Hotline für neue Teilnehmer. Meine Kollegen mögen den freundlichen und respektvollen Ton, in dem ich mit den verzweifelten Menschen spreche, aber mich selbst bringt die Konfrontation mit ihren Problemen an den Rand der Belastbarkeit.

Oft muss ich viele Anläufe unternehmen, um die Leute, die bei uns auf Band gesprochen haben, überhaupt zu erreichen. Viele von ihnen sind obdachlos und völlig verwahrlost, haben so gut wie nie Geld auf ihrer Telefonkarte oder nehmen nicht ab, weil ihre Psychopharmaka sie träge machen und sie sehr viel schlafen. Oder sie können am Telefon unmöglich über persönliche Dinge sprechen, fühlen sich verfolgt und drangsaliert, wenn ich Fragen stelle. Wenn Mütter wegen ihrer halbwüchsigen oder erwachsenen Kinder anrufen, weinen sie oft schon nach wenigen Worten haltlos. Andere berichten, dass sie die Polizei holen mussten, weil sie von ihren Angehörigen tätlich angegriffen worden sind. Der Andrang ist so groß, dass ich mit der Anrufliste ständig eine Woche im Rückstand bin.

Einmal spricht ein älterer Mann aufs Band und bittet dringend um Hilfe für seine Tochter. Erst ein paar Tage später bekomme ich ihn endlich ans Telefon.

»Sie brauchen sich nicht mehr zu bemühen. Sie hat sich heute Nacht das Leben genommen«, sagt er und klingt dabei so unendlich müde.

Ich spreche ihm mein Beileid aus und lege auf. Mir ist elend zumute und ich fühle mich schuldig. Eine der Sozialarbeiterinnen von *Shelter & Hope* tröstet mich und erklärt mir, dass jedem in diesem Job so etwas passiert.

Besonders bitter ist es, wenn die Leute einfach persönlich zu uns in die Zentrale kommen und mir in der Empfangshalle ihre Geschichte erzählen. Wenn sich herausstellt, dass sie trotz ihres Leids nicht arm oder krank »genug« sind, um einen

Anspruch auf Hilfe von uns zu haben, muss ich ihnen das schonend beibringen. Die Kriterien, die der Staat uns vorgibt, sind hart und werden während der Wirtschaftskrise, die seit 2008 anhält, noch härter.

Nach zwei Jahren bei *Shelter & Hope* wählen mich meine Kollegen zur »Mitarbeiterin des Jahres« im Verwaltungsbereich. Ich bin überrascht und gerührt. Bei der Preisverleihung in einem griechischen Restaurant hält Mark, mein Chef, die Laudatio. »Steffi is from Germany«, sagt er, »and she is wunderbar.«

Was würde wohl mein Staatsanwalt sagen, wenn er das hören könnte, denke ich in diesem Moment. Für ihn bin ich nur eine kriminelle Ausländerin.

»Es ist nicht das, was ich mir erhofft habe«, beginnt Jim Marcus das Gespräch in seinem Büro. Anderthalb Jahre sind vergangen, seitdem die Anklageschrift vorgelegt wurde. Es ist inzwischen April 2012, fast vier Jahre nach meiner Festnahme am Flughafen. Endlich hat die Staatsanwaltschaft ihre ausgearbeitete Stellungnahme zu einem *Plea Bargain* vorgelegt. Alle an diesem Verfahren Beteiligten nehmen sich scheinbar endlos viel Zeit, während mein Leben mit Warten vergeht.

»Immerhin räumen sie uns 5K ein und damit die Chance auf eine Bewährungsstrafe«, fährt Jim Marcus fort.

5K? Ich habe keine Ahnung, was das bedeutet. Ich höre nur das Wort »Bewährung«. Das klingt beruhigend.

Doch dann setzt Jim mir im Detail auseinander, was sich *The Government* für mich vorstellt: eine Gefängnisstrafe. Bis zu fünf Jahren.

»Fünf Jahre?« Ich bin fassungslos.

»So viel wird es aber nicht werden«, sagt er beschwichtigend.

»Aha?«, frage ich aufgebracht. »Wie viel denn?«

»Steff, du hast zahllose Argumente auf deiner Seite. Du hast dein Wissen all die Jahre mit den Ermittlern geteilt. Es gibt viele honorige Menschen, die sich für dich einsetzen! Mehr als drei Jahre wird er nicht fordern.«

Fünf Jahre. Drei Jahre. Für mich ist beides unvorstellbar. Ich denke an Christoph. Das wird unsere Beziehung nicht überstehen. Nicht nach all dem, was schon gewesen ist. Ich bin mutlos, niedergeschlagen, aufgewühlt wie schon lange nicht mehr.

»Aber viel wichtiger ist, dass du eine Chance auf Bewährung hast«, erklärt Jim Marcus betont munter. »5K bedeutet, die Staatsanwaltschaft räumt dir wegen deiner Kooperation einen 50-Prozent-Abschlag ein.«

Für mich ist das alles unbegreiflich. Und doch müssen wir noch über einen anderen Teil des *Plea Bargain* reden: über den Schaden, den ich gemeinsam mit anderen angeblich angerichtet habe und für den ich schlimmstenfalls alleine aufkommen soll. Der Staatsanwalt taxiert diesen Betrag auf 30 Millionen Dollar. So unvorstellbar viel Geld hätten die USA angeblich eingenommen, wenn mein Arbeitgeber die amerikanischen Anti-Dumping-Zölle allein in meinen 18 Monaten Anwesenheit entrichtet hätte. Natürlich ist die Summe völlig aus der Luft gegriffen, denn zu einem legalen Import wäre es niemals gekommen.

Tatsächlich ist dies der einzige Punkt, zu dem Jim Marcus in den folgenden Wochen noch einen kleinen Verhandlungserfolg für uns verbuchen kann. Er streitet sich mit dem Staatsanwalt auch nur deshalb hartnäckig darum, weil ich ihn dazu dränge und einen Rechenfehler in der Aufstellung nachweisen kann. Am Ende beträgt die Summe, die ich dem US-Staat angeblich schulde, »nur« noch etwa 17 Millionen. Die Vorstellung, diesen Betrag jemals aufzubringen, ist trotzdem völlig grotesk.

Und dann kommt im Sommer 2012 der Tag, an dem ich den *Plea Bargain* unterschreiben soll. Ich soll mich schuldig bekennen, eine Strafe akzeptieren, deren Länge erst anschließend vom Gericht festgesetzt werden wird – und damit die Katze im Sack kaufen.

Ich weigere mich. Ich will nicht, dass aus diesem vom Staatsanwalt zusammengeschusterten Pamphlet durch meine Unterschrift ein rechtskräftiges Dokument wird.

Aber Jim Marcus redet auf mich ein wie auf einen störrischen Gaul. Soll die ganze Sache etwa doch noch vor Gericht verhandelt werden? Ist mir klar, dass mir dort in der Regel eine viel höhere Strafe droht? Will ich mir durch meinen verdammten Gerechtigkeitssinn meine Zukunft noch auf Jahre hinaus verbauen? Ist mir klar, wie lange so ein Prozess dauern kann? Mit Berufung und allem Drum und Dran?

Ich gebe nach, unterschreibe zähneknirschend und setze all meine Hoffnungen auf eine Karte: ein faires Gericht, das mich, nachdem der *Plea Bargain* abgeschlossen ist, mit einer milden Strafe in die Freiheit entlässt.

Ende August 2012 steht zunächst Moritz vor seinem Richter – endlich, nach zwei Terminverschiebungen. Parallel zu meinem Fall hat auch sein Anwalt mit dem Staatsanwalt verhandelt. Jetzt hat das Gericht das letzte Wort. Kurt nimmt sich einen halben Tag frei, um bei dem Termin dabei zu sein, während ich im Büro sitze und versuche zu arbeiten.

Gegen Mittag ruft er endlich an.

»Alles gut, Steffi, bin gerade aus dem Gericht raus. Er muss nicht ins Gefängnis«. Kurt klingt erleichtert. Ich habe sofort einen Kloß im Hals.

»Sie haben ihm Hausarrest aufgebrummt. Er muss ein halbes Jahr eine Fußfessel tragen.« Okay, denke ich, das habe ich ja schon hinter mir. »Außerdem wollen sie eine saftige Summe zur Wiedergutmachung plus ein happiges Bußgeld. Das Geld behalten sie von seiner Kaution gleich ein.«

Ich kann mich bei Kurt gerade noch für die Nachricht bedanken und lege auf. Dann fällt die Anspannung der letzten Monate von mir ab. Ich schnappe mir mein Handy, renne auf die Toilette und heule los. Die Tränen laufen mir noch über die Wangen, als ich Christoph und meinen Eltern die gute Nachricht übermittle. Ich bin wahnsinnig froh, und das nicht nur, weil Moritz der Knast erspart bleibt. Wenn sie meinen Vorgesetzten nicht zu einer Haftstrafe verurteilen, dann werden sie es auch mit mir nicht tun! Und hohe Beträge gleich von der Kaution einbehalten – das können sie zwar bei Moritz machen, aber nicht bei mir. Kurts Wohnung und das Geld von Christoph und meinem Vater darf die Justiz nicht einkassieren, weil es nicht mein persönliches Eigentum ist.

Noch ahne ich nicht, dass es in diesem Land letztlich ein Nachteil ist, dass bei mir kein Geld zu holen ist. Ich zähle nur noch die Tage bis zu meinem Termin. Ich will endlich Gewissheit.

Am 5. Oktober 2012 stehe ich um sechs Uhr früh auf. Meine Kleidung habe ich mir bereits am Abend zuvor zurechtgelegt, um morgens nicht in Eile und Anspannung meinen Schrank zu durchwühlen. Meine Wahl ist auf ein weißes, am Kragen mit Perlen besetztes Oberteil gefallen, das im Hüftbereich ausgestellt ist. Dazu trage ich eine enge Hose, hohe Schuhe und eine Strickjacke – alles in Schwarz.

Kurt fährt mit mir zum Gericht. In der Eingangshalle wartet Jim Marcus auf uns. Wenig später treffen Terri, David und Mark, mein Chef von *Shelter & Hope*, ein. Ebenso wie Kurt wird er vor Gericht für mich sprechen. Weitere Beschreibungen meines Charakters sind von Verwandten, Kollegen und Freunden schon eingereicht worden. In amerikanischen Strafsachen ist diese Form der »Beurteilung« eines Angeklagten sehr verbreitet.

Allerdings liegen der Richterin auch Opferbriefe vor, die in der Verhandlung vorgetragen werden. Sie stammen von Personen oder Organisationen, die ich überhaupt nicht kenne. Ausführlich legen sie dar, welche Schäden die einheimische

Honigproduktion durch die Importe aus China erlitten hat. Die Richterin hört sich das alles an, wirkt aber gelangweilt.

Dann hält Kurt seine sorgfältig vorbereitete Rede über die fast sechs Jahre, die wir miteinander verbracht haben, erst als Nachbarn und Freunde, dann als Schicksalsgemeinschaft. Als er auf Susan und ihren furchtbaren Tod zu sprechen kommt, laufen mir die Tränen herunter, ich wische sie unauffällig weg. Meine Angst und meine Trauer gehen niemanden etwas an. »Ich denke, es steht gut für uns. Die Richterin ist auf deiner Seite«, raunt Jim mir zu.

Anschließend führt mein Anwalt noch einmal all die Argumente auf, die ich schon lange kenne. Jim Marcus spricht überzeugend davon, wie ich von meinen Vorgesetzten als Marionette missbraucht worden bin.

Der Staatsanwalt hingegen nutzt sein Plädoyer, um eine geifernde Anklagerede zu halten. Ich habe all das schon so oft gehört, dass es mich kaum noch beeindruckt. In den letzten viereinhalb Jahren ist der Mann mit der Goldrandbrille für mich fast so etwas wie ein alter Bekannter geworden, und unser Umgang miteinander hatte zeitweise freundschaftliche Züge. Aus einem förmlichen »Miss Giesselbach« wurde mit der Zeit ein lockeres »Stefanie« und schließlich ein vertrauliches »Steff«.

Doch trotz allem ist der Staatsanwalt in diesem Verfahren parteiisch: Er ist mein Gegner. Vom ersten Tag an war es sein Ziel, dass ich verurteilt werde. Für einen amerikanischen Staatsanwalt zählt jeder »gewonnene« Fall als Erfolg, ist wichtig für seine berufliche Laufbahn – ganz unabhängig davon, ob er selbst an die Schuld des Angeklagten glaubt. In Deutschland wäre er gesetzlich verpflichtet, sich auch mit den Aspekten des Falles zu befassen, die mich entlasten. Hier in Amerika muss er das nicht. Er darf sogar Beweismaterial unter den Tisch fallen lassen.

Er ist fast am Ende seiner Ausführungen angekommen, als ein ICE-Ermittler ihm einen Zettel nach vorne reicht.

»Ach«, sagt der Staatsanwalt nach einem kurzen Blick darauf, »das hätte ich beinahe vergessen: das Thema Antibiotika.«

Ich hatte es befürchtet. Die Sache mit den Antibiotika spielte für die Ermittler zwar während all der Gespräche eine eher untergeordnete Rolle, doch schon die erste Pressemitteilung des ICE klang so, als hätten skrupellose internationale Honighändler versucht, das amerikanische Volk zu vergiften.

»Antibiotika im Honig«. Natürlich interessiert das die Öffentlichkeit mehr als die Details eines Handelskrieges zwischen den USA und China. Meine Richterin ist selbst Mutter. Die Vorstellung, dass die Frühstücksflocken ihrer Kinder mit Antibiotika belastet sein könnten, wird ihr alles andere als egal sein.

Mehrmals habe ich Jim Marcus deshalb gebeten, mit mir gemeinsam eine Stellungnahme zu diesem sensiblen Punkt auszuarbeiten. Aber er hat nicht darauf reagiert und schlicht gehofft, dass das Thema unter den Tisch fällt. Entsprechend schwammig und unbeholfen äußert er sich jetzt dazu.

Am Ende der Verhandlung komme ich selbst zu Wort. Meine Nervosität ist wie weggeblasen, als ich vor dem Mikrofon stehe. In wenigen Worten bekenne ich mich dazu, dass ich einen Fehler gemacht habe, als ich mich vor den Karren meines Arbeitsgebers spannen ließ. Statt seine Anweisungen zu befolgen, hätte ich zu den Behörden gehen müssen.

Aber ich bitte das Gericht auch, zu berücksichtigen, dass ich in den letzten viereinhalb Jahren dafür gebüßt habe. Durch die Untersuchungshaft, die Fußfessel, den Zwangsaufenthalt in Chicago und rund 1000 Stunden ehrenamtlicher Sozialarbeit.

Dann ist es so weit. Mit deutlichen Worten erklärt mir die Richterin, dass ich in eine schwere Straftat involviert gewesen sei.

»Ich erkenne an, dass Sie nicht der Entscheidungsträger waren. Sie waren auch noch recht jung – aber eben alt genug, um es besser zu wissen«, fährt sie fort. »Anders als viele der Angeklagten, die hier vor Gericht stehen, scheinen Sie aufrichtig Reue für das zu empfinden, was Sie getan haben. Das Strafmaß hat auch zu berücksichtigen, dass Sie in einem gewissen Umfang schon gebüßt haben und wohl nie wieder etwas Derartiges tun werden.«

Dann kommt sie zum Schluss. »All das ändert aber nichts an der Tatsache, dass das Urteil eine abschreckende Wirkung für die Öffentlichkeit haben muss.« Bevor ich realisieren kann, was das für mich bedeutet, hat sie es schon ausgesprochen. »Deshalb entscheidet das Gericht, Sie hiermit der Strafvollzugsbehörde zu übergeben, um Sie für ein Jahr und einen Tag zu inhaftieren.«

Ich drehe mich zu meinen Freunden um. Terri weint und sogar David hat Tränen in den Augen. Ich selbst fühle erst einmal – nichts. Benommen sitze ich auf der Anklagebank, während Jim Marcus eine Reihe Formalitäten mit der Richterin abwickelt.

Doch dann werde ich hellwach.

»Darf meine Mandantin nach Verbüßung ihrer Strafe aus den USA ausreisen?«, höre ich meinen Anwalt fragen. »Oder spielt die Wiedergutmachungszahlung dabei eine Rolle?«

Verwirrt und höchst beunruhigt frage ich mich, worum es jetzt noch geht. Haben die USA etwa das Recht, mich auch nach der Haft festzuhalten – so lange, bis ich meine Schulden in Höhe von 17 Millionen US-Dollar abbezahlt habe? Muss ich für den Rest meines Lebens in Amerika bleiben und alles, was ich verdiene, an die Justiz zahlen?

»Miss Giesselbach kann nach Verbüßung der Haft unverzüglich nach Deutschland zurückkehren«, erklärt die Richterin. Sie wirkt etwas unsicher, doch es scheint ihr wichtig, dass diese Feststellung ins Protokoll aufgenommen wird. Nach einer kurzen Pause fügt sie hinzu: »Es geht hier um eine enorme Schadenssumme.«

In der Aussage schwingt das Wissen mit, dass kein normal verdienender Mensch einen solchen Betrag jemals aufbringen kann.

Mit meinen Freunden stehe ich unten im Gerichtsgebäude. Noch begreife ich nicht, was gerade verkündet wurde. Ich soll ins Gefängnis.

Ich muss zu Hause anrufen, denke ich, aber mir graut davor. Meine Eltern und Christoph warten auf eine Nachricht. Aber wie soll ich ihnen erklären, was ich selbst nicht begreife? Dass ich vorläufig nicht nach Hause komme, sondern ins Gefängnis muss? Wie soll ich darüber sprechen, ohne in Tränen auszubrechen oder einfach zusammenzuklappen? Mit ihrer Wut, ihrem Entsetzen, ihrem »Das kann doch nicht wahr sein!« will ich im Moment nichts zu tun haben.

Notgedrungen wähle ich dann doch Christophs Nummer und danach die meiner Mutter. Beide sind geschockt und sprachlos. Mit diesem Urteil hat niemand gerechnet. »Ich melde mich noch mal – auch bei allen anderen«, verspreche ich. »Im Moment kann ich einfach nicht reden.« Schnell verabschiede ich mich und gehe zu meinen Freunden zurück.

»Was machen wir denn jetzt?«, fragt mich Terri ratlos.

»Genau! Steffi, was wünschst du dir?«, setzt Kurt nach.

Ich weiß es auch nicht. Ich will nicht hier sein. Nicht vor diesem Gericht, nicht in diesem Land, dessen Justiz sich anscheinend vorgenommen hat, so lange auf mich einzuschlagen, bis ich am Boden liege.

Doch Selbstmitleid bringt mich nicht weiter. Und um mich herum stehen meine fantastischen Freunde, die nach der Urteilsverkündung schon mehr Tränen vergossen haben als ich.

»Wir gehen was essen«, erkläre ich. »Zum Lunch. Beim Italiener.« Den Appetit hat es mir zwar verschlagen, aber jetzt alleine nach Hause zu fahren, dort die Wand anzustarren und mich meinen Gedanken und Gefühlen zu überlassen – das ist keine Alternative.

Im Restaurant stochere ich lustlos in meinem *Caesar Salad* herum, während David das Urteil aus der Sicht des Strafverteidigers analysiert. »Steffi, du musst wissen, wenn die Richterin den Gerichtssaal betritt, hat sie sich ihr Urteil bereits gebildet.« Es geht nur noch um die Höhe der Strafe. Sie wird sich auf Basis der Aktenlage eine Ober- und eine Untergrenze gesetzt haben. Und da der angerichtete Schaden 17 Millionen Dollar beträgt, konnte das nur Gefängnis bedeuten.«

Aha, denke ich, und warum hat mir das vorher niemand gesagt?

Aber David ist noch nicht fertig. »Deine Richterin hat dir im Grunde einen Gefallen getan. Das musst du als Erfolg verstehen – du hast sie überzeugt!«, doziert er weiter. Ich sehe ihn verständnislos an.

»Sie hat ein Jahr und einen Tag verfügt, das niedrigste Strafmaß, das eine vorzeitige Entlassung erlaubt. Die drei Wochen U-Haft werden dir natürlich angerechnet, und so bist du nach neun bis zehn Monaten vielleicht schon wieder draußen. Wenn du im Gefängnis nichts Verbotenes tust … Aber das wird ja nicht das Problem sein.«

Ich fröstle. Schlagartig sind die Erinnerungen an die U-Haft wieder da. An das widerliche Gebäude, den Dreck, an die Kopfschmerzen vom Nichtstun, die seltsamen Insassinnen – und an das Gefühl, andauernd anzuecken, andauernd etwas falsch zu machen. Ich kann mir nicht vorstellen, nur für einen einzigen Tag in dieses fürchterliche Gebäude zurückzumüssen, und es fühlt sich mehr als absurd an, bei einem netten Italiener zu sitzen und darüber nachzudenken.

Mein Blick bleibt an einem Abreißkalender über dem Tresen hängen und plötzlich fällt mir siedend heißt ein: Heute ist Freitag! Ich muss ja zur Arbeit ins Restaurant! Absichtlich habe ich mich dort nicht abgemeldet und niemandem gesagt, dass ich zum Gericht muss. Das Mitgefühl und das aufgeregte Mitzittern meiner Kollegen hätte mich nur noch mehr unter Druck gesetzt. Insgeheim habe ich darauf gehofft, dass ich an diesem Abend allen eine Runde ausgeben und mit ihnen anstoßen kann.

Und jetzt? Es ist Oktoberfest und ich weiß, wie viel zu tun ist. Mir jetzt freizunehmen oder mich krankzumelden, das wäre einfach unfair.

Die Zeit reicht gerade noch, um aufzuessen, nach Hause zu fahren, mich umzuziehen und pünktlich zur Schicht zu erscheinen. Etwas blass um die Nase bin ich anscheinend, und mein Chef gerät völlig in Rage, als ich ihm erzähle, warum ich meinen Job bald kündigen muss. Doch mir ist es heute Abend lieber, mich in die Arbeit zu stürzen, als mir seine Empörung über meine bevorstehende Haft anzuhören. Im Laufe des Abends schaut Kurt noch auf ein Bier vorbei, und ich bekomme mit, wie er am Tresen steht und versucht, meinen Chef zu beruhigen, der sich immer noch lautstark ereifert.

»Oh Mann, Steff«, kommentiert mein junger Kollege, »das nervt ja richtig!« Er ist erst einundzwanzig und der Sohn des Chefs. Worauf ich im Knast achten muss, weiß er anscheinend genau, vermutlich aus einer Fernsehserie. »Pass bloß auf, dass du nicht gleich an die falschen Leute gerätst und eine Art Knast-Sklavin wirst!« Auf solche Ratschläge kann ich zwar verzichten, aber es tut gut, mit ihm ein bisschen über meine Zukunft im Gefängnis herumzublödeln.

Ansonsten ergeht es mir in den nächsten Tagen wohl so ähnlich wie jemandem, der erfahren hat, dass er unter einer schweren Krankheit leidet. Ich bin diejenige, die meine Eltern, Verwandten, Arbeitskollegen, Freundinnen und Freunde beruhigen und trösten muss. Das wird schon, ich kriege das hin, macht euch bloß keine Sorgen! Auch diese Hürde werde ich nehmen und dann komme ich nach Hause! Ich sage es so oft, bis ich selbst daran glaube.

Natürlich brennt mir die Frage unter den Nägeln, wann und wo ich meine Strafe absitzen muss. Ich könne mich zur Strafverbüßung direkt nach dem Wochenende im Untersuchungsgefängnis von Chicago – dem mir wohlbekannten MCC – melden, hat die Richterin vorgeschlagen. Sie könne in ihrem Urteil aber auch eine andere Anstalt empfehlen. Das *Bureau of Prisons*, die amerikanische Strafvollzugsbehörde BOP, müsse diesem Wunsch allerdings nicht nachkommen.

Chicago ist doch prima, sagen meine Freunde, da kommen wir dich jedes Wochenende besuchen. Als ich über die Option nachdenke, ins MCC zurückzukehren, sitze ich bei Kurt auf dem Sofa. Bei dem Gedanken fange ich sofort an zu weinen – so heftig, dass ich eine ganze Weile nicht mehr aufhören kann. Dieser Drecksladen, das ungenießbare Essen, die Kälte, der Mangel an frischer Luft, die grauenvolle Langeweile, der ständige Lärm und die Aussicht, dort schlimmstenfalls zehn Monate bleiben zu müssen – ich weiß nicht, wie ich das durchstehen soll.

»Lass uns die Sache von allen Seiten beleuchten«, sagt Kurt in seiner pragmatischen, liebenswerten, vertrauten Art und reicht mir ein Taschentuch. »Informier dich ganz in Ruhe über deine Optionen. Du ganz allein musst schließlich im Knast klarkommen. Es geht nicht darum, dass du es uns recht machst.«

Und so recherchiere ich im Internet über Gefängnisse in Amerika. Ich entdecke die Website *prisontalk.com*, auf der sich Gefängnisinsassen über ihre Unterkunft austauschen wie Hotel- oder Restaurantgäste. Wie ist die Unterbringung, das Essen, das Freizeitangebot? Ist das Wachpersonal korrekt, was kosten Telefongespräche?

Ich lerne auch, dass es für Gefangene mit vergleichsweise geringen Strafen sogenannte *Camps* gibt, die nicht mit hohen Stacheldrahtzäumen umgeben sind. Dort kann man sich tagsüber frei bewegen, mancherorts hat man sogar eine Art Internetzugang. Man kann Kurse und Arbeitsplätze bei staatlichen Einrichtungen besuchen, häufig sogar außerhalb des Gefängnisses. Einen besonders guten Ruf hat das Frauen-*Camp* Alderson in West Virginia, das sogenannte *Camp Cupcake.* 2004 hat die prominente Fernsehmoderatorin und Köchin Martha Stewart, »Amerikas Hausfrau Nummer eins«, dort fünf Monate wegen Insidergeschäften gesessen.

Meine Entscheidung steht fest: Da will ich hin. Um der Strafvollzugsbehörde Zeit zu lassen, mir einen Platz in Alderson zuzuweisen, gebe ich als Termin zum Strafantritt den 13. November 2012 an. Ich brauche selbst noch ein paar Wochen, um alles zu organisieren.

Dann lege ich mir eine Liste mit 45 Punkten an, die ich nach und nach abarbeite. Ich gehe meine Bankkonten, Versicherungen, Handyverträge und sozialen Netzwerke durch. Was muss ich kündigen? Worum muss sich jemand in meiner Abwesenheit kümmern? Wer kommt dafür in Frage? Ich verteile Aufgaben, erstelle Vollmachten und richte eine Weiterleitung meiner privaten E-Mails ein. In einer Excel-Tabelle trage ich sämtliche Kontaktdaten von Familie, Freunden und Bekannten auf zwei Kontinenten zusammen. Es ist wichtig, dass alle miteinander kommunizieren können, wenn ich mich nicht selbst darum kümmern kann. Ich verfasse eine umfangreiche Bücherliste und schicke sie an meine Mutter. Sie wird dafür sorgen, dass der Lesestoff nicht doppelt bei mir im Gefängnis ankommt.

Außerdem lese ich jeden Gefängnisratgeber, den ich online finden kann. Leider drehen sie sich meistens nur um die Situation von Männern im Gefängnis.

Und schließlich plane ich eine letzte Urlaubswoche mit Christoph. Nicht in Chicago, sondern in Florida, wo es Anfang November noch sommerlich warm ist. Inzwischen haben wir die Stadt schon ein paarmal für ein paar Tage verlassen, mit Genehmigung des Staatsanwaltes. Wir waren zusammen in Las Vegas, Florida oder am Michigan-See. Dieses Mal sei alles anders, argumentiert der Staatsanwalt. Seit meiner Verurteilung herrsche wieder erhöhte Fluchtgefahr. Die Richterin überstimmt ihn letztendlich.

Mir ist mulmig zumute, als ich Christoph auf dem Flughafen in Miami erwarte. Der Kontakt zwischen uns war in den letzten Monaten nicht einfach. Er hat mich oft enttäuscht und war nicht erreichbar, wenn es darauf ankam. Erst in letzter Minute hat er mir mitgeteilt, dass er nicht zur Urteilsverkündung nach Chicago kommen könne – angeblich war er am Arbeitsplatz unentbehrlich. All meine Freunde und Familienangehörigen haben mich bis jetzt fantastisch unterstützt, nur Christoph hat sich immer mehr zurückgezogen. Haben seine Gefühle unter der andauernden Fernbeziehung so sehr gelitten? Traut er sich nicht, mir das zu sagen? Gibt es vielleicht eine andere? Ich frage mich auch, ob ich selbst diese Beziehung fortsetzen will. Doch all die Jahre hat Christoph zu mir gehalten, seine Urlaubstage mit mir in Amerika verbracht – so kurz vor meinem Strafantritt will ich diese Liebe nicht aufgeben.

Auch als er mir am Flughafen von Miami Beach gegenübersteht, lösen sich meine Zweifel nicht sofort auf. Schon auf der

Fahrt in die Stadt stelle ich ihm immer wieder dieselben Fragen. »Mach dir keinen Kopf«, versucht er mich zu beruhigen. Es ist alles gut mit uns.« Und dann sinken wir uns im Hotel in die Arme und verbringen eine Urlaubswoche wie Tausende anderer junger Paare in Florida. Wir liegen am Strand, gehen essen, haben Spaß miteinander. Niemand sieht mir an, was ich selbst keinen Augenblick vergesse: Schon in der nächsten Woche werde ich Anstaltskleidung tragen.

Einmal gehen wir zusammen ins Kino und sehen uns *Flight* mit Denzel Washington an. Der Film ist gerade erst herausgekommen und handelt von einem Piloten, der eine Passagiermaschine vor dem Absturz bewahrt, dann aber zugeben muss, dass er dabei unter Drogen und Alkohol stand. Am Ende geht er dafür ins Gefängnis. Ich bleibe nach der Vorstellung im Kino sitzen und heule wie ein Schlosshund. Christoph steht unbeholfen neben mir und weiß nicht, was er tun soll.

Innerlich werde ich von Tag zu Tag nervöser. Ich habe noch immer keine Nachricht vom BOP. Im schlimmsten Fall muss ich mich am 13. November an meinem Wohnort zum Strafantritt stellen, im MCC Chicago, dort, wo ich auf keinen Fall noch mal hinwill.

Erst einen Tag vor dem Rückflug kommt der erlösende Anruf von Kurt. In meiner Aufregung verstehe ich am Telefon nur, dass das Gefängnis in West Virginia liegt und mit »... on« endet! Großartig, ich komme nach Camp Alderson! Total erleichtert rufe ich meine neue *Pretrial*-Betreuerin an.

»Hi, Stefanie hier, ich habe gerade gehört, es wird Alderson?«

»Wieso Alderson?«, fragt sie erstaunt und etwas reserviert. »Ich habe hier die Nachricht, dass du nach Hazelton gehst!«

»Hazelton? Wo soll das denn sein?«

»Liegt auch in West Virginia, etwa 500 Meilen von Chicago.«

Wie zum Trost fügt sie hinzu: »Es ist eine ziemlich neue Einrichtung, erst vor ein paar Jahren erbaut. Auch ein *Camp*.«

Ich beende das Gespräch und klappe hastig Christophs Laptop auf, warte ungeduldig auf die Internetverbindung und gebe »Hazelton« und »Prison« bei Google ein. Und dann trifft mich der Schlag. Ein furchterregendes Foto baut sich da vor meinen Augen auf. Es zeigt eine riesige graue Gefängnisanlage mit monströsen Wachtürmen.

Dorthin wollen sie mich stecken? Aber was habe ich dort verloren? Ich google weiter. Die Bilder zeigen ein Hochsicherheitsgefängnis, fast 2000 männliche Insassen sitzen dort ein. *Sky View Drive*, so lautet die Adresse, als handele es sich um ein vornehmes Resort. Direkt neben dem hässlichen Bau türmt sich ein weiteres Gefängnis für Männer auf, das aber leer steht, und eine sogenannte *Secure Female Faciliy* (SFF) – eine »sichere Einrichtung« für insgesamt 512 Frauen. Die Fotos zeigen einen unwirtlichen Betonklotz, der 2006 fertiggestellt wurde und 68 Millionen US-Dollar gekostet haben soll. In dieser gottverlassenen Gegend – das nächste Dorf heißt Bruceton Mills und liegt etwa 15 Kilometer entfernt – gibt es offenbar nichts anderes als Gefängnisse für Tausende Straftäter.

Ein *Camp* ist das definitiv nicht! Aber was um alles in der Welt ist dieses SFF Hazelton, und warum schicken sie mich dorthin? Ich liege auf dem Bett und beginne leise zu weinen. Christoph sitzt schweigend neben mir. Wie sehr sehne ich mich danach, dass er mich einfach in den Arm nimmt und tröstet.

Am Dienstag, den 13. November 2012, mache ich mich morgens um vier mit Kurt auf den Weg. Wir fahren mit seinem Auto, so kommt man am schnellsten in diese entlegene Ecke des Bundesstaates West Virginia. In knapp acht Stunden müssten die rund 850 Kilometer zu bewältigen sein.

Inzwischen habe ich mir das 50-seitige Handbuch für weibliche Gefangene in Hazelton aus dem Internet ausgedruckt und es mindestens dreimal durchgelesen. Ich bilde mir ein, dass ich jetzt alles Notwendige über Hausregeln, tägliche Aufgaben, Besuchszeiten, Telefonkontakte, Vergünstigungen und Strafen weiß. Im Handbuch steht auch, dass ich verpflichtet bin, mich gesund zu ernähren und regelmäßig zu waschen. Nichts leichter als das, denke ich grimmig, wenn das Essen besser ist und die Duschen hygienischer sind als im MCC! Außerdem erfahre ich, dass mir jede Form von Körperkontakt im Gefängnis verboten ist. Allenfalls kurze freundschaftliche Umarmungen würden im Einzelfall geduldet.

Wir lassen Chicago hinter uns, als es draußen noch stockdunkel ist. Die ersten Stunden der Fahrt vertreiben wir uns, indem wir uns über alles Mögliche unterhalten, nur nicht über das Ziel dieser Reise. Draußen geht unterdessen die Sonne auf. Ein wolkenloser, wunderschöner Herbsttag liegt vor uns, die Bäume leuchten in allen Farbschattierungen von Gelb bis Rot.

Dann nicke ich noch mal ein. Später wird mir Kurt gestehen, dass er mich am liebsten sofort nach Chicago zurückgebracht hätte, als ich so friedlich auf seinem Beifahrersitz lag und schlief.

Wir fahren durch Pittsburgh, Pennsylvania, das mich mit den vielen Hügeln an die Gegend um Heidelberg erinnert. Einer der Orte heißt sogar so. Hier haben deutsche Einwanderer vor 150 Jahren eine neue Heimat gegründet. Allmählich fruchten meine verzweifelten Versuche nicht mehr, mich mit solchen Überlegungen abzulenken. Kurt steuert eine Raststätte an, damit ich mir etwas Leckeres zum Essen aussuchen kann. Aber ich kann mich für nichts entscheiden, weiß, dass ich sowieso nichts herunterbekomme.

Ich krame mein Telefon aus meiner Handtasche, um ein letztes Mal mit meinen Eltern, ein paar Verwandten, meinen engsten Freundinnen und Christoph zu sprechen. Noch kostet mich nicht jede Telefonminute einen Dollar, noch kann ich reden, ohne dass die Justiz mithört. Ich sage allen, dass es mir gut geht, dass sie sich keine Sorgen um mich machen sollen, dass ich klarkomme. Christoph erwische ich nur kurz, er ist auf der Arbeit.

Ein großes Schild am Straßenrand zeigt an, dass wir die Grenze zum Bundesstaat West Virginia passieren. Als Nächstes bemerke ich eine riesige Reklametafel mit der Aufschrift *Aldi*.

»An dem Tag, an dem ich entlassen werde, gehe ich dorthin und kaufe mir importierte deutsche Schokolade«, sage ich zu Kurt. Jetzt habe ich etwas Konkretes, worauf ich mich freuen kann.

Wenig später sehen wir das einzige Hotel weit und breit. Wie ich später erfahre, dient der schmucklose Klotz, der von einer Billigkette betrieben wird, einzig und allein als Unterkunft für die Besucher von Gefängnisinsassen.

Direkt gegenüber dem Hotel biegen wir in eine breite Einfahrt ein und stoppen vor einem halbrunden Koloss aus Stein. Ein Wegweiser informiert uns über die Lage der einzelnen Teile dieses Gefängniskomplexes.

Während Kurt über zahlreiche Serpentinen den Berg hinaufkurvt, weitet sich der Blick über die bewaldete, hügelige Landschaft. Dann sehen wir das Gebäude. Über dem Eingang prangt in riesigen Lettern: *Secure Female Facility Hazelton*. Überdimensionale Stacheldrahtzäune schützen den grauen Klotz. An einem einsamen Fahnenmast davor weht die US-Flagge.

Wir sind da. Kurt stellt das Auto auf dem Parkplatz ab und schaut mich betreten an. Ich steige aus und stapfe entschlossen auf den Eingang zu.

Wenige Augenblicke später überreiche ich ihm die letzten persönlichen Habseligkeiten, die ich auf dieser Fahrt dabeihatte: Handy, Ohrringe, Handtasche. Diese Dinge darf ich nicht mit ins Gefängnis nehmen. Den Stapel von Sachen, die mir genehmigt sind, halte ich lose in der Hand: einen Kalender, ein Blatt mit Kontaktdaten, Fotos und ein Medikament.

Leider vergesse ich in der Aufregung, ein letztes Erinnerungsfoto vor meiner Aufnahme im Gefängnis zu schießen.

Bevor ich durch die gläserne Schwingtür trete, will ich noch mal mit Christoph sprechen. Kurt gibt mir mein Handy. Ich muss lediglich auf Wahlwiederholung drücken, aber ich erreiche nur seine Mailbox.

Mist. Kann er nicht einfach mal für mich da sein? Aufgebracht rufe ich seinen Bruder an, aber eigentlich weiß ich nicht, was ich sagen soll.

Und dann sehe ich den Wachmann, der direkt auf mich zusteuert, um mich in Empfang zu nehmen.

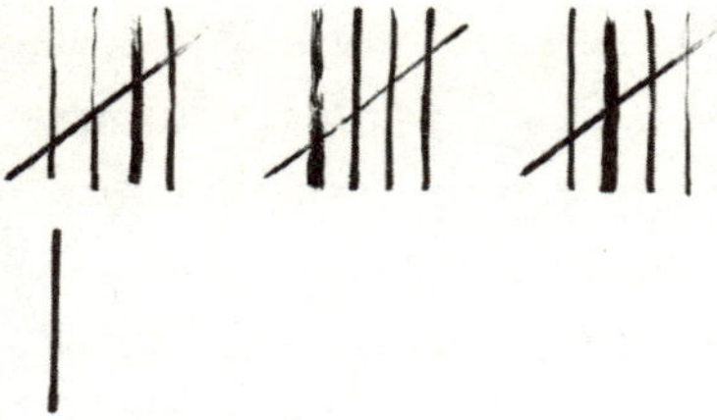

»Mach den Mund auf und streck die Zunge raus! Nach oben, damit ich daruntergucken kann«, fordert mich die Uniformierte auf. Splitternackt stehe ich vor ihr. »Heb deine Brüste an, eine nach der anderen!« Brav befolge ich ihre Anweisungen.

Es geht Schlag auf Schlag. »Lass mich hinter deine Ohren sehen. Arme hoch! Zeig mir deine Achselhöhlen! Lass den Kopf nach unten hängen.« Ich schüttele meine langen Haare aus.

»Dreh dich um und zeig mir deine Fußsohlen!«

Zum Schluss ertönt ein Kommando, das ich schon kenne: *»Squat and cough!«* Ich gehe breitbeinig in die Hocke und huste ein paarmal künstlich, offensichtlich habe ich nichts in meinen Köperöffnungen versteckt.

»Alles bestens, kannst dich anziehen«, stellt die Uniformierte zufrieden fest und gibt mir einen Stapel Wäsche. Ich schlüpfe in eine riesige weiße Baumwollunterhose und ein bügelloses Top, das meinen Brüsten keinerlei Halt bietet. Darüber ziehe ich ein kackbraunes T-Shirt, ein khakifarbenes Hemd und eine Gummizug-Hose im selben Farbton. Keins dieser Kleidungsstücke hat auch nur eine einzige Tasche. Zwei schlauchartige Tennissocken und blaue Billig-Slipper *Made in China* vervollständigen meine Ausstattung.

Mit einer zusammengerollten Decke, einem Stapel Wechselwäsche und allerlei Papieren unter dem Arm werde ich aus der R-&-D-Abteilung (*Reception and Departure* = Empfang und Abreise) auf eine riesige Freifläche geschoben. Wo ich untergebracht bin, haben sie mir auf den Rand eines Zettels geschrieben: K1, 128-O. »O« steht für oben. Plötzlich bin ich ganz allein.

»Zehn Monate. Ich stehe das durch«, murmele ich wie ein Mantra vor mich hin, um die aufsteigende Angst zu bekämpfen. Kein Mensch ist zu sehen. Warum lassen sie mich hier draußen ohne Wache herumirren? Darf ich hier überhaupt allein sein? Überall sehe ich Kameras. Ich mutmaße, dass sie jeden meiner Schritte in einem Kontrollraum überwachen. Ob ich in diesem gigantischen Gefängniskomplex wohl auch nur eine einzige Person treffen werde, der ich vertrauen und mit der ich mich unterhalten kann?

Der Frauenknast kriegt mich nicht klein, das habe ich mir geschworen. Aber jetzt ist mir doch mulmig zumute. Ich denke an Kurt, von dem ich mich erst vor einer Stunde verabschiedet habe. In seinem karierten Flanellhemd, mit meiner schwarzen Handtasche über dem Arm sah er traurig und hilflos hinter mir her, als mich der Wachmann in das Gebäude führte.

Vor mir türmt sich eine mausgraue Bunkeranlage aus vier seltsam geschnittenen Gebäudetrakten auf. *J1*, *J2*, *K1* und *K2* steht in großen blauen Lettern auf den Fassaden.

Nach einem kurzen Fußmarsch über die von merkwürdig asymmetrischen Wegen durchzogene Rasenfläche stehe ich vor dem Eingang zu K1. Schmale Fenster reihen sich links und rechts des Eingangs aneinander, sie sehen aus wie Schießscharten.

Ich trete durch die offene Schwingtür, durchquere einen kleinen Vorraum, in dem ich im Vorbeigehen allerlei Aushänge registriere, und lande vor einer zweiten Metalltür. Ich rüttele daran. Sie ist verschlossen. Durch das Sicherheitsglas spähe ich hinein. Eine Unmenge Frauen in beiger und grauer Gefängniskleidung wimmeln in einer Halle herum. Die Insassinnen unterhalten sich, albern miteinander herum, rennen irgendwohin oder brüllen quer durch den Raum. Selbst hier im Vorraum ist es ziemlich laut.

Sich auffällig, ja sogar eigenartig zu benehmen scheint hier erlaubt zu sein, stelle ich verblüfft fest. Ich habe mit strenger Zucht und Ordnung gerechnet und mit einem großen Wachaufgebot. Doch ich entdecke keinen einzigen Aufseher.

Einige der Frauen haben meine Versuche, die Tür zu öffnen, bemerkt. Eine deutet nach draußen. »Du musst auf die Klingel drücken«, schreit sie durch die Tür. Ich finde den Knopf und betätigte ihn. Drinnen schrillt es so durchdringend laut, dass es alle mitbekommen: Eine Neue steht vor der Tür. Neugierig starren mich viele Augenpaare an, während ich mit meinem Bündel weiter am Eingang stehe und warte. Die Situation ist mir unangenehm. Am liebsten würde ich im Boden versinken.

Es dauert bestimmt fünf Minuten, bis ein grimmig dreinblickender, glatzköpfiger Wachmann erscheint. Seine kurzen Ärmel geben den Blick auf wild tätowierte, muskelbepackte Arme frei. Weitere Tattoos kriechen unter seinem Hemd hervor und den Hals hinauf. In seinen Ohrlöchern stecken riesige schwarze Knöpfe. Dieses furchterregende Tier von einem Mann sieht genauso aus, wie ich mir einen Häftling in einem Hochsicherheitsknast vorstelle. Aber hier ist er der Aufseher. Er fummelt einen riesigen Schlüsselbund von seinem Gürtel, öffnet die schwere Eingangstür und mustert mich stumm von oben bis unten.

»Ich hab mich heute selbst eingeliefert. Bin für Zimmer 128 eingeteilt«, erkläre ich und versuche dabei locker zu wirken.

»Name?«

»Stefanie Giesselbach.«

»Na dann, willkommen!«, antwortet er überraschend freundlich, nickt mir aufmunternd zu und verschwindet in die Richtung, aus der er gekommen ist.

Der Lärm hier drinnen ist ohrenbetäubend. Ein ekelhafter Geruch schlägt mir entgegen und ich muss würgen. Suchend sehe ich mich um. Im Erdgeschoss und auf einer Galerie darüber sind zahlreiche blau lackierte Türen nebeneinander angeordnet. Ich entdecke die Nummer 128 direkt gegenüber hinter einer breiten Metalltreppe und stoße im selben Moment fast mit einer Gefangenen zusammen, die wie aus dem Nichts mit einem großen Hund an der Leine vor mir steht.

»Sorry«, stammle ich, und mit einem Blick auf das freundlich mit dem Schwanz wedelnde Tier: »Toller Hund. Wir hatten zu Hause einen Schäferhund...« Verlegen streichle ich dem Golden Retriever über das Fell.

»Nicht anfassen!«, schnauzt die Gefangene mich an. Mit ihrer blassen Haut und den pechschwarzen Haaren sieht sie ein wenig aus wie Schneewittchen. »Du darfst einen Service-Hund nicht streicheln, ohne vorher zu fragen!«

»Entschuldigung, das wusste ich nicht, ich bin gerade erst angekommen...«, setze ich an, da fällt sie mir schon wieder ins Wort.

»Ich hab jetzt keine Zeit, der Hund muss raus!« Und dann ist sie auch schon weg.

Verblüfft schaue ich hinter ihr her. Von *Paws4Prisons* habe ich im Internet gelesen. Es gibt im Frauengefängnis in Hazelton ein Programm, in dem Gefangene Hunde trainieren, um diese später als Assistenten für behinderte oder psychische kranke Menschen einzusetzen. Aber ich hätte nicht gedacht, dass die Tiere sich hier im Zellentrakt aufhalten dürfen.

Nachdem ich die Halle durchquert habe, stecke ich meine Finger in die Griffmulde der blauen Metalltür unter der Nummer 128 und ziehe sie vorsichtig auf.

Von drinnen ertönt ein schriller Wutschrei. »Lass verdammt noch mal zu!« Erschrocken drücke ich die Tür wieder ins Schloss. Nur für einen Sekundenbruchteil habe ich in dem Zimmer eine Frau auf einer Toilette sitzen sehen. Etwas später höre ich laut die Klospülung rauschen.

Dann steckt eine ältere Insassin ihren rotblonden Wuschelkopf aus der Tür. »Du bist neu, oder?! Ich bin Granny«, begrüßt sie mich freundlich. »Komm ruhig rein.«

In dem dunklen Raum, der höchstens zehn Quadratmeter misst, sollen scheinbar drei Frauen wohnen. Links und rechts steht jeweils ein Hochbett. Unter dem einen sind drei Blechspinde untergebracht, unter dem anderen befindet sich eine dritte Schlafstätte. Der übrige Platz ist mit einem Waschbecken, dem Klo und drei übereinandergestapelten Plastikstühlen vollgestellt. Eine Frau mit langen Haaren zieht sich gerade die graue Jogginghose hoch.

»Nur damit du Bescheid weißt«, raunzt sie vorwurfsvoll und funkelt mich durch ihre Brillengläser an, »du hast hier nicht reinzukommen, wenn das *Wicky* oben ist!«

Das *Wicky*? Ich verstehe nur Bahnhof.

»Bist wohl das erste Mal im Bau?«, hämisch taxiert sie mich von oben bis unten.

Schließlich springt mir die Frau zur Seite, die sich als Granny vorgestellt hat. Sie deutet auf ein kleines viereckiges Stofftuch, das mittels eingenähter Magnete am Metallrahmen des schmalen Fensters zur Halle haftet.

»Wenn drinnen besetzt ist, wird das *Wicky* auf halbe Höhe gehängt«, erklärt sie, »dann wartest du draußen.«

»Okay, verstanden.« Ich bin ein bisschen geknickt.

»Man muss ja mal ungestört pissen gehen oder sich

umziehen«, sagt Granny. Ich spüre, wie mir das Blut in den Kopf schießt.

»Tut mir echt leid«, wende ich mich an die Frau in der Jogginghose. »Ich wollte nicht stören.«

Schweigend blitzt sie mich an.

»So, meine Liebe, jetzt lässt du die Neue mal in Ruhe ankommen«, ergreift Granny das Wort, »und gehst zurück auf dein Zimmer.«

»Aye, aye Sir«, grummelt meine Widersacherin beleidigt, aber als sie sich an mir vorbei zur Tür schiebt, reicht sie mir doch die Hand. »Ich bin übrigens Selina.«

»Steffi«, sage ich erleichtert. Erst jetzt wird mir klar, dass diese zickige Person anscheinend gar nicht bei uns im Zimmer wohnt. Warum geht sie dann hier auf die Toilette?

Verunsichert packe ich mein Bündel auf einen Stuhl und beziehe das obere Bett. Die Matratze ist dünn wie Papier und ein Kopfkissen habe ich auch nicht bekommen. Immerhin ist die Bettwäsche frisch gewaschen, und die Decke kratzt nicht so, wie ich es befürchtet habe.

»Nimm es Selina nicht krumm!« Granny hat sich gemütlich auf der unteren Liege ausgestreckt. »Die ist eigentlich sehr okay. Bis vor ein paar Tagen haben wir beide in einem Zimmer gewohnt. Aber dann musste ich da raus.«

»Warum das denn?«

»Keine Ahnung. Bei so etwas wirst du hier nicht gefragt. Die dritte Frau, mit der wir das Zimmer geteilt haben, nervt fürchterlich. Zu zweit hatten wir sie im Griff, aber jetzt muss Selina allein mit ihr klarkommen. Hat gehofft, dass sie zu mir ziehen kann. Wär ja auch genug Platz für drei. Aber anscheinend hast nur du ein Bett hier gekriegt.«

»Tut mir leid, ich hab's mir nicht ausgesucht.«

»Weiß ich doch!«, beendet Granny das Thema mit einer wegwerfenden Handbewegung.

Meine paar Hygiene-Artikel räume ich in den Spind. Danach drehe ich mich zum Waschbecken um.

»Was ist das denn?«, frage ich meine Mitbewohnerin entgeistert, als ich dort einen durchsichtigen Plastikbären entdecke. Ich kenne diese Art von Behältnis. In den USA wird darin billiger Honig verkauft.

»Das Bärchen? Süß, oder?«, antwortet sie in kindlichem Tonfall. »Das Tierchen kannst du dir im *Commissary* – im Gefängnisladen – kaufen. Ich hab einen Seifenbehälter daraus gemacht.«

Ich verkneife mir einen Kommentar. Doch ich könnte wetten, dass der Stoff, der in diesen Behältern für teures Geld an Gefangene losgeschlagen wird, ein illegaler Billig-Import aus China ist.

Über meinem Bett sind zwei hellbraune Korkbrettchen angebracht: eine Pinnwand. Vorläufig bleibt sie leer. Über Grannys Kopfende aber ist jeder freie Quadratzentimeter mit Fotos zugepflastert.

»Guck, das sind meine drei Kinder«, erklärt sie stolz. »Meine Tochter, mein ältester Sohn und der Jüngste.« Zwei der drei Fotos von jungen Leuten in meinem Alter wurden unübersehbar im Knast aufgenommen. Die Porträtierten stehen in Gefangenenkleidung vor einem bemalten Hintergrund und versuchen, freundlich zu lächeln.

Was sagt man in so einem Fall? »Oh, wie nett!« oder »Tut mir leid, dass sie auch im Gefängnis sind«? Ich weiß es nicht und ringe mir ein höfliches Lächeln ab.

»Wir sind zu dritt verhaftet worden«, ihre Worte klingen traurig.

»Haben dich deine Kinder in irgendwas Illegales reingezogen?«, frage ich teilnahmsvoll. Ich kann mir überhaupt nicht vorstellen, was diese warmherzige und hilfsbereite Frau verbrochen haben könnte.

»Eher umgekehrt«, erwidert sie zerknirscht. Mehr will sie nicht erzählen. Stattdessen schaut sie mich neugierig an: »Wie alt bist du denn?«

»Vor kurzem vierunddreißig geworden.«

»So alt wie mein Erstgeborener«, strahlt sie. »Warte, ich zeige dir noch etwas.« Aus ihrem randvoll gepackten Spind kramt sie ein schlichtes Fotoalbum hervor und schlägt es auf. Einige wenige Aufnahmen darin zeugen von einem früheren Leben, etwa das Foto von einem Haus mit einem bepflanzten Vorgarten, in dem ein Hund herumtollt. Es wirkt nicht besonders ärmlich, eher wie durchschnittliche amerikanische Lebensverhältnisse. Auf den meisten anderen Fotos sind Strafgefangene zu sehen. Grannys Familienangehörige und Freunde sitzen offenbar zum größten Teil im Knast.

»Ich bin immer an die falschen Männer geraten«, sagt sie kleinlaut. Dann plötzlich klingt sie sehnsüchtig wie ein Teenager. »Aber das kann sich ja noch ändern.«

Und dann erzählt sie, dass sie zu elf Jahren Gefängnis verurteilt wurde und noch nicht einmal die Hälfte davon abgesessen hat. Dass sie über sechzig Jahre alt sein wird, wenn sie endlich in ihre geliebten Südstaaten zurückkehren darf, aus denen sie unüberhörbar stammt.

Plötzlich bemitleide ich mich selbst mit meinen zehn Monaten Gefängnisstrafe überhaupt nicht mehr.

Später kommt noch jede Menge Besuch zu uns. Es hat sich herumgesprochen, dass die Neue bei Granny in Nummer 128 wohnt.

Neugierig stecken abwechselnd Latinas, weiße und schwarze Frauen den Kopf durch die Tür. Und fast jede bringt eine kleine Aufmerksamkeit mit: Teebeutel, Päckchen mit Salz und Pfeffer, Süßstoff, Tütchen mit Pulver für Fruchtpunsch, in Plastik verpackte Bagel oder Chips. Sogar ein Trinkbecher aus

Plastik und eine riesige, unförmige Thermo-Unterhose sind dabei. Die Mädels hier wissen anscheinend sehr genau, was eine Neue im Knast gebrauchen kann.

Vor meinem Haftantritt haben mir alle eingebläut, keine Geschenke anzunehmen, ich habe es mir selbst immer wieder vorgebetet: Vertraue niemandem, schließe keinerlei Freundschaften! Sobald du dich im Knast von jemandem abhängig machst, hast du verloren.

Aber schon nach wenigen Stunden bin ich erleichtert und gerührt über so viel Hilfsbereitschaft und Freundlichkeit. Mache ich bereits meinen ersten Fehler?

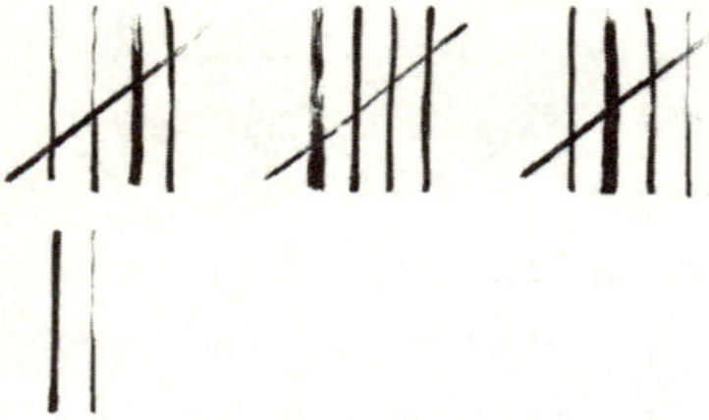

Am Abend schaut auch Sherrie bei uns herein. Die rabenschwarze, kleine Frau gehört zu Grannys engsten Freundinnen und ist mir sofort sympathisch. Ihr aufwendig geglättetes Haar trägt sie kunstvoll um den Hinterkopf gelegt. Auch Selina, die mich vor ein paar Stunden noch so ungnädig angezickt hat, lässt sich noch einmal blicken. Sie wirkt jetzt überhaupt nicht mehr grantig und bringt mir sogar die Fleecejacke einer Mitgefangenen mit.

»Ist nur geborgt«, erklärt sie. »Ich stelle das Teil für eine Freundin sicher, bis sie zurückkommt.«

»Wo ist sie denn?«

»Auf Transport. Muss irgendwo eine Aussage machen. Es kann Monate dauern.«

Das könnte mir auch noch passieren, denke ich beklommen. Wenn die Ermittler endlich einen der Drahtzieher in meinem Fall in die Finger bekommen und vor Gericht stellen, dann holen sie mich bestimmt als Zeugin ins MCC nach Chicago.

»Es wird Zeit, wir müssen los«, erklärt Selina nach einem Blick in die Halle, die jetzt wie leer gefegt daliegt. Mit Sherrie im Schlepptau zieht sie ab.

»Der 21-Uhr-Count«, bemerkt Granny. Diese Art Zählappel kenne ich schon aus der Untersuchungshaft. Die Wachen gehen mehrmals täglich durch die gesamte Abteilung und vergewissern sich, ob noch alle da sind. Vorher werden wir in unsere Zimmer gesperrt und müssen uns neben den Betten aufstellen – eine ziemlich langwierige und etwas lächerliche Prozedur. Heute bleiben die Türen danach verschlossen.

»Normalerweise dürften wir bis halb zwölf noch mal raus«, sagt Granny. »Aber unsere Abendfreizeit wurde mal wieder gestrichen. Angeblich, weil sich zwei Frauen geprügelt haben. Vielleicht sparen sie auch nur Personal ein.«

Mir ist es ganz recht, dass ich vorerst nicht mehr in die Halle hinausmuss. Dort ist es mir ohnehin viel zu laut, zu voll und zu unheimlich.

»Ich hau mich hin. Muss morgen früh raus«, kündigt Granny an.

»Wieso, wann gibt's denn Frühstück?«

»Um sechs. Aber ich muss schon um Viertel nach vier zur Frühschicht in die Küche.«

Plötzlich merke ich, dass ich hundemüde bin. In der letzten Nacht habe ich kein Auge zugetan, und von Chicago hierher sind wir fast den ganzen Tag gefahren. Wenige Minuten später strecke ich mich unter meiner frisch bezogenen Decke aus.

»Gute Nacht, Becky«, tönt es aus dem Bett unter mir. Becky? Hat sie meinen Namen falsch verstanden? Ich bin zu müde, um darüber nachzudenken.

»Gute Nacht, Granny«, murmele ich. Und dann dämmere ich auch schon weg. Kaum zu glauben: Es ist meine erste Nacht im Knast und ich schlafe tief und traumlos bis zum nächsten Morgen.

Ziemlich verschlafen sitze ich auf einem der grauen Plastikstühle in unserem Zimmer, als Granny in ihrer ersten Pause kurz hereinschaut. Ich staune nicht schlecht, als sie sich in Windeseile wie eine Zwiebel entblättert. Erst landen ihre Fleecejacke, ihr Arbeitskittel und das T-Shirt auf dem Bett.

Aus jeder dieser Lagen und aus zwei übereinandergezogenen Tops fördert sie eine Menge kleiner, in durchsichtiger Folie eingeschweißter Frühstückskuchen zutage. Ich kann kaum glauben, was sich alles in ihrer Kleidung verbirgt.

Vor unserer Tür warten schon einige Gefangene. Es sind Grannys Stammkundinnen. Meine Mitbewohnerin betreibt nämlich eine Art Tante-Emma-Laden mit den Waren, die sie aus der Küche »organisiert«. Je nachdem, was für die nächsten Tage auf dem Speiseplan steht, nimmt sie sogar Bestellungen entgegen: für Äpfel, Apfelsinen und die hier sehr seltenen Bananen, für Tomaten, Zwiebeln, frittierte Hühnerschenkel oder Fischstäbchen. Einiges davon lässt sie heimlich mitgehen, andere Lebensmittel stecken ihr die Wachleute zu, wenn sie nach dem Kochen übrig sind.

»Wie bezahlen die Frauen denn dafür?«, frage ich. »Haben die Bargeld?«

»Nein, natürlich nicht«, winkt Granny ab. »Aber die meisten haben Kohle auf ihrem Gefangenenkonto. Wenn ich ihnen Lebensmittel liefere, sage ich ihnen, welche Artikel sie für mich im *Commissary* bestellen sollen.«

So lerne ich meine erste Lektion über die Schattenökonomie im Knast. Jede Ware, die ihre Besitzerin wechselt, hat ihren Preis. Dieser Betrag wird auf einem kleinen Zettel notiert, auf dem auch vermerkt wird, was die Verkäuferin im Gegenzug dafür haben möchte. Briefmarken, Haarshampoo, Tampons, Kaffeeweißer oder Schokoriegel sind die beliebtesten Handelsgüter.

Granny hat diesen Nebenverdienst bitter nötig. Mit ihrem Job in der Küche verdient sie knapp zwanzig Dollar im Monat, für Extraleistungen manchmal ein bisschen mehr. Ohne ihren Handel mit Lebensmitteln könnte sie sich nicht viel mehr als die Karten und das Porto leisten, um ihren Kindern zu den Feiertagen Grüße zu schicken.

Am späten Vormittag wird durch die Lautsprecher, die unentwegt vor sich hin lärmen und krächzen, das Mittagessen für K1 ausgerufen. Wir haben nur wenige Minuten für den Fußweg über den großen Innenhof zur Kantine. Für solche sogenannten *Moves* von einem Gebäudeteil zum anderen schließen die Wachleute die Türen alle ein bis zwei Stunden auf.

Gestern Abend ist Granny das erste Mal mit mir in die *Chow Hall* gegangen, die den schnörkellosen Charme einer Highschool-Cafeteria verströmt. Zum Lunch nehmen mich jetzt Selina und Sherrie unter ihre Fittiche. In dem riesigen weißen Saal mit dem blau marmorierten Linoleumboden ist es an diesem Mittag brechend voll. Fast alle der rund 250 Sitzplätze – sie sind fest an den großen Tischen montiert – sind belegt. Hier werden die Insassinnen aller vier Gebäudetrakte nacheinander abgespeist.

Wir ziehen unsere Gefangenenausweise durch einen Scanner, der vor der Essenausgabe auf dem Tresen steht. Auch ich besitze bereits so eine scheckkartengroße Plastikkarte mit einem nagelneuen Verbrecherfoto von mir darauf und der Nummer 22604-424. Sekunden nach dem Einscannen erscheint das Foto mit meinem vollen Namen auf einem Flachbildschirm an der Wand hinter dem Tresen. Ich schaue mir eine Zeit lang wie gebannt die Fotografien an. Die Aufnahmen sind allesamt fürchterlich – viele Frauen sind von Drogen gezeichnet, starren mürrisch oder todmüde in die Kamera. In Natura sehen sie ganz anders aus, wirken jetzt sogar gesünder – vielleicht bekommt ihnen das Leben im Gefängnis besser als der ständige Drogenmissbrauch, die Rastlosigkeit und Gewalt, die sie draußen erleben.

Hinter dem Tresen wuseln die Küchenfrauen hin und her, in auberginefarbenen Kitteln und mit Haarnetzen auf dem Kopf. Auch Granny hantiert geschäftig mit Töpfen und Schöpfkellen herum. Zack-zack-zack, klatscht mir eine der Küchenhilfen das

Mittagessen auf das Plastiktablett. Das Hauptgericht kommt in die große Mulde in der Mitte, Soße, Suppe und Streukäse in die runden Einstanzungen darum herum, Beilagen in die länglichen Fächer an der Seite. Zusätzlich kann ich mir etwas von dem schlichten Salatbuffet nehmen. Es dauert ewig, bis ich mit den festgeketteten Zangen ein paar welke Blätter mit vereinzelten Karottenstiften auf mein Tablett balanciert habe. Am Ende stehe ich vor einem grauen Spülmaschinenkorb und nehme mir einen in eine dünne Serviette eingewickelten orangenen *Spork* daraus, eine Kreuzung aus Löffel und Gabel.

In dem Gedränge habe ich einen Moment lang nicht aufgepasst. Wo sind Sherrie und Selina abgeblieben? Hilflos suche ich die beige gekleidete Menge dunkelhaariger Insassinnen nach ihnen ab. Alle sehen irgendwie gleich aus. Wenn ich sie nicht finde – kann ich mich einfach allein mit meinem Tablett an irgendeinen Tisch setzen?

Dann sehe ich in der Ferne jemanden winken und steuere erleichtert auf den Platz zu, den mir die beiden Frauen frei halten.

Das Essen ist weniger schlimm als erwartet. Es gibt *Pulled Pork* mit einer würzigen BBQ-Sauce, Reis und Mais-Tortilla. Das Schweinefleisch ist zwar reichlich fettig, aber nachdem ich es mit einer Papierserviette abgetupft habe, ist es durchaus genießbar.

»Schwein gehabt, im wahrsten Sinne des Wortes«, kommentiert Sherrie. »*Pulled Pork* ist das Beste, was du hier auf den Teller bekommst. Das gibt's nur ganz selten.«

Als ich aber etwas von dem großen Klecks Senf koste, den ich mir am Salatbuffet schwungvoll auf den Teller geschlagen habe, verziehe ich angewidert das Gesicht. Das Zeug schmeckt widerlich süß und legt sich wie ein Pelz auf meine Zunge.

»Das ist Pudding mit künstlichem Süßstoff, kein Senf«,

lacht Sherrie. »Aber du bist nicht die Erste, die das Zeug mit Senf verwechselt.«

Als ich nach dem Lunch in unsere Halle zurückkomme, schlägt mir erneut dieser merkwürdige Geruch entgegen. »Eau de Hazelton«, denke ich zynisch, so würden französische Parfümeure diese ekelerregende Duftnote wohl nennen. Erst allmählich realisiere ich, dass sie aus der Mischung unterschiedlichster Ausdünstungen entsteht.

Rund 170 Frauen aus verschiedenen Kulturkreisen leben hier auf engstem Raum zusammen. Trakt K1 ist wahrscheinlich dichter besiedelt als Hongkong. Hier wird niemals gelüftet, denn keines der hohen, schmalen mit einem Gitterkreuz versehenen Fenster lässt sich öffnen. Unentwegt rauscht die Klimaanlage. Es vermischen sich die Gerüche aus den vier Mikrowellen, die stets gleichzeitig in Betrieb sind. Gefangene machen sich Kaffee heiß oder bereiten Makrele-Erdnussbutter-Suppe zu, die bei den Frauen, die aus Afrika stammen, so beliebt ist. Nudeln, Reis und Bohnen werden gekocht und Karamell und Fruchtbonbons geschmolzen, um Lollis daraus zu machen. Es riecht zudem nach billigen Putzmitteln, die mich an WC-Reiniger erinnern, und es duftet nach frisch geduschten Frauen, nach Shampoo, geföhntem Haar und Seife.

Ich meine, dass ich sogar Gefühle riechen kann: Trauer und Freude, Angst und Lust, Wut und Nervosität entfalten jeweils eine ganz eigene Note.

»Da gehst du auf keinen Fall barfuß rein!«, protestiert Granny, als ich meine Siebensachen zum Duschen zusammensuche. Flink kramt sie ein paar billige schwarze Flip-Flops aus ihrem randvollen Spind. »Hier, nimm die, solange du keine eigenen hast!«

Die Schlappen sind mir viel zu groß, aber ich packe sie brav zu den anderen Utensilien auf den grauen Plastikstuhl, den ich mit in die Dusche nehme.

Keine Frau geht hier ohne Stuhl zum Duschen. Als ich eine der gekachelten Kabinen betrete, verstehe ich auch, warum: In den Duschkabinen gibt es nur einen winzigen Haken, aber keine weiteren Ablageflächen für Kleidungsstücke, Seifen, Shampoos oder Haarbürsten. Den Stuhl braucht man nicht nur zum Transport, sondern auch, um alles halbwegs trocken aufzubewahren. Die Rückenlehne schützt die Textilien vor dem wild umherspritzenden Wasserstrahl aus dem Duschkopf.

Auf dem Rückweg muss ich bei jedem Schritt auf meine Füße achten. Um in den geborgten Flip-Flops nicht auszurutschen, starre ich angestrengt auf den Boden. Deshalb stoße ich fast mit ihm zusammen. Mit ihm? Die einzigen Männer, die ich hier bisher zu Gesicht bekommen habe, sind uniformierte Aufseher.

Jetzt aber stehe ich vor einem kleinen grauhaarigen Typ in khakifarbener Gefängniskleidung. Sein Gang, seine ganze Haltung ist hart und übertrieben machohaft. Nur kurz hält er inne, um mich abschätzig zu taxieren und dann grußlos weiterzugehen. Seine Knasthose hat eine scharfe Bügelfalte, und erst im Vorübergehen bemerke ich, dass sich unter dem übergroßen T-Shirt eindeutig eine weibliche Brust abzeichnet.

War das jetzt ein Mann? Oder doch eine Frau? Granny amüsiert sich königlich über den irritierten Gesichtsausdruck, mit dem ich ihr von dieser Begegnung erzähle.

»Unglaublich, oder?«, kichert sie. »Das ist Caitlin Marino, ich hab bei ihrem Anblick anfangs genauso blöd aus der Wäsche geguckt wie du.«

Die Gefangene mit den kurzen grauen Haaren sei eine Lesbe, und zwar so »richtig«, sie hatte auch draußen nur Frauenbeziehungen. »Solche Frauen machen sich im Knast übertrieben wie Männer zurecht, so haben sie bessere Chancen bei den Insassinnen, die eigentlich lieber mit einem Kerl zusammen wären.«

Dass sie von vielen nur »Lieutenant Marino« genannt werde, habe allerdings einen anderen Grund. Die vierschrötige Frau sei aufgrund ihrer handwerklichen Talente der absolute Liebling der Wachen. Wann immer im Gefängnis etwas zu reparieren sei, holten sie Marino, um zu hämmern, zu schrauben, zu bohren oder Computer wieder auf Trab zu bringen. Dadurch sei sie stets die Erste, die von geplanten Verlegungen, neuem Personal oder geänderten Hausregeln erführe.

»Die Wachleute behandeln Marino so, als wäre sie der Chef der Gefangenen von K1«, erzählt Granny und spricht nun plötzlich nur noch von »ihm«. »Dabei ist Marino wahrhaftig kein Musterknabe. Wenn er mit seiner Freundin Stress hat, wird er rabiat, schreit sie an oder verprügelt sie, natürlich hinter verschlossenen Türen.«

Meiner Mitbewohnerin entgeht mein besorgter Gesichtsausdruck nicht. »Leg dich einfach nicht mit ihm an«, rät sie mir. »Du wirst ihm noch oft begegnen. Er wohnt gleich nebenan.«

Als ich am Nachmittag meines ersten Tages im Gefängnis verunsichert in der Halle umherstreife, spricht mich eine dunkelhaarige Gefangene an.

»Hey! Bist du die Neue aus Deutschland?«

»Ja, ich bin Deutsche, habe aber lange in Chicago gewohnt.« Ich bin froh über ein bisschen Kontakt.

»Und was verschlägt dich hierher?«

»Das ist eine lange Geschichte...« Bevor ich ihr erklären kann, dass ich die Frage eigentlich nicht näher beantworten möchte, wendet sich die Frau plötzlich nervös von mir ab. »Du, sorry, erzähl's mir ein anderes Mal. Ich muss ins Zimmer!« Sie klingt gehetzt.

Erst jetzt bemerke ich, dass sich die Halle in den letzten Minuten geleert hat. Überall klappen Türen. Anscheinend habe nur ich nicht mitbekommen, dass der *Count* ansteht. Jetzt ist es zu spät. Ich sehe noch, wie ein Aufseher die Tür Nummer 128 abschließt.

Plötzlich stehe ich ganz allein in der Halle. Bis auf den tätowierten Wachmann, der jetzt direkt auf mich zusteuert. Mir wird ganz flau. Fange ich mir jetzt meine erste Strafe ein?

»Was machst du denn hier?«, fragt er halb streng, halb belustigt.

»Ehm, tut mir furchtbar leid, ich hab die Durchsage überhört, und jetzt bin ich ausgeschlossen«, stottere ich.

»Na, dann komm mal mit«, grinsend öffnet er mir die Tür zu meinem Zimmer. »Bitte schön! Aber dass das nicht wieder vorkommt!«

Granny amüsiert sich königlich über mein Versehen. »Sie geben durch, an welcher Gebäudeecke sie mit dem Einschluss anfangen«, erklärt sie mir. »Achte auf die Lautsprecherdurchsagen. Dann weißt du, ob du schnell aufs Zimmer musst oder dir noch ein paar Minuten Zeit lassen kannst.«

Erleichtert klettere ich in mein Bett. Doch der Schrecken steckt mir noch in den Knochen. Als in der folgenden Nacht die Geräusche von klapperden Schlüsseln in meinen Schlaf dringen, fahre ich schweißgebadet hoch. Verdammt! Habe ich schon wieder die Zählung verpasst?

Schlaftrunken stehe ich auf, ohne daran zu denken, dass ich fast zwei Meter über dem Fußboden aufgeschreckt bin. Ich springe aus dem Bett, schramme an der angeschweißten Metallleiter entlang und lande mit Getöse auf dem Fußboden. Sofort rapple ich mich auf, stürze zur Tür, schmeiße mich wie eine Wahnsinnige dagegen und schaue durchs Fenster – direkt in die Taschenlampe eines Wachmanns.

»Lass mich raus!«, schreie ich auf Deutsch. Der Mann weicht erschrocken zurück und schüttelt ungläubig den Kopf.

»Hey, *Bunky*, bist du okay?« Verwirrt drehe ich mich um. Granny sitzt senkrecht in ihrem Bett.

»Wieso bist du denn noch hier?«, frage ich sie. Erst allmählich realisiere ich, wo ich bin.

»Hast du dich verletzt, *Bunky*?«, Granny klingt besorgt.

»Ich glaube nicht.« Benommen klettere ich zurück ins Bett.

Am nächsten Morgen tut mir alles weh. Mein Bein schwillt an, es ist übersäht von blauen und gelben Flecken.

Auch Granny zieht sich bei dem Vorfall eine kleine Verletzung zu. Als sie den anderen Frauen von dem nächtlichen Vorfall erzählt, schüttet sie sich vor Lachen dermaßen aus, dass sie sich versehentlich auf die Lippe beißt. Die Wunde ist so tief, dass sie auf der Krankenstation behandelt werden muss.

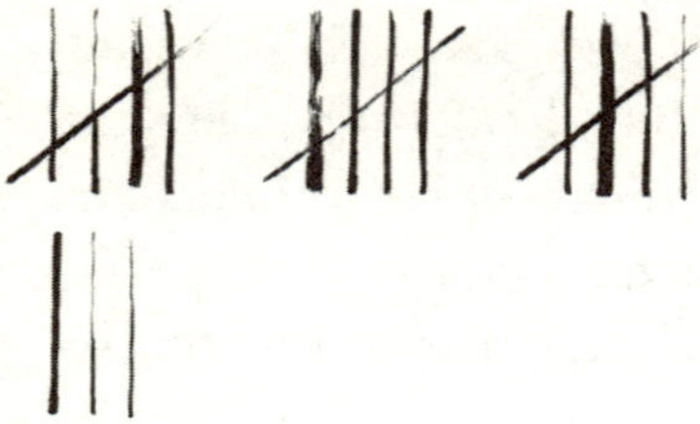

»Kannst du nicht mal mit deinem Chef reden?«, frage ich Granny an einem Nachmittag. »Ich würde gerne in der Küche arbeiten. Ich glaube, ich kann das ganz gut. Hab ja lange in der Gastronomie gejobbt. Und ohne Arbeit ist es einfach sterbenslangweilig hier.«

»Da musst du als Erstes einen Zettel ausfüllen«, erklärt sie mir. Wenige Augenblicke später hat sie das Papier schon besorgt und ich verfasse die kürzeste Bewerbung aller Zeiten, muss nur meinen Namen eintragen und angeben, dass ich Arbeit in der Küche suche. Granny nimmt das Formular mit zu ihrem Chef und fädelt ein, dass ich mich schon am nächsten Tag bei dem zuständigen Wachmann vorstellen kann.

Mr. Manning ist ein großer bulliger Typ, der seine Sonnenbrille auch in seinem düsteren Büro nicht absetzt. Undurchdringlich mustert er mich während unseres kurzen Gesprächs durch die dunklen Gläser.

»Wer hier arbeiten will, fängt unten in der Annahme an. Essensreste wegwerfen, Geschirr in die Spülmaschine packen. Ziemlich schmierige Angelegenheit.«

»Macht nichts, ich bin Küchenarbeit gewohnt«, sage ich.

»Wenn du dich bewährst, steigen deine Chancen, zu *›Pots and Pans‹* hochzukommen«, fährt er fort. »Wie der Name schon sagt: Töpfe, Backbleche und Pfannen schrubben. Auch nicht jedermanns Sache.«

»Hauptsache, ich habe was zu tun …«

»In die Küche, zum Gemüseputzen, zum Kochen und Braten, lass ich nur die Allerbesten. Diejenigen, denen ich vertrauen kann. Aber davor musst du dich erst mal bewähren.«

Noch bevor ich zu Wort komme, legt er die Hand auf einen großen Papierstapel auf seinem Schreibtisch. »Weißt du, was das hier ist? Das sind lauter Bewerbungen um einen Job in der Küche. Diejenigen, die als Nächste dran sind, haben sich schon im letzten August beworben. Du musst dich ganz hinten anstellen. Außerdem muss ich erst eine Schwarze einstellen, bevor ich wieder eine Weiße nehme. Die Quote, verstehst du?«

Geknickt gehe ich in unser Zimmer zurück. Bis ich hier an einen Job herankomme, vergehen bestimmt Monate. Wahrscheinlich stehe ich dann schon kurz vor der Entlassung, falls ich die Zeit bis dahin irgendwie rumkriege und nicht vorher vor Langeweile sterbe.

»Weck mich einfach, stups mich an oder ruf meinen Namen, dann hör ich auf«, sagt Granny jeden Abend. Sie weiß natürlich von ihrer störenden Eigenart: Sie schnarcht.

Tatsächlich hilft es für einen Moment, wenn ich vorsichtig an ihr rüttele oder sie im Dunkeln anspreche. Aber kaum strecke ich mich wieder in meiner Koje aus und dämmere leicht weg, geht es mit einer lauten Schnappatmung wieder von vorne los.

Auch nach meiner dritten Nacht in Hazelton erwache ich nicht wirklich ausgeruht.

Doch an diesem Tag habe ich schon morgens um sechs einen Termin. Ich darf mir im Wäscheraum meine Erstausstattung abholen, endlich. Bisher musste ich jeden Morgen erneut in die muffigen Kleidungsstücke und die Billigslipper schlüpfen, die sie mir bei der Aufnahme verpasst haben.

Sherrie ist so nett, mich zu dorthin zu begleiten.

»Ich hab früher im Hotel gearbeitet, an der Rezeption«, erzählt sie mir unterwegs.

»Da hattest du bestimmt oft Nachtdienst?«

»Schon. Aber das war mir ganz recht. Ich hab meinen Sohn allein großgezogen. Tagsüber habe ich mich um ihn gekümmert, und nachts, wenn er schlief, bin ich arbeiten gegangen. Das Geld war trotzdem immer knapp.«

Also bestellte sie mit den Kreditkartendaten der Hotelgäste für sich und ihr Kind Kleidung und Schuhe. Identitätsdiebstahl heißt dieses Vergehen in den USA. Als es aufflog, hatte sie Waren im Wert von 8000 Dollar bezogen. Das brachte ihr zwei Jahre Gefängnis ein.

Im hässlich grellen Neonlicht der Kleiderausgabe hat sich bereits eine Schlange gebildet. Hinter dem Tresen rotieren fünf Insassinnen zwischen riesigen Regalen herum. In einem Nebenraum stehen große Industrie-Waschmaschinen. Dort werden die Etiketten mit dem Namen und der ID-Nummer jeder Gefangenen auf Hemden, Hosen und Winterjacken gebügelt.

Nach einem prüfenden Blick auf meine Figur schiebt mir eine Gefangene einen Stapel khakifarbener Sachen über den Tresen. Vier Hemden im Tropenstil, vier Hosen, vier kackbraune T-Shirts mit rundem Ausschnitt, einen dünnen Schal und eine khakifarbene Winterjacke mit einem neongelben Innenfutter. Draußen würde ich diese Farbkombination für modisch gewagt halten, aber hier drinnen? Die Gefängnisverwaltung hat offenbar den hässlichsten und billigsten Stoff aufgekauft, den sie in Asien finden konnte, welch Ironie! Als kleinen Farbtupfer packt mir die Frau noch eine scheußliche orangefarbene Wollmütze auf den Kleiderstapel.

Dann gibt es Unterwäsche: vier Oma-Unterhosen, vier Tops, vier Paar weiße Sockenschläuche. Die meisten Sachen sind gebraucht und ziemlich abgetragen.

Hinter mir in der Schlange sitzt eine Frau in einem extrabreiten Rollstuhl. Ich muss mich zusammenreißen, um mich nicht ständig umzudrehen und sie ungläubig anzustarren. Ich habe noch nie zuvor eine so dicke Person gesehen. Sherrie raunt mir zu, dass die Frau sich heute ein speziell für sie angefertigtes Kleidungsstück abholen darf: eine Winterjacke in Größe 24XL.

Ich rücke zur Schuhausgabe vor. Ein Paar schwarzer, klobiger Waldbrandtreter, von innen mit einer Stahlkappe versteift, wird vor mir auf den Tresen geknallt. In Deutschland würde ich mit dieser Fußbekleidung glatt als Mitglied der rechten Szene durchgehen. Die Dinger sind mir zwei Nummern zu groß, aber etwas anderes ist gerade nicht am Lager.

Eigentlich ist es mir ziemlich egal, wie ich im Knast herumlaufe. Trotzdem fällt mir auf, dass manche Frauen hier drinnen deutlich besser angezogen sind als andere. Ihre Kleidung wirkt gepflegt, sitzt perfekt am Körper, ist mit Falten oder aufwendig eingebügelten Mustern versehen. Gibt es hier irgendwo eine Änderungsschneiderei? Ich werde es noch herausfinden.

»Ich hab was für dich«, sagt Selina abends und hält mir ihre zur Faust geballte rechte Hand hin. Ich schaue sie ratlos an. Grinsend öffnet sie ihre Finger und zwei makellose, unbenutzte neon-pink-gelbe Schaumstoff-Ohrstöpsel liegen auf ihrer Handfläche.

»Wieso weißt du …?«, frage ich verblüfft. »Und woher hast du die?«

»Hab lange genug mit Granny in einem Zimmer gewohnt, die sägt jede Nacht einen halben Wald ab. Mit so einer *Bunky* hat man es nicht leicht, genug Schlaf zu kriegen.«

Die Ohrstöpsel hat sie bei der Arbeit mitgehen lassen. Selina ist in der Abteilung für Hausmeisterdienste beschäftigt. Manchmal wird dort schweres Gerät eingesetzt, und dafür bekommen die Gefangenen den gesetzlich vorgeschriebenen Lärmschutz.

»Ganz lieben Dank«, stottere ich. »Du hast echt was bei mir gut!«

Inzwischen habe ich auch verstanden, was »Becky« bedeutet. »Meine Becky« sagen die Gefangene aus den Südstaaten, wenn sie von ihrer Zimmergenossin sprechen. In ihrem breiten Dialekt klingt der Ausdruck *Bunky* nämlich wie *Becky*. »Bunk« bedeutet Etagenbett. Die Frau, mit der man im Knast ein Stockbett teilt, heißt *Bunky*. Und eine *Bunky* bin ich jetzt auch.

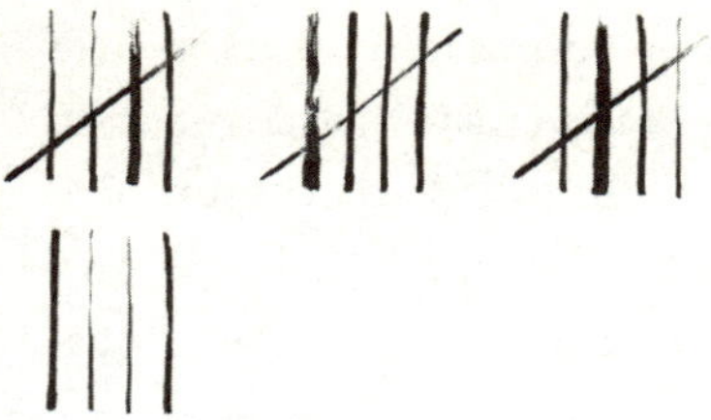

An meinem ersten Wochenende im Knast, so fürchte ich, werde ich mich noch mehr langweilen als sonst. Die meisten Frauen hängen apathisch in ihren Zimmern herum und tragen den ganzen Tag die grauen Sportklamotten, die man im *Commissary* bestellen kann. Es ist November, und kaum jemand hat Lust, nach draußen auf den Sportplatz zu gehen.

Doch am Samstagnachmittag regt sich plötzlich Geschäftigkeit rund um den *Horseshoe*, den hufeisenförmigen grauen Tresen in der Mitte der Halle, an dem die halb offenen Boxen mit den Computern stehen.

Wochentags wird hier die Post verteilt. Jetzt decken einige Insassinnen den Klotz mit aufgeschnittenen Mülltüten ab. Von irgendwoher holen sie einen Riesenklumpen Teig, reihen unzählige Plastikschüsseln auf und füllen diese mit zerkleinerten Zutaten: grüne Paprika, Tomaten, Käse, Wurst, rohes Hackfleisch, Zwiebeln und Brokkoli. Es sieht aus wie bei Joey's Pizza-Service.

Besonders sympathisch ist mir die Truppe, die da so geschäftig herumwuselt, nicht. Die fahle Haut und die lückenhaften Gebisse dieser weißen Frauen sind sichtbare Folgen ihrer Drogensucht. Bei der Einrichtung ihrer improvisierten Backstube gehen sie aber durchaus professionell vor. Die Bäckerinnen tragen selbstgebastelte Schürzen und Einweg-

Handschuhe und achten geradezu penibel auf Sauberkeit. Die Zutaten schneiden sie mit ihren Plastikausweisen klein, eine mühsame Arbeit. Scharfe Messer gibt es hier nicht, und das Kunststoffbesteck, das man im *Commissary* bestellen kann, besteht nur aus Löffel, Gabel und einem sehr stumpfen Messer.

Die Frauen rollen den Teig mit einer Cola-Dose aus, arbeiten schnell und konzentriert eine Bestell-Liste ab, die vor ihnen auf dem *Horseshoe* liegt. Sie produzieren ausschließlich Pizza Calzone, füllen eine Teigtasche nach der anderen und packen sie für den Transport ab. Eine Gefangene liefert die Bestellungen an die Kundinnen aus, die ihre Calzone vor dem Verzehr nur noch für ein bis zwei Minuten in die Mikrowelle schieben müssen.

»Wie läuft das?«, frage ich Granny. »Wo haben die den Teig und den Belag her? Kann man solche Sachen hier irgendwo kaufen?«

Granny lacht über meine naiven Fragen. »Das haben die alles organisiert, Schätzchen.«

»Geklaut?«

»Na ja, vielleicht haben sie es sich auch von einer Frau liefern lassen, die in der Küche arbeitet«, sie zwinkert mir zu.

»Aber das ist doch streng verboten! Schreiten die Wachen nicht ein, wenn diese Zutaten direkt vor ihrer Nase verarbeitet werden?«

»Ist denen egal, solange es keinen Stress gibt. Die sitzen am Wochenende sowieso am liebsten in ihren Büros herum und lassen sich nicht blicken. Die Pizzafrauen liefern ihre Calzones sogar in Gebäudetrakte aus, die wir eigentlich nicht betreten dürfen. Kannst dir von denen übrigens auch einen Cheesecake backen lassen«, sie kichert vergnügt und mir läuft das Wasser im Munde zusammen. Schon nach wenigen Tagen sehne ich mich nach einem Essen, das mir nicht lieblos aufs Tablett geklatscht, sondern das eigens für mich gekocht und nach meinen Wünschen zusammengestellt wird.

Aber Granny klärt mich darüber auf, dass die Frauen nur auf Vorbestellung backen und nur jedes zweite Wochenende. Fünf Dollar kassieren sie pro Calzone. Beim nächsten Mal, so nehme ich mir vor, bin ich dabei.

Später steckt eine dunkelhaarige Frau den Kopf in unser Zimmer und strahlt mich fröhlich an. »Hi, ich hab gehört, du bist neu hier? Wollte mich nur mal kurz vorstellen. Ich bin Irene.«

Die Mexikanerin spricht im Gegensatz zu den meisten anderen Latinas ausgezeichnet Englisch.

»Irene bietet Massagen an«, erklärt Granny. »Hat sie draußen auch schon gemacht.«

»Oh, das wär ja was für mich!«, seufze ich. Nach meinem Sturz und den ersten Nächten auf der unbequemen Matratze schmerzt mein ganzer Rücken.

»Mach ich gerne«, bietet Irene an, »kostet acht Dollar die Stunde.«

Das kann ich mir leisten. Kurt hat einiges von meinen Ersparnissen auf mein Gefangenenkonto eingezahlt, und bisher habe ich noch nichts davon ausgegeben können.

Nur wenig später liege ich halb nackt auf dem Bett in ihrem Zimmer und lasse mich genüsslich durchkneten. Bereits nach den ersten Handgriffen spüre ich, wie gut mir das tut.

Erst einige Minuten später wird mir klar, dass wir gerade etwas Verbotenes tun. Wir haben Körperkontakt.

Ich bin erst seit ein paar Tagen im Knast, und schon halte ich mich nicht mehr an die Hinweise aus dem »Handbuch für Gefangene«! Nervös lausche ich auf Schritte, die einen Wachmann ankündigen würden. Doch alles bleibt ruhig. Irene entgeht meine Anspannung nicht. »Was ist passiert? Was bringt eine Frau wie dich hierher?«, fragt sie.

»Eine Sache an meinem Arbeitsplatz«, antworte ich vage. »Verschwörung zum Betrug. Meine Arbeitgeber haben das alles aufgezogen, aber ich sitze dafür im Knast.«

»So ein Mist.« Die Erklärung für meine Inhaftierung überrascht sie offenbar kein bisschen.

»Und du?«, wage ich jetzt ebenfalls zu fragen.

»Illegaler Grenzübertritt«, erklärt sie geradeheraus. »Ich wollte aus Mexiko in die USA einreisen.«

»Dafür haben sie dich in den Knast gesteckt?«

»Ich bin Wiederholungstäterin. Ich versuche es immer wieder und lande immer wieder im Knast.«

»Warum ist es dir denn so wichtig, in die USA zu kommen?«

»Meine Kinder leben hier. Ich habe sie in den USA zur Welt gebracht. Sie haben die amerikanische Staatsbürgerschaft, ich nicht.«

»Findest du nicht…«, setze ich an. Doch dann verstumme ich. Natürlich wäre es vernünftiger, wenn Irene und viele ihrer Leidensgenossinnen, die in amerikanischen Gefängnissen sitzen, in Mexiko bleiben würden, um sich dort eine eigene Existenz aufzubauen. Dann hätten sie vielleicht sogar die Chance, ihre Kinder irgendwann zu sich zu holen oder sie regelmäßig legal zu besuchen.

Aber wie es ist, über Jahre vom eigenen Nachwuchs getrennt zu sein, das kann ich nicht wirklich ermessen. Deshalb halte ich lieber meinen Mund.

Schweigend hängen wir unseren Gedanken nach, während sich mein Rücken unter ihren Händen warm und gut anfühlt.

Gestärkt und entspannt, aber auch etwas nachdenklich, schlendere ich danach über die Galerie zu unserem Zimmer zurück. Eigentlich hat es hier besser angefangen als erwartet.

In dem Augenblick schlägt die Stimmung um. Es wird furchtbar still in der Halle. Von irgendwoher höre ich es krachen. Alle Frauen starren neugierig in eine Richtung. Dort findet eine brutale Schlägerei zwischen zwei ungleichen Kontrahentinnen statt. Die eine ist eine Schwarze, die mir wegen ihrer Leibesfülle und ihres unerträglich lauten Organs schon ein paarmal aufgefallen ist. Die andere ist weiß, ein schlankes blondes Mädchen. Die Schwarze hält sie im Würgegriff und drischt brutal auf sie ein. Das Gesicht der Kleinen ist bereits blutüberströmt, als ich etwas durch die Luft fliegen sehe. Mir wird schlecht, es sind zwei Zähne.

Die Alarmsirenen heulen auf. Es dauert ganz schön lange, bis ein Trupp Wachleute mit schweren Stiefeln und klirrenden Schlüsseln herbeistürmt und erst einmal die Zuschauerinnen zusammenschreit. »Abmarsch auf eure Zimmer! Einschluss! Sofort!«

Durch den Fensterschlitz in unserer Tür verfolgen Granny und ich, was weiter passiert. Die Wachleute reißen die beiden Frauen auseinander, schleudern sie gegen die Wand, fesseln ihre Hände mit Kabelbindern auf den Rücken und führen sie ab.

»Die kommen jetzt in die SHU«, seufzt Granny.

Ich sehe sie fragend an.

»In die *Security Housing Unit* – den Sicherheitstrakt. Die bleiben da den ganzen Tag eingesperrt, bekommen ihr Essen durch einen Schlitz reingeschoben und dürfen höchstens mal für 'ne Stunde auf den kleinen Hof.«

»Weil sie sich geprügelt haben?«

»Genau. Wenn sie Pech haben, wird ihnen außerdem der Bonus für gute Führung gestrichen – dann müssen sie ein paar Tage oder Wochen länger im Knast einsitzen.«

Mein Herz rast. So schnell geht das also? Die weiße Frau dort draußen – das hätte auch ich sein können. Obwohl sie verletzt ist, blutet, ihre Zähne vielleicht noch zu retten wären, wird sie jetzt einfach weggesperrt, wer weiß, für wie lange.

»Passiert so etwas öfter?«, frage ich entsetzt.

»Keine Sorge. Man weiß es immer tagelang vorher.« Granny

bemerkt, wie schockiert ich bin, und versucht, mich zu beruhigen. »Die beiden Mädels da draußen haben sich schon mindestens eine Woche lang umkreist.«

Sie erzählt mir, dass Tasha, die Schwarze, eine Strafe von 30 oder 40 Jahren abzusitzen habe. Wegen Drogengeschäften. Jemand wie sie habe nichts mehr zu verlieren, müsse sich im Knast nicht mehr um eine weiße Weste bemühen.

Christina aber, die Weiße, habe nur noch wenige Wochen offen. Da sei sie übermütig geworden, habe sich von der anderen nicht mehr einschüchtern lassen und eine dicke Lippe riskiert – bis Tasha sich nicht mehr beherrschen konnte und auf sie losging.

Am Sonntag hängen wir wieder phlegmatisch in unserem Zimmer herum, als eine schwarze Mitgefangene, die zusammen mit Granny in der Küche arbeitet, bei uns hereinschaut. Ihr Schopf ist bis auf ein paar Haarbüschel, die wie kleine Antennen starr von ihrem Kopf abstehen, völlig kahl.

»Hey, kommt eine von euch Mädels mit raus?«

Rausgehen? Bewegung? Super. Ich bin sofort dabei, während Granny und Selina nur müde abwinken.

Um in die Außenanlagen zu gelangen, müssen wir erst einen Vorraum mit Tischtennisplatte und Billardtisch durchqueren und dann die Turnhalle. So gelangen wir auf einen Sportplatz mit Rasenfläche und einer 400-Meter-Bahn. Dort ein paar Runden zu drehen wäre alleine ziemlich öde. Zu zweit aber können wir ein bisschen quatschen. Mit meinen klobigen Knasttretern bin ich für diesen Novemberspaziergang zwar genau richtig angezogen, doch weil mir die Schuhe zu groß sind, bilden sich an meinen Füßen schon die ersten Blasen.

Meine Begleiterin stellt sich als »Renada« vor.

»Was ist denn das für ein Name?«

»Mein Vater war mal in Deutschland stationiert und fand

den Namen super. Er wollte unbedingt, dass seine Tochter so heißt.«

Renate, denke ich, und in Amerika hat er Renada daraus gemacht. Renada sieht merkwürdig aus, und wenn sie lacht, macht sie einen leicht debilen Eindruck, weil sie kaum noch Zähne im Mund hat. Aber sie ist ganz und gar nicht auf den Kopf gefallen. In Hazelton sitzt sie, weil sie mit ihrer Gang Kreditkartenbetrug und ähnliche Delikte begangen hat. Eine Million Dollar haben sie damit erbeutet, gibt sie unumwunden zu. »Das meiste ist für Koks draufgegangen«, erzählt sie grinsend. Sie ist zu zwölf Jahren verurteilt worden.

Ich denke an Sherrie, die auf ähnliche Weise nur 8000 Dollar ergaunert hat – nicht für Drogen, sondern um sich und ihrem Sohn etwas zum Anziehen zu kaufen. Ist es gerecht, dass die alleinerziehende Mutter für zwei Jahre im Gefängnis bleiben muss, obwohl ihre Beute im Verhältnis zu Renadas Taten so viel geringer war?

Abends nach dem Einschluss erzählt mir Granny ihre Geschichte. Sie ist in Tennessee geboren und aufgewachsen, hat jung geheiratet und wurde schon früh, mit Anfang zwanzig, Mutter. Ihr Mann ernährte seine Familie mehr schlecht als recht, bis er ganz plötzlich an einem Herzinfarkt starb. Granny saß ohne Ausbildung, mit drei kleinen Kindern und einem Berg unbezahlter Rechnungen alleine da und ließ sich als Drogenkurier anwerben.

Mit 27 wurde sie zum ersten Mal erwischt und musste für zwei Jahre in den Knast. Die Kinder kamen ins Heim. Für alle war es eine lange, schlimme Zeit der Trennung. Danach gelang es Granny, viele Jahre lang nicht mehr straffällig zu werden. Einen vernünftigen Job fand sie natürlich nicht. Wenn sie überhaupt Arbeit hatte, bezahlte man sie erbärmlich, und sie musste mit ihrem klapprigen Auto lange Strecken zu der

Bude zurücklegen, wo sie Kaffee ausschenkte oder Essen servierte.

Dennoch hat Granny ihre Kinder einigermaßen durchgebracht. Alle drei beendeten mit Ach und Krach die Mittelschule, um sich danach von einem schlecht bezahlten Job zum anderen zu hangeln.

Die wechselnden Männer, mit denen sie sich einließ, machten alles noch schwieriger. Schließlich lernte sie Ronny kennen und die beiden verliebten sich haltlos ineinander. Ronny verdiente gut – leider mit illegalen Geschäften. Für Granny war es nur allzu verlockend, mitzumachen. Endlich würde sie einen Teil vom Kuchen abbekommen! Bald besaß die Familie zwei Häuser. Eines, in dem sie alle zusammenlebten, und ein zweites, in dessen Keller sie das Aufputschmittel Methamphetamin – kurz *Meth* oder *Crystal Meth* – produzierten.

Als Drogenköchin und Verkäuferin hatte Granny anscheinend Talent. Leider nahm sie das Zeug auch selbst und zwei ihrer Kinder taten es ihr nach. Die Tochter wurde durch die Drogen apathisch, psychisch krank und verwahrloste. Noch heute macht sich Granny deshalb schwere Vorwürfe. Besonders nachdem die junge Frau ihr Baby durch plötzlichen Kindstod verlor, hätte sie seelischen Beistand gebraucht – und nicht noch mehr Drogen.

Ihr Kellerlabor und die Dealerei flogen auf. Die Polizei hatte einen ihrer Kunden geschnappt, und der packte vor dem Staatsanwalt aus, weil dieser ihm Strafmilderung in Aussicht stellte. Nach seinen Angaben rechneten die Ermittler aus, welche Mengen Granny im Laufe der Jahre an ihn verkauft hatte.

»So eine Art von Beweis nennt man *Ghost Dope*«, erzählt Granny. »Kannst ja mal rumfragen, wie viele Frauen deswegen hier sitzen. Man hat nicht ein einziges Gramm bei ihnen gefunden, aber sie sind von anderen beschuldigt worden, dass sie etwas verkauft haben. Der Justiz reicht das als Beweis. Daraus wird dann eine Menge errechnet, wegen der sie angeklagt werden.«

Dass sie vor Gericht gestellt wurde, findet meine *Bunky* völlig in Ordnung. Aber elf Jahre Gefängnis – das sei einfach zu lang. Sie hat keinerlei Vorstellung, wie und wovon sie leben soll, wenn sie mit über sechzig Jahren aus dem Knast entlassen wird. Ihr Anspruch auf Leistungen von der staatlichen Wohlfahrt ist verschwindend gering.

Als noch viel schlimmer empfindet es Granny, dass zwei ihrer drei Kinder für fünf Jahre im Knast sitzen. Weil ihre eigene Mutter sie als Drogenkuriere eingespannt hat.

»Du sollst dich noch mal bei Manning melden«, sagt Granny aufgeregt, als sie nach dem Frühstück in unser Zimmer kommt. »Ich glaube, er hat was für dich.«

Am liebsten würde ich sofort loswetzen. Aber der Weg zur Gefängnisküche ist für mich erst einmal versperrt. Ich muss den nächsten *Move* abwarten. Außerdem habe ich am Vormittag noch einen Kontrolltermin bei der Zahnärztin, eine der routinemäßigen Aufnahmeuntersuchungen im Gefängnis.

Völlig begeistert starrt Frau Doktor in meinen Mund und ruft ihre Assistentin hinzu.

»Komm her, guck dir das mal an! Das ist ja sehr gut gemacht!«, sagt sie voller Bewunderung. »Hast du eine private Krankenversicherung? So tolle Zähne bekommen wir hier nicht oft zu Gesicht.«

Nachdem ich gesehen habe, mit welchen maroden Gebissen viele Gefangene hier herumlaufen, weiß ich, was sie meint. Einmal mehr komme ich mir vor wie ein privilegierter Ausnahmefall.

Mittags stehe ich endlich Mr. Manning mit seiner verspiegelten Sonnenbrille gegenüber.

»Du kannst morgen anfangen«, sagt er. »In der Abteilung *Pots and Pans.*« Er hat mich zur Frühschicht eingeteilt. Von

Dienstag bis Sonntag beginnt meine Arbeit um halb fünf Uhr morgens, nicht gerade meine bevorzugte Tageszeit.

Aber egal. Ich habe einen Job! Und ich muss in der Küche noch nicht einmal ganz unten anfangen – dort, wo die benutzten Tabletts abgegeben werden.

»Ich hab irgendwo einen Wecker«, sagt Granny am Abend.

»Oh, super! Können wir den stellen? Damit ich an meinem ersten Arbeitstag nicht verschlafe ...«

»Ach, *Bunky*, nicht nötig. Ich wache von allein auf und schmeiß dich aus dem Bett«, erklärt Granny.

Es gelingt mir nicht, darauf zu vertrauen, und so bekomme ich in dieser Nacht kaum ein Auge zu. Ganz schön verrückt. Ich bin zum Küchendienst im Knast eingeteilt und so aufgeregt, als würde ich eine wichtige neue Arbeitsstelle antreten.

Dem diensthabenden Wachmann ist es am nächsten Morgen anscheinend völlig egal, ob wir pünktlich zur Arbeit kommen. Er schließt um Viertel nach vier erstaunlich geräuschlos unsere Tür auf und ist sofort wieder weg.

Um halb fünf sammelt sich eine verschlafene Truppe Küchenfrauen vor dem Ausgang zum Innenhof. Schweigend trotten wir durch die Dunkelheit zur *Chow Hall.*

Dort werde ich heute nicht von Manning begrüßt, sondern von einem Aufseher namens Hanson. Er sieht aus wie ein Michelin-Männchen, ist dicklich und völlig kahl.

»Giesselbach, komm rein«, sagt er, als ich mich an der Tür zu seinem Kabuff melde. »Woher stammst du?«

»Ich habe zuletzt in Chicago gewohnt. Aber eigentlich bin ich Deutsche.«

»*Germany?* Das ist ja toll! Was hältst du von Frau Merkel?« Begeistert fragt er mich über die deutsche Politik aus. Dafür, dass er Amerikaner ist, kennt er sich ungewöhnlich gut aus. Ganz detailliert diskutiert er mit mir über die deutsche Energiewende und hält mich eine ganze Weile davon ab, meine Arbeit anzutreten.

Bei *Pots and Pans* spülen wir die Riesentöpfe, in denen Bohnen und Reis gekocht werden, und befreien die Backbleche von Bratfett und Teigkrümeln.

»Hi, ich bin übrigens Maribel«, stellt sich eine kleine Latina mit hübschem Gesicht und langen Haaren vor. Schon am frühen Morgen wirbelt sie gut gelaunt in der Spülküche herum, als habe sie nie etwas anderes getan. Dass hier auch noch eine bleiche, von Drogen gezeichnete Frau namens Mary arbeitet, nehme ich anfangs kaum wahr.

Maribel zeigt mir, was zu tun ist. Als Erstes müssen wir alle Speisereste in einer großen Tonne entsorgen. Danach spülen wir das Kochgeschirr mit einem kräftigen kalten Wasserstrahl ab und reinigen es in warmer Seifenlauge. In einem dritten Spülbecken steht eine ätzende Ammoniaklösung zur Desinfizierung der Töpfe und Bleche. Maribel gibt mir ein Paar grüne Gummihandschuhe. »Zieh an. Du entzündest dir die Finger sonst in dieser ätzenden Brühe«.

Nachdem ich einige Zeit an dem Becken gearbeitet habe, wird mir schwindelig. Ich merke, wie mir das Zeug zu Kopf steigt, hoffe, dass es keine bleibenden Schäden verursacht, und bin froh, als mir Maribel vorschlägt, an die Kaltwasser-Spüle zu wechseln.

Besonders hartnäckig kleben die kunterbunten Überreste der Zuckerglasuren auf den Kuchenblechen. Mein auberginefarbener Kittel ist nach kurzer Zeit klitschnass und von oben bis unten beschmiert.

Doch als ich im Laufe des Vormittags auch die anderen Arbeitsbereiche in der Küche zu sehen bekomme, denke ich: Es gibt Schlimmeres. Etwa die Plätze an den großen Fritteusen. Dort ist es immer furchtbar heiß und nur Fußmatten verhindern, dass man auf dem fettigen Boden ausrutscht. In einem separaten Raum wird Gemüse geschnippelt. Die Frauen werden dort während der Arbeit eingeschlossen, weil sie mit Messern hantieren müssen. In dieser Kammer ist es so kalt, dass sie Mützen und dicke Winterjacken tragen, während sie Zwiebeln oder grüne Paprika für 750 Insassinnen kleinschneiden. Auch in der Fleischabteilung herrschen arktische Temperaturen.

Professionelle Köche gibt es hier nicht. Die gesamte Arbeit erledigen die Gefangenen kostengünstig. Ein Aufseher stellt lediglich die Lebensmittel heraus, aus denen die Küchencrew zubereitet, was auf dem Plan steht.

Das Regiment über uns 25 Frauen schwingt eine Gefangene namens Marta, eine etwas übergewichtige und herrische Mittdreißigerin aus Honduras. Den ganzen Vormittag kommandiert sie herum. »Komm her! Mach dies! Lass das!«

Völlig erledigt liege ich nach meiner ersten Küchenschicht mittags auf meinem Bett.

»Soll ich dir sagen, warum Marta hier ist?«, fragt Granny. »Na klar!« Neugierig bin ich ja immer.

»Menschenhandel«, berichtet Granny. »Und: Mord. Sie haben einen Lkw-Anhänger mit über 70 Flüchtlingen irgendwo in der Wüste zwischen Mexiko und den USA stehen lassen. Neunzehn Menschen sind darin gestorben. Männer, Frauen und Kinder.«

Laut Granny war Marta die Chefin des Menschenhändlerringes, der für den Tod dieser Leute verantwortlich ist. Ihre vergleichsweise milde Strafe von 17 Jahren Gefängnis verdanke sie dem Umstand, dass sie ihre Mittäter ans Messer geliefert habe. Dem Fahrer des Lkws drohe sogar die Todesstrafe.

Mir ist diese Frau von jetzt an unheimlich. Wer sich einen scharfen Blick von ihr einfängt, schlägt die Hacken zusammen und arbeitet doppelt so schnell. Wenn Marta lacht, gackert sie los wie eine 15-Jährige, es klingt total irre.

»Wenn sie dich verpfeift, kannst du sicher sein, dass die

Aufseher ihr glauben und nicht dir«, sagt Granny. »Die lassen Marta komplett in Ruhe.«

Die Gefängnisleitung weiß, dass die Latina ihre Großküche fest im Griff hat, und lässt sie gewähren. Hauptsache, sie sorgt zuverlässig dafür, dass jeden Donnerstag 750 frittierte Hähnchenkeulen pünktlich in die *Chow Hall* ausgeliefert werden.

»Marta kommt doch bestimmt an alles heran?«, frage ich Granny. »Handelt sie mit Lebensmitteln?«

»Klar. Aber glaub bloß nicht, dass sie nur ein einziges Teil selbst aus der Küche rausträgt. Dafür hat sie ihre *mules*, ihre Maultiere.«

In den Abteilungen, die für die Zubereitung der Speisen zuständig sind, arbeiten fast nur Latinas. Heimlich transportieren sie rohe Eier, Mehl oder Fleisch in unseren Trakt, wo Marta das Zeug zu überhöhten Preisen weiterverkauft. Ein Beutel sogenannter Filetspitzen bringt auf dem Gefängnis-Schwarzmarkt 25 US-Dollar.

Auch Maribel ist wegen Menschenhandel verurteilt, genau genommen wegen *Conspiracy* – Verschwörung. Man hat ihr eine Haftstrafe von 30 Jahren aufgebrummt, doch sie beteuert, dass sie mit der Sache nichts zu tun habe. Ganz bestimmt hat sie sich aber nicht so viel zuschulden kommen lassen wie Marta. Ihre Berufung gegen das Urteil läuft noch, und sie setzt große Hoffnung darauf.

Auf unsere andere Kollegin werde ich erst aufmerksam, als sie von ihrem Enkelkind erzählt.

»Wieso Enkel?«, frage ich. »Wie alt bist du denn?«

Mary ist 34, so alt wie ich. Ihre Tochter hat, genauso wie sie selbst, mit fünfzehn ihr erstes Kind bekommen. Ich mutmaße, dass sie eines Tages ebenfalls in einer Gefängnisküche stehen und Töpfe schrubben wird. Und Marys Enkelin auch. Es ist deprimierend.

Mary ist ständig nervös und angespannt und verbringt den größten Teil ihrer Arbeitszeit vor dem Fernsehgerät im Aufenthaltsraum der Aufseher. Maribel und mir ist das ziemlich egal, wir sind schnell ein eingespieltes Team. Doch wenn sich Mary dann doch ab und zu bei uns blicken lässt, benimmt sie sich wie eine Expertin. »Du musst die Bleche länger einweichen«, erklärt sie mir von oben herab. »Dann kriegst du die besser sauber.«

»Lass uns mal machen«, blaffe ich sie an. »Du krümmst hier doch sowieso keinen Finger.«

Beleidigt zieht sie ab. Wenig später kommt der Aufseher Hanson und erkundigt sich, was bei uns los sei.

»Die ist faul wie die Sünde und will uns noch vorschreiben, wo es langgeht«, sage ich.

»Schon gut, schon gut«, lenkt er ein und ist schnell wieder weg. Zum ersten Mal habe ich mich getraut, den Mund aufzumachen – und keinen Ärger bekommen.

Ein anderes Mal versucht eine Frau namens Bougee, uns in die Suppe zu spucken. Die kräftige Schwarze ist in der Küche dafür zuständig, die Mülltonnen in allen Räumen regelmäßig zu leeren. Viel lieber aber hilft sie bei den Frauen an der Essenausgabe aus.

»Die ist ja ganz schön schwer, warum ist die Reste-Tonne denn so übervoll?«, pflaumt sie mich an.

»Vielleicht, weil du vor hundert Jahren zum letzten Mal hier warst?«, pampe ich zurück. »Ist schließlich dein Job und nicht meiner, darauf zu achten.«

»Dann leere ich hier eben gar nichts mehr aus«, droht sie. »Ihr werdet schon sehen, was ihr davon habt.«

»Aha?«, gebe ich zurück. »Und was ist, wenn dem Aufseher auffällt, dass die Tonnen überlaufen? Wer von uns beiden kriegt dann Ärger?«

Damit ist die Sache geklärt.

Ab und zu flitze ich von *Pots and Pans* in die Geschirrannahme hinüber, um ein paar Sachen zu holen oder zu bringen. Dort arbeiten zwei korpulente schwarze Frauen, die sich zum Verwechseln ähnlich sehen, und eine Frau, die von allen wie eine Aussätzige behandelt wird.

»Angie ist eine Kinderschänderin«, raunt mir Maribel zu. Dass Pädophile in der Hackordnung ganz unten stehen und von den allermeisten Frauen verachtet werden, weiß ich schon aus dem MCC. Angie ist weiß, übergewichtig, sitzt immer allein am Tisch und häkelt. Auf ihre Handgelenke hat sie zwei Namen tätowieren lassen – die Namen ihrer Kinder. Das kommt mir befremdlich vor, hat sie doch lange Zeit nichts gegen den Mann unternommen, der sich an ihrer zweijährigen Tochter vergangen hat. Kennengelernt hat sie den Typ im Internet. Es dauerte wohl ein bisschen, bis ihr klar wurde, dass er mehr an dem Kind interessiert war als an ihr. Doch auch dann hat sie erst einmal weggeschaut, um ihn nicht zu verlieren.

Sie ging erst zur Polizei, um ihn wegen sexuellen Missbrauchs anzuzeigen, als sie eifersüchtig wurde. Doch zu diesem Zeitpunkt hatte sie sich schon selbst strafbar gemacht: Eine Mutter, die den Kindesmissbrauch duldet, wird in den USA nicht minder schwer bestraft als der Täter. Jetzt sitzt sie eine hohe Haftstrafe ab, über 30 Jahre, und ist unter den Insassinnen vollkommen isoliert.

Delikte im Zusammenhang mit Drogen, Banküberfall oder Scheckfälschung schocken im Knast niemanden. *White-Collar*-Vergehen wie Betrug, Unterschlagung oder Steuerhinterziehung halten meine Mitgefangenen für albern. Aber wer ein Kind auf dem Gewissen hat oder einen Pädophilen hat gewähren lassen, ist hier im Knast noch weniger angesehen als eine Mörderin.

Nach einer Woche kann ich mir endlich die ersten Sachen abholen, die ich im *Commissary* bestellt habe – vor allem Kleidungsstücke und Körperpflegeartikel. Mit meinem Wäschesack begebe ich mich zu einem der drei kleinen Kabuffs, an denen die Waren ausgegeben werden. Hinter einer Glasscheibe stellen zwei Insassinnen unter Aufsicht eines Wachmanns die Körbe mit den Produkten zusammen. Dann werfen sie jedes Teil einzeln in einen Schacht, an dessen unterem Ende ich niederknien muss, um alles so schnell wie möglich einzusammeln.

Hinter mir wartet schon die Nächste. Ich bekomme zwar einen Bon über meine Bestellung ausgedruckt, aber ich bin viel zu nervös und gehetzt, um zu kontrollieren, ob ich wirklich alles bekommen habe und ob meine Wäschestücke in der gewünschten Größe geliefert wurden.

Die Frauen, die hinter mir in der Schlange stehen, beobachten mich sehr genau. So entgeht ihnen nicht, dass ich bei meinem ersten Einkauf ziemlich viel Zeug einpacke. Klamotten, Kosmetika, Süßigkeiten – mein Wäschesack ist voll. Besonders für die Latinas ist das ein klares Signal. Da hat jemand mehr Geld als sie.

»Mami, kann ich deine Wäsche machen?«, spricht mich kurz danach eine von ihnen an. Wie bitte? Ich verstehe nicht, weiß noch nicht, dass die Latinas grundsätzlich jede Frau »Mami« nennen. Und dass sie ihre Dienste als Haushaltshilfen anbieten. »Mami, kann ich für dich bügeln? Darf ich dir etwas zu essen machen?«

Immer wieder lehne ich ab, denn vorläufig bin ich froh über alles, was mich irgendwie beschäftigt. So sehr habe ich gehofft, dass ich an Fortbildungsangeboten teilnehmen und damit vielleicht sogar Punkte für eine vorzeitige Entlassung sammeln kann. Aber bisher habe ich auf den Aushängen am schwarzen Brett nur Kurse für Frauen entdeckt, die einen ersten Schulabschluss nachmachen oder Englisch lernen wollen.

Abends liegen Granny und ich in unseren Betten und quatschen über Gott und die Welt. Manchmal werden unsere Gespräche intimer. Meine *Bunky* hat zwar sofort klargestellt, dass sie an einer lesbischen Beziehung kein Interesse hat, aber das Thema Sex ist für sie keineswegs abgeschlossen. Sie schwärmt für Mr. Manning. Seine dunkle Brille, so erzählt sie, trage er nur, weil er sich wegen eines Augenleidens vor Licht schützen müsse. Inzwischen habe ich seine stahlblauen, sehr freundlichen Augen auch ein- oder zweimal kurz aufblitzen sehen, als er seine Brille für einen Moment abnahm.

Viel interessanter aber findet Granny den Körperteil, der sich deutlich unter seinem Hosenbund abzeichnet.

»Steffi, hast du seinen Schwanz gesehen?«

»Nö, interessiert mich auch nicht!«

»Aber guck doch mal auf die Hose, guck mal, was sich da beult«, fährt sie verträumt fort. »Also, den würde ich mir auf keinen Fall entgehen lassen. Mich kann er jederzeit haben!«

Ein bisschen derbe finde ich das schon. Aber irgendwie ist es auch beruhigend, dass in der khakifarbenen Sträflingsuniform auch nur eine Frau aus Fleisch und Blut steckt.

Nach acht Tagen ist es mit der Zweisamkeit in unserem Zimmer vorbei. An diesem Mittwoch legt Alessia ihr Wäschebündel auf das dritte Bett. Sie hat mehrere Wochen in der SHU gesessen und ist nun zurück auf K1. Die zierliche Weiße ist etwa in meinem Alter und ein eher mediterraner Typ – man sieht ihr die italienischen Vorfahren an. »Ich war vorher mit Black Jay und noch einer anderen Frau im Zimmer«, erzählt sie. »Bis sie uns alle drei in die SHU gesteckt haben. Ein Aufseher hat Pillen bei uns gefunden. Von mir waren die aber ganz sicher nicht.«

Ihre ehemalige Mitbewohnerin sehe ich wenig später auf dem Weg in ihr neues Zimmer durch die Halle laufen. Die schwarze Frau sieht mit den langen Rastalocken, einer Narbe quer über das ganze Gesicht und der blitzenden Reihe goldener Zähne ziemlich bedrohlich aus.

»Wenn die bei uns eingezogen wäre, könnte ich keine Sekunde ruhig schlafen«, sage ich zu Granny.

»Geht mir genauso, da haben wir es mit Alessia ganz gut getroffen. Die scheint in Ordnung zu sein.«

Alessia, so erfahren wir bald, ist bei einer schwer drogenabhängigen Mutter in einem Wohnwagen im Trailerpark aufgewachsen. Die Familie war zeitweise so bettelarm, dass sie als Kind barfuß herumlaufen musste. Manchmal brachte ihre Mutter sie für eine Weile bei ihrer Oma unter, die in einem abgelegenen Bergdorf lebte. Auch dort herrschte Armut, doch hat sie wenigstens einmal erlebt, dass man Mahlzeiten auf einem Herd selbst zubereiten kann.

Mit fünfzehn wurde Alessia selbst Mutter. Sie war noch ein Teenager, fühlte sich nach der Geburt pummelig, pickelig und viel zu jung, um ständig zu Hause zu sitzen. Über Freundinnen, mit denen sie abends wegging, kam sie auf *Crystal Meth*. Mit Hilfe der Droge war sie in kürzester Zeit sehr schlank – aber leider auch sehr süchtig. Trotz allem hat Alessia es irgendwie geschafft, zeitweise als Aushilfe im Krankenhaus zu arbeiten und sogar eine Art Ausbildung zur Schwesternhelferin abzuschließen. Aber als sie ihren jetztigen Ehemann kennenlernte, wurde alles noch schlimmer.

»Und wo kommst du her?«, fragt sie mich, nachdem sie uns all das erzählt hat.

»Deutschland«, antworte ich knapp. Ich will meine Geschichte nicht vor ihr ausbreiten, komme mir im Vergleich zu ihr unermesslich privilegiert vor.

»Germany!«, ruft sie begeistert aus. »Hitler! Mein Mann liebt Hitler! Er liebt ihn über alles!«

Wieder einmal weiß ich nicht, was ich sagen soll. Sie redet dann noch eine ganze Weile über ihren Mann, der wohl kaum lesen und schreiben kann und als Tätowierer für die *Hells Angels* arbeitet, wenn er nicht gerade im Knast sitzt.

»Er hat schon ganz viele Hakenkreuze gestochen«, erzählt sie begeistert. »Sieht super aus, vor allem wenn ein Mann kräftige Unterarme hat.« Sie scheint ihren Kerl noch immer heiß und innig zu lieben, obwohl er sie regelmäßig verprügelt hat.

Die beiden sind Anhänger einer Ideologie, die in den USA als *White Supremacy* bekannt ist. Sie sind überzeugt, dass Weiße anderen Ethnien grundsätzlich überlegen seien. Zum Glück ist Alessia nicht so dumm, mit solchen Ansichten in Hazelton hausieren zu gehen. Sie weiß sehr genau, dass vor allem die schwarzen Frauen hier auf Rassismus überhaupt nicht gut zu sprechen sind, außerdem sind sie in der Überzahl.

Ihre beiden Töchter leben jetzt bei ihrer Mutter, jener Frau, die es nicht geschafft hat, Alessia auch nur im Ansatz eine behütete Kindheit zu bieten.

Am zweiten Wochenende schaut eine ältere Dame bei uns herein. Sie ist etwa sechzig Jahre alt, schlank, trägt ihr blondes Haar auf Schulterlänge und ist hier im Gefängnis eine eher ungewöhnliche Erscheinung. Irgendjemand hat behauptet, wir seien Landsfrauen.

»Miss Rose stammt aus England«, stellt Granny richtig. Ich liebe den eleganten Akzent dieser Britin auf Anhieb, und es mangelt uns nicht an Gesprächsthemen. Wir schwelgen in Erinnerungen an Europa, tauschen unsere Erfahrungen mit dem Land der (un)begrenzten Möglichkeiten aus und amüsieren uns über die ernst gemeinten Fragen amerikanischer Insassinnen. Liegt England in London? Ist Europa ein Teil von Deutschland? Kommt ihr aus einem demokratischen Land?

Schnell entdecken wir unsere gemeinsame Leidenschaft für Fußball. Ob ich Lust habe, mit ihr gemeinsam die *Champions League* zu gucken? Danach muss Miss Rose mich nicht zweimal fragen.

Jeweils eine Woche im Voraus reserviert sie dafür einen unserer acht TV-Bildschirme und das entsprechende Programm. Die Spielzeiten gibt ihre 90-jährige Mutter aus England ihr regelmäßig telefonisch durch. Bereits am Sonntag ist es so weit. Ich schleppe meinen Plastikstuhl auf die obere Galerie und lege vor ihrer Zimmertür meine Füße auf das Geländer. Von hier aus können wir den TV-Monitor, der an einer Säule in der Mitte der Halle angebracht ist, wunderbar sehen. Den Ton verfolge ich über einen Kopfhörer, den mir Granny geliehen hat.

Was verschlägt wohl eine so gebildete ältere Dame in ein amerikanisches Bundesgefängnis? Miss Rose erzählt es mir nach unserem ersten gemeinsamen Fernsehnachmittag. Sie hat vor ihrer Verhaftung in Afrika gelebt und dort ein Import- und Export-Geschäft für Kleidung betrieben. Auf einer ihrer Geschäftsreisen in die USA wurde sie am Flughafen in Atlanta erst gefilzt und dann festgenommen. Die Fahnder stießen in ihrem Gepäck auf Musterteile aus afrikanischen Schneidereien, in deren Säume kleine Drogenpäckchen eingenäht waren.

Miss Rose beteuert, sie habe damit rein gar nichts zu tun. Die Hemden habe sie so eingepackt, wie sie ihr in Afrika ausgehändigt wurden. Den US-Bundesrichter interessierte das nicht weiter. Er verurteilte sie zu dreieinhalb Jahren Gefängnis wegen »Verschwörung zum Drogenschmuggel«.

Natürlich weiß ich, dass ich nicht alles für bare Münze nehmen darf, was andere mir hier erzählen. Aber ich kann mir beim besten Willen nicht vorstellen, dass diese feine Dame, die sich auch in Hazelton ausschließlich vegetarisch ernährt, eine abgebrühte Drogenhändlerin sein soll.

In einem ruhigen Moment erzählt mir auch Selina von ihren Straftaten. Sie ist wegen Bankraub verurteilt.

»Das klingt ja ziemlich heftig!«

»Stehen auch 40 Jahre drauf«, meint Selina trocken. »Ist eine der einfachsten Methoden, sich Geld zu beschaffen. Vor allem für Frauen.«

Jeder Bankangestellte in den USA hat strenge Anweisung, seine Kassenbestände sofort herauszugeben, wenn ein Bankräuber danach verlangt. Die Beute beträgt in den meisten Fällen weniger als 1000 Dollar, doch die Tat wird stets als länderübergreifendes Verbrechen eingestuft. Das hängt damit zusammen, dass die Versicherung der betroffenen Bank ihren Sitz in der Regel in einem anderen Bundesstaat hat. Deshalb fällt das Strafmaß höher aus, man wird von einem Bundesgericht verurteilt und in ein Bundesgefängnis – ein *Federal Prison* – gesperrt.

Selinas Absturz begann damit, dass ihr Mann sie schlug und schwer am Kopf verletzte. Sie war eine Weile auf Schmerzmittel angewiesen, blieb erst an den Tabletten hängen und stieg dann auf illegale Drogen um. So rutschte sie in die Szene ab. Am Ende brachte ihr Mann sie in eine Entziehungsklinik und trennte sich von ihr. Die vier Kinder des Paares blieben bei ihm.

In der Klinik lernte sie einen neuen Mann kennen, der deutlich jünger war als sie. Kaum waren die beiden wieder draußen, sorgte er dafür, dass sie wieder von Heroin abhängig wurde, und verlangte, dass sie sich entweder prostituierte oder eine Bank ausraubte, um Geld für Drogen zu beschaffen.

Ungläubig starre ich die Frau, die mich am ersten Tag so harsch in Empfang genommen hat an. Ich kann mir beim besten Willen nicht vorstellen, dass sie sich so etwas hat bieten lassen.

»Ich hab mich für die Bank entschieden«, sagt sie trocken. Sie ging unbewaffnet zum Schalter und schob der Kassiererin einen Zettel hin. »Dies ist ein Überfall. Geben sie mir das Geld.« Zweimal klappte es. Dann wurde ein Überwachungsvideo des Überfalls über einen Lokalsender ausgestrahlt. Selinas Exmann sah den Bericht und zeigte sie an.

»Warum hast du das getan?«, fragte sie ihn wütend, als sie sich im Gericht gegenüberstanden. »Warum bringst du mich in den Knast?«

»Weil es mir lieber ist, wenn unsere Kinder dich im Gefängnis besuchen, als irgendwann an deinem Grab zu stehen.«

Selina wurde zu sechs Jahren Gefängnis verurteilt. Ihre Mutter, die in ihrer Heimatgemeinde ziemlich bekannt und in zahlreichen Vereinen und Gremien aktiv ist, empfand das zunächst als große Schande. Niemand aus ihrer Verwandtschaft war jemals zuvor im Gefängnis. Doch inzwischen unterstützt sie ihre Tochter tatkräftig, hat unter anderem eine Zeitung für sie abonniert.

Auch Selinas Exmann hält weiter den Kontakt. Die gemeinsamen Kinder leben noch immer bei ihm, und er kümmert sich darum, dass sie ihre Mutter ab und zu im Gefängnis besuchen. Dass Selina nicht selbst für die vier Jungen und Mädchen, die inzwischen zu Teenagern herangewachsen sind, sorgen kann, ist das Schlimmste für sie. Sie hat keine Ahnung, was auf sie zukommt, wenn sie demnächst aus der Haft entlassen wird.

Alessia steht schon am Tag nach ihrer Entlassung aus der SHU wieder hinter dem Tresen der Essenausgabe und stellt die Tabletts für das Frühstück zusammen. Je nach Wochentag gibt es Pfannkuchen oder *French Toast*, die in Deutschland »Arme Ritter« heißen, Orangensaft, Eier oder Frühstücksflocken.

Unsere neue *Bunky* muss diesen Job in der Vergangenheit sehr gut gemacht haben, sonst wäre sie bestimmt nicht sofort wieder angestellt worden. Doch sie bekommt jetzt sechs Monate lang nur ein gekürztes Gehalt ausgezahlt, etwa fünf statt 20 Dollar pro Monat – zur Strafe für eine Tat, die man ihr in keiner Weise nachgewiesen hat.

Ich bewundere die Energie, mit der sie trotz alledem jeden Morgen um Viertel nach vier mit uns aufsteht. Aber es nervt mich, dass sie sich nach dem Dienst für den Rest des Tages nur noch mit ihrer äußeren Erscheinung beschäftigt. Stundenlang steht sie vor dem Spiegel, dreht sich hin und her, zupft an ihrem auberginefarben getönten Haar herum und fragt uns immer wieder: »Was meint ihr, sehe ich gut aus?«

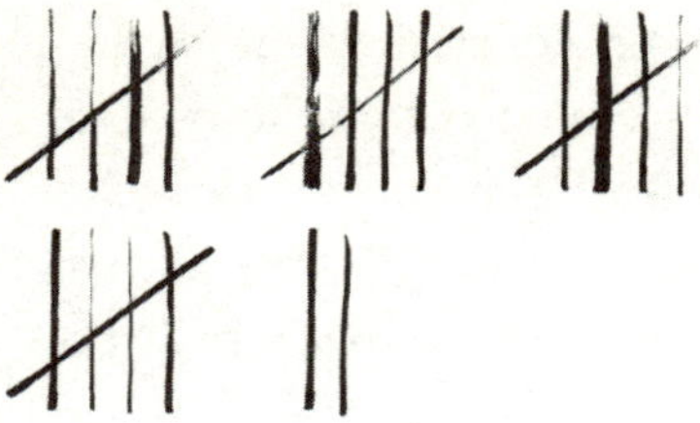

Ich komme mir vor wie in einer Zaubershow, als Granny mir einmal mehr vorführt, was sie alles zwischen den zahlreichen Schichten Kleidung verborgen hat. Erst fördert sie ein hart gekochtes Ei zutage. Dann noch eins. Und noch eins. Auf der Brust, unter der Brust, an den Seiten hat sie Eier versteckt. Fünfzehn, sechzehn zähle ich – am Ende liegen siebzehn hart gekochte Eier unversehrt nebeneinander aufgereiht auf ihrem Bett und ich lache lauthals los.

Ich selbst habe bei meinem ersten Einkauf im *Commissary* kaum Lebensmittel bestellt. Am Sonntag koche ich mir ein paar Nudeln und esse sie mit Salz. Als Granny und ihre Freundinnen meinen Teller sehen, fallen sie fast in Ohnmacht.

»Was ist das denn? So eine Spatzenportion? Und was gibt es dazu?« Bei meinen Mitgefangenen erregt diese spartanische Mahlzeit derartiges Mitleid, dass sie mich zu dem gemeinsamen Essen einladen, das sie jedes Wochenende zelebrieren.

Die Zutaten besorgt Granny, das Kochen überlässt sie ihrer Freundin Tina. Diese zaubert aus dem wenigen, an das sie hier im Gefängnis kommt, immer wieder etwas Leckeres. Kartoffel- oder Nudelsalat mit grüner Paprika, Brokkoli und Schinken, russische Eier oder andere Köstlichkeiten. Die Zubereitung ist ohne Messer und Schneidebretter natürlich unendlich mühsam. Viele Zutaten werden eher klein gestampft oder gebröselt als geschnitten. Als Unterlage halten die Deckel von Plastikdosen her, als Messer oder Mörser dienen Plastikausweise, Trinkbecher, Kunststoffbesteck. Kochplatten gibt es nicht, nur die unvermeidlichen Mikrowellen – riesige Geräte, die am Rande unserer Halle stehen und von morgens bis abends belegt sind.

Tina, die wochentags als Köchin in der Spätschicht arbeitet, ist eine hübsche und sehr gepflegte Mittvierzigerin. Wenn sie ihre langen Haare offen trägt, reichen sie ihr fast bis zum Po. Die Wachen mögen Tina, weil sie verlässlich, fleißig und ehrlich ist. Bei manchen Insassinnen kommen diese Eigenschaften aber weniger gut an. »Tina?«, fragen sie. »Meinst du diese Heilige?«

Tina hat draußen eine Tankstelle betrieben, auf der sie bis zum Umfallen arbeitete. Einmal nahm sie für ihren Freund einen Umschlag in Empfang, in dem sich Drogengeld befand. Dadurch gilt man in den USA bereits als mitschuldig. Der Staatsanwalt nötigte Tina einen *Plea Bargain* auf, der ihr zehn Jahre Gefängnis einbrachte. Einen Verteidiger, der wahrscheinlich eine mildere Strafe für sie ausgehandelt hätte, konnte sie sich nicht leisten.

Für Granny, Tina, Sherrie und Selina ist das gemeinsame Essen am Sonntag ein wichtiges Ritual und *die* Gelegenheit, die Ereignisse der vergangenen Woche gründlich durchzukauen. Welche Wache ist durch irgendeine Bemerkung aufgefallen, welche Gefangene hat mit welcher anderen Streit oder bändelt mit ihr an, wer ist neu angekommen oder entlassen worden? Ich sitze anfangs ganz still dabei, höre zu und freue mich, dass sie mich in ihre Runde aufgenommen haben.

Wenn mir andere Gefangene einen ihrer kostbaren Kekse oder eine selbstgemachte Süßigkeit anbieten, winke ich meistens dankend ab. Diesen Frauen ist aber völlig unverständlich, dass ich auf meine Figur achte: Welchen Sinn soll das denn haben? »Warum bist du so dünn?«, fragen sie mich: »Bist du etwa ein Junkie?«

Die meisten Insassinnen in Hazelton nehmen früher oder später zu. Essen ist die einzige erlaubte Form von Triebbefriedigung für Gefangene, und die Gefängniskost tut das Übrige dazu.

Morgens, mittags und abends landen jede Menge fette, zuckrige und mehlhaltige Speisen auf unseren Plastiktabletts. Vitamine und Ballaststoffe sind Mangelware. An der Salatbar besteht die Auswahl Tag für Tag nur aus Eisbergsalat, vereinzelten Karottenstiften und Blaukohl. Nach meinen Berechnungen kann man es hier allein mit den Speisen in der *Chow Hall* locker auf 3000 bis 4000 Kalorien täglich bringen.

Ihren Höhepunkt erreicht die Völlerei jedes Jahr zu Thanksgiving, dem amerikanischen Erntedankfest. Das gemeinsame Verspeisen eines gefüllten Truthahns am vierten Donnerstag im November ist in den USA eine sehr feierliche Angelegenheit, die tagelang vorbereitet wird. Die meisten Amerikaner nehmen zu Thanksgiving ein langes Wochenende frei und viele reisen kreuz und quer durchs Land, um diese Feiertage mit ihren Angehörigen zu verbringen.

Für mich ist es die erste Feier, die ich im Gefängnis erlebe. »Der Tag des drögen Vogels«, notiere ich später in meinem Tagebuch. Schon am Mittag nehmen wir das Festmahl in Styropor-Containern aus der *Chow Hall* mit. Am Abend bleibt die Kantine geschlossen und wir müssen das festliche Dinner zwangsläufig in unserem Gebäudetrakt zelebrieren.

Zum Truthahn gibt es eine schnittfeste und etwas eklige Cranberry-Soße aus der Dose, pürierte Süßkartoffeln und Getränke in allen Regenbogenfarben. Dass die Portionen riesig sind, ist für viele Insassinnen viel wichtiger als die Qualität. Nach dem Essen gehe ich mit Granny und ihren Freundinnen über den Innenhof zu dem großen Mehrzwecksaal, wo für alle vier Blocks gemeinsam eine Feier abgehalten wird.

Viel Lust habe ich nicht darauf, aber ich mache alles mit, was für ein paar Augenblicke Ablenkung verspricht.

Mrs. Winter arbeitet auf unserer Abteilung als Gefangenenbetreuerin und moderiert den Abend. Sie hat sich extra in Schale geworfen. Alles an dieser Frau mit der blonden wallenden Mähne ist eine Spur zu ausladend und zu eng. Obwohl sie aufgetakelt ist wie für eine heiße Party, richtet sie zunächst einige besinnliche Worte an uns.

»Heute in einem Jahr werden einige von euch nicht mehr hier sein, sondern draußen in einem hoffentlich besseren Leben.«

Links und rechts von mir schniefen einige Frauen gerührt auf und kramen nach Klopapier. Schon nach wenigen Worten erwischt es auch mich. Ich denke an Hamburg, an Christoph, an meine Familie und spüre, wie mir die Tränen über das Gesicht laufen. Mist! Warum lasse ich diesen rührseligen Quatsch bloß an mich heran? Sentimentale Regungen sind das Letzte, was ich hier gebrauchen kann!

Glücklicherweise leitet Mrs. Winter jetzt zur Ankündigung einiger Darbietungen der Gefangenen über. Eine Pantomime tritt auf, danach ein Gospelchor und zum Schluss führen ein paar Latinas ihre landestypischen Tänze in selbstgebastelten Kostümen vor. Alle sind mit Feuereifer bei der Sache, und wir Zuschauerinnen spenden reichlich Applaus.

Dann wird Musik aufgelegt, es darf getanzt werden! Mrs. Winter eröffnet den Reigen. Inbrünstig schmiegt sie sich an ihren Kollegen Mr. Verano und lässt sich von ihm lasziv über die Tanzfläche schwenken. Ich empfinde es als Affront, wie die beiden sich aneinanderklammern, während uns Gefangenen jeder Körperkontakt streng verboten ist. Vielleicht wollen sie uns ja auch vorführen, wie schön die Freiheit sein kann. Ich bin froh, als der Spuk vorbei ist.

»Kommst du mit in die Kirche?«, fragt mich Granny am darauffolgenden Sonntag.

»Kann ich machen«, antworte ich etwas leidenschaftslos. »Hab eh nichts Besseres vor.« Meine *Bunky* wirft mir einen halb belustigten, halb strafenden Blick zu. Ich äußere mich wohl etwas zu respektlos gegenüber dem Glauben, der für sie so wichtig ist.

Der Gottesdienst findet in derselben Halle statt wie die große Feier vor ein paar Tagen. Vor den Stuhlreihen steht jetzt ein Altar. »Abtreibung ist Sünde«, predigt der Pastor an diesem (und wahrscheinlich an jedem anderen) Sonntag vor Frauen, die seelischen Beistand und stärkende Worte nötiger hätten als diese flammende Rede über Sünde und Verdammnis. Die meisten von ihnen sind Mütter, leben über Jahre unfreiwillig von ihren Kindern getrennt und haben draußen bittere Armut erlebt. Es bleibt mir ein Rätsel, warum sich dieses verklemmte Männchen dazu veranlasst sieht, seine Moralvorstellungen ausgerechnet zu diesem Thema vor ihnen auszubreiten.

Doch dann kommt richtig Stimmung auf. Die Frauen singen inbrünstig, klatschen in die Hände und tanzen. Vor allem die schwarzen Teilnehmerinnen bestärken den Pfarrer immer wieder, jubeln »Ja, ja!«, »Stimmt genau!« und bestätigen das Gehörte. »Amen, er hat es für uns getan!«

Mir ist das alles fremd. Aber Granny hat ihr ganzes Leben im sogenannten *Bible Belt* verbracht, dem tiefreligiösen Bereich der Südstaaten, wo ein Sonntag ohne Gottesdienst unvorstellbar ist.

»War ein bisschen dick aufgetragen«, kommentiert Sherrie die Predigt. »Der Mann hat keine Ahnung, wie das Leben für uns hier wirklich aussieht.«

»Tja, aber die *bitches* hier jubeln ihm zu«, seufzt Tina. »Die ganze Woche über klauen und lügen sie, nehmen Drogen, haben Sex miteinander. Nur am Sonntag in der Kirche tun sie, als wären sie wahnsinnig fromm.«

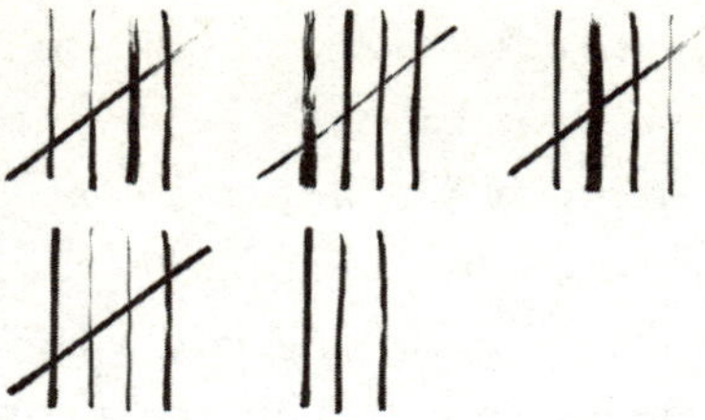

»Einschluss! Für alle!«

Gerade erst sind wir vom Mittagessen in der *Chow Hall* zurückgekehrt, da werden wir in unsere Zimmer geschickt. Ein *Count* um diese Tageszeit? Das ist ungewöhnlich.

»Was ist denn jetzt wieder los?«, frage ich Granny, während wir neben unserem Bett auf die Zählung warten.

»Nebelalarm«, antwortet meine *Bunky* gelangweilt. Dass man auf dem Außengelände keine fünf Meter weit gucken kann, ist mir nicht entgangen. »Kannst dich gleich mal dran gewöhnen. Kommt hier im Herbst öfter vor«, fügt sie hinzu.

»Aber für wen ist der Nebel denn gefährlich?«, frage ich etwas begriffsstutzig. »Wir sind doch nicht auf der Autobahn!«

»Die haben Angst, dass jemand die Situation ausnutzt, um abzuhauen.«

Im Schloss dreht sich ein Schlüssel, ein Wachmann steckt den Kopf durch die Tür, dann ist er auch schon wieder weg.

»Ich leg mich einen Moment hin«, gähne ich. »Ich habe heute Nachmittag einen wichtigen Termin.« Fast zwei Wochen nach meiner Aufnahme in Hazelton darf ich endlich bei Mr. Rosenburger vorsprechen, meinem *Case Manager.* Ich hoffe, dass er mir die vielen Fragen beantwortet, die mich umtreiben, zum Beispiel, ob ich meinen Aufenthalt im Gefängnis durch Kurse oder andere Maßnahmen verkürzen kann.

»Vergiss den Termin«, sagt Granny. »Wir bleiben eingeschlossen, bis es draußen dunkel wird.« In diesem Moment knackt und krächzt der Lautsprecher. Die Zählung wird wiederholt. Wir müssen neben unseren Betten stehen bleiben.

Diesmal kommen gleich zwei Wachleute vorbei. Das Ergebnis dieses *Counts* scheint sie aber wieder nicht zufriedenzustellen. Ein dritter Durchgang folgt. Beim vierten Mal müssen wir alle unseren Ausweis hochhalten und unsere Insassinnen-Nummer angeben. Ein Wachmann hakt jede Einzelne auf einer Liste ab. Wenig später kommt erneut ein Aufseher herein. »Wo ist eigentlich die Dritte, die hier wohnt?«

»Bei der Arbeit«, sage ich. »Alessia hat Küchendienst. Wir müssen ja auch bei Nebel essen.«

Er blitzt mich wütend an. Doch das ist wohl des Rätsels Lösung. Die Wachleute haben nicht bedacht, dass vier oder fünf Frauen aus unserer Hauseinheit fehlen, weil sie in der Küche beschäftigt sind.

Sie zählen uns also ein fünftes Mal durch, und jetzt scheint alles in Ordnung. Doch dann schnarrt es erneut aus den Lautsprechern: »Alle raus, Zellendurchsuchung!«

Wir stehen uns in der Halle die Beine in den Bauch, während ein Aufseher wie ein Nikolaus mit einem großen Sack von einer Zelle zur nächsten schreitet und selbstgenähte Kopfkissen oder verbotene Lebensmittel einsammelt. Hinter seinem Rücken bringen die Mädels all das in Sicherheit, was sie vor seinem strengen Blick retten wollen: Sie deponieren die Sachen einfach in den Zimmern, die er schon durchsucht hat.

Mich nervt dieses Katz-und-Maus-Spiel. Viel lieber würde ich meinen *Case Manager* jetzt fragen, ob es Fortbildungskurse gibt, mit deren Besuch ich Punkte sammeln kann. Oder ob es denkbar wäre, dass ich nach der Hälfte der Strafverbüßung in ein halb offenes Haus verlegt werde, wo ich tagsüber zur Arbeit gehen könnte. Andere Gefangene haben so etwas angedeutet, und auch durch meine Tätigkeit bei *Shelter & Hope* weiß ich von solchen Einrichtungen in Chicago.

Deprimiert und wütend kehre ich in unser Zimmer zurück und klettere auf mein Bett. Wahrscheinlich wird es Wochen dauern, bis ich einen neuen Termin bekomme. Da wird erneut aufgeschlossen. Ein gemütlich aussehender freundlicher Mann in Zivil, in etwa mein Alter, steht in der Tür.

»Stefanie Giesselbach? Rosenburger mein Name. Wir haben heute eine Verabredung. Und da ihr heute nicht rauskommt, habe ich gedacht, ich komm einfach hierher.«

Erleichtert und dankbar springe ich vom Bett und bestürme ihn mit meinen Fragen. Es bereitet ihm sichtlich Freude, mit einer ausländischen Gefangenen zu plaudern, die so gut Englisch spricht und keine andere Insassin als Dolmetscherin benötigt. Aber gute Nachrichten hat er nicht für mich. Fortbildungskurse für jemanden mit meiner Bildung, so erklärt er bedauernd, gebe es in Hazelton nicht. Und auf Hafterleichterungen solle ich lieber nicht hoffen. Wahrscheinlich werde man mich als kriminelle Ausländerin aus den USA abschieben und mich bis zu diesem Zeitpunkt hierbehalten.

Weil er so wenig ausrichten kann, unterbreitet er mir dann doch noch einen Vorschlag.

»Wäre das Hundeprogramm vielleicht etwas für Sie?«

»Na klar! Meine Mutter ist Hundetrainerin, ich bin mit Hunden aufgewachsen …«, antworte ich eifrig. Jeden Tag sehe ich die Gefangenen aus diesem Programm mit ihren Tieren in einen speziellen Zimmertrakt hinaufsteigen. Sie haben den ganzen Tag über zu tun und genießen augenscheinlich viele Sonderrechte und Privilegien.

Rosenburger denkt kurz darüber nach und schüttelt dann doch bedauernd den Kopf. »Ist leider auch keine Option. Das

Programm ist für Frauen ausgeschrieben, die mehrere Jahre bleiben müssen. Ich denke, das brauchen Sie gar nicht erst zu versuchen.« Er verabschiedet sich mit dem Versprechen, ein paar Erkundigungen für mich einzuholen.

Als der Alarm am späten Nachmittag aufgehoben wird, kommt es zu einem kleinen Unfall. Eine Frau stößt ihre Tür beim Verlassen des Zimmers so schwungvoll auf, dass diese einem Wachmann vor den Kopf knallt. Leider trifft es Perillo, den berüchtigtsten Aufseher von allen.

»Das hat die absichtlich getan!«, brüllt er los, während er sich theatralisch den Kopf hält. Zwei Kollegen stürmen herbei, schnappen sich die Gefangene, fesseln ihr die Arme mit Kabelbindern auf den Rücken und führen sie ab.

Alle, die den Vorfall beobachtet haben, sind fassungslos. Dieser Perillo hätte ja durchaus einen kleinen Schlag vor den Kopf verdient, finden sie, aber warum sollte eine erfahrene Insassin, die noch dazu kurz vor der Entlassung steht, absichtlich so etwas Dummes tun? Um danach in der SHU zu sitzen?

Schon am nächsten Tag laufen wir dem Wachmann wieder über den Weg.

»Achtung, Perillo im Dienst«, raunt mir Selina zu, als wir über den Hof zur *Chow Hall* laufen. Ein paar Sekunden vorher ist mir schon aufgefallen, dass es plötzlich in unserer Kolonne sehr still geworden ist. Einige drehen sich um und laufen hektisch zu K1 zurück.

Perillo steht vor dem Speisesaal, die Hände lässig am Hosenbund. Seine verwaschene Baseball-Cap hat er tief über seine fettigen Haare ins Gesicht gezogen, die Augen kann ich unter seiner verspiegelten Sonnenbrille nur erahnen. Wie die meisten Wachleute kaut er ständig Kautabak. Wenn er den Mund öffnet, ragen nur noch ein paar schwarz verfaulte Zahnstumpen daraus hervor.

Er beäugt jede Einzelne von uns so lange, bis er irgendetwas findet, was er beanstanden kann: ein auffällig gut sitzendes Hemd oder irgendein anderes Kleidungsstück, das nicht vorschriftsgemäß getragen wird.

»Du musst das Teil dann ausziehen und abgeben, selbst wenn's eiskalt ist«, raunt Selina. »Und natürlich siehst du es nie wieder. Ziemlich nervig, wenn du 50 Dollar dafür ausgegeben hast, aus einem hässlichen Pulli einen coolen *Hoodie* zu machen.«

Perillo kontrolliert geradezu fanatisch, was wir bei uns tragen. Viele nehmen Tütchen mit Gewürzen oder selbstgemachte Soßen mit in die *Chow Hall*. Wenn Perillo so etwas findet, nimmt er es sofort an sich. Andere Wachen übersehen es geflissentlich, wenn sich jemand, und das ist erlaubt, einen Apfel oder ein abgepacktes Stück Kuchen aus der Kantine mitnimmt. Perillo aber beschlagnahmt grundsätzlich alles mit Begeisterung, um die kostbaren Lebensmittel mit einem diabolischen Grinsen auf dem Rasen kaputt zu trampeln.

Diesmal greift er sich eine Frau, die angeblich geklaut hat, aus unserer Marschkolonne und stellt sie an die Wand. Dann fummelt er an seinem Funkgerät herum und bestellt eine weibliche Wache, um sie durchsuchen zu lassen.

»Oben bei den Männern«, sagte Selina, »können sie Perillo nicht mehr einsetzen. Ist zu gefährlich für ihn.«

»Wieso das denn?«

»Die Jungs haben ein Kopfgeld auf ihn ausgesetzt. Drohen sogar, seiner Familie was anzutun. So verhasst ist er bei den Männern. Jetzt tobt der sich bei uns aus.«

Auch die anderen Wachleute, die uns rund um die Uhr bewachen, lerne ich allmählich kennen. Etwa Miss Piggy, die aussieht, wie ihr Spitzname es vermuten lässt. Sie trägt ihre

Haare, der letzte Schrei in West Virginia, in zwei verschiedenen Farben und ist so dick, dass ihr nur maßgefertigte Kleidung passt.

Der Oberaufseher für den gesamten Frauenknast heißt Mr. Bullock und ist genauso dick. Ein echter *Hillbilly* – ein Hinterwäldler. Er trägt mit Vorliebe Hochwasserhosen und einen Anorak, auf den die einzelnen Stationen seiner Gefängniswärter-Karriere aufgestickt sind. In der Halle lässt er sich nur selten blicken. Meist verkriecht er sich in seinem Büro, im Mittelgang zwischen den Gebäudetrakten. Oder er steht am Eingang zur Essenausgabe, überwacht dort seine Leute, die kontrollieren, dass sich keine von uns zweimal in die Essensschlange stellt. Stets bestürmen ihn dort gleich mehrere Gefangene wegen irgendwelcher Anliegen. Auf manche reagiert er erst einmal honigsüß – doch man weiß nie, wann die Stimmung umschlägt, er plötzlich wutentbrannt losbrüllt und die Gefangene erniedrigt.

Einem seiner Männer ist es entgegen Bullocks Anordnung völlig egal, wie wir aussehen – es sei denn, es kündigt sich offizieller Besuch bei uns im Block an. Dann meldet er sich quäkend durch die Lautsprecheranlage zu Wort. »Mädels, wir bekommen Besuch, ich hoffe, ihr macht mir keine Schande!« Eilig schlüpfen alle in die vorgeschriebene Gefängnis-Uniform, und damit hat es sich.

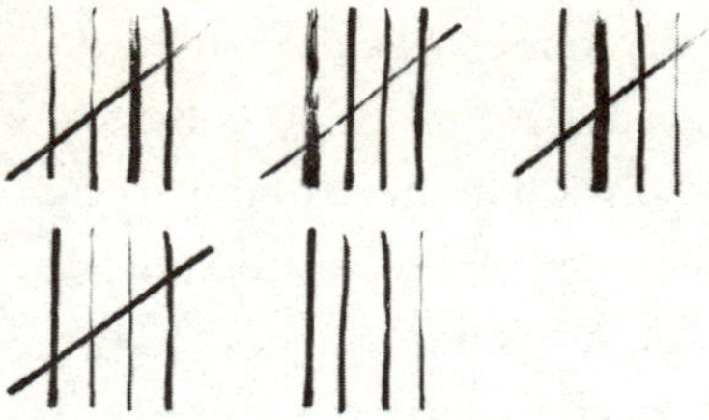

Wir trocknen die letzten Töpfe und Pfannen ab und beenden unsere Schicht, als alle Türen von außen verriegelt werden. Ich arbeite inzwischen an sechs Tagen pro Woche – freiwillig, um mir die Zeit zu vertreiben. Keine von uns darf die Küche verlassen. Manning trommelt uns alle zusammen.

»Es fehlt ein Küchengerät«, verkündet er mit düsterer Miene. »Ein Bratenwender. Wenn das Ding nicht sofort wieder auftaucht, geht ihr allesamt in die SHU.«

Vermisst wird eines jener harmlosen Teile – Schöpfkellen, Kochlöffel, Schneebesen –, die nicht als potenzielle Waffe gelten, aber zum Schutz vor Diebstahl in einem abgeschlossenen Raum aufbewahrt werden. An einer Wand sind die Umrisse jedes einzelnen Instrumentes aufgezeichnet, so dass die Wachen auf einen Blick feststellen können, ob etwas fehlt.

Sofort setzt eine hektische Suche ein. In den Spülbecken, im Abfalleimer, den Gewürzregalen, zwischen den Töpfen – irgendwo muss das vermaledeite Ding doch sein. Ausnahmslos alle machen mit, sogar Marta.

Schließlich hält Maribel kreidebleich den Bratenwender wie eine Trophäe in die Höhe. Sie hat ihn unter einem Backblech entdeckt. Erleichterung macht sich breit. Man ist im Knast nie sicher davor, für irgendeinen Irrsinn bestraft zu werden, den sich eine andere ausgedacht hat.

Dabei nehmen die Justizbediensteten es mit der Gesetzestreue selbst nicht allzu genau, zum Beispiel bei der Bezahlung ihrer Mahlzeiten. Die Gefängnisküche liefert eine etwas hochwertigere Kost für die Wachleute in eine separate Kantine direkt neben unserer *Chow Hall* aus. An deren Eingang hängt, genauso wie bei uns, ein Scanner, durch den jeder Aufseher seinen Dienstausweis ziehen muss, pro Mahlzeit wird ein Dollar berechnet.

Der Apparat ist seit langem defekt und niemand macht Anstalten, ihn zu reparieren. Nirgends ist eine Kasse zu sehen. Es sieht so aus, als ob die Wachen keinen Cent für ihr Essen bezahlen und alles, was für sie eingekauft wird, von dem ohnehin mageren Budget der Gefängnisküche abgeht.

Ich rechne: An 365 Tagen im Jahr werden rund hundert Mahlzeiten pro Tag für die Bediensteten ausgegeben, das macht ungefähr 36 500 Dollar im Jahr, um die sie den Knast prellen, besser gesagt: uns Gefangene. Hier sitzen Frauen, die für eine geringere Summe zu jahrelangen Gefängnisstrafen verknackt wurden.

Kein Wunder, dass die meisten Lebensmittel, die wir zu verarbeiten haben, aussehen und schmecken, als kaufe das *Bureau of Prisons* die billigsten und minderwertigsten Lebensmittel-Restposten im ganzen Land auf.

Einmal entdecke ich in der Küche eine Packung Tofu, deren Haltbarkeitsdatum seit drei Jahren abgelaufen ist. Das hat den Wachmann natürlich nicht daran gehindert, das Zeug an uns herauszugeben.

Das Dosengemüse aus China schwimmt geschmacksneutral und labberig im Kochwasser, der Salat ist oft welk und braun. Die sogenannte Butter ist ein künstliches Industrieprodukt, und das Salatdressing, das in Kanistern angeliefert wird, schmeckt abscheulich sauer. Die Kräuter stehen regelrecht in der gallertartigen Masse.

Der sogenannte Käse ist ein orangenfarbener, gummiartiger Block, vollkommen hitzeresistent, der auch bei höchsten Temperaturen niemals schmilzt. Er stammt natürlich auch aus China, wo es bekanntlich keinerlei Tradition in der Herstellung von Milchprodukten gibt. Einmal sehe ich zufällig, wie Hackfleisch aus der Kühlkammer geholt wird. Es ist schon so verfärbt, dass man es draußen niemandem mehr anbieten dürfte. In der Gefängnisküche wird es so lange durchmischt, bis die braunen Stellen nicht mehr so auffallen. Dass die Frauen in der Küche nicht immer Handschuhe anziehen, bevor sie in die Fleischmasse greifen, macht diesen Vorgang auch nicht appetitlicher.

Die beiden Schwarzen in der Geschirr-Annahme klauben trotz alledem sogar die Essensreste zusammen, die auf den Tabletts zurückgelassen werden: ein Stück Wurst, ein Rest Scheiblettenkäse oder Kuchen. Selbst solche Dinge können sie noch an andere weiterverkaufen.

Oft bleiben auch einige der Mahlzeiten, die für die Wachen zubereitet wurden, die ganze Nacht über in einem Wärmeschrank stehen. Am nächsten Morgen ist dieses Essen völlig verkeimt und wird entsorgt. Es ist streng verboten, weil aus gesundheitlichen Gründen riskant, sich etwas davon zu nehmen. Es gibt Gefangene, die es trotzdem tun.

Endlich bekomme ich meine erste Zeitschrift aus Deutschland. Ein Hamburger Unterstützer hat mir Abonnements vom *Spiegel* und *Stern* spendiert, und nach über zwei Wochen haben diese Zeitschriften den Postweg und die Zensur hinter sich. Wie eine Verhungernde stürze ich mich auf den Lesestoff, lese jeden einzelnen Artikel von vorne bis hinten durch.

Jeden Tag, jede Stunde denke ich an meine Freunde und meine Angehörigen. 300 Minuten darf ich pro Monat telefonieren, umgerechnet zehn Minuten pro Tag. Die sechs

Telefone sind an zwei nebeneinanderstehenden Säulen angebracht, ständig herrscht ein Höllenlärm an den Apparaten. Ich muss mich in die Blechmuschel, die den Apparat etwas abschirmt, hineinpressen, mir den Hörer auf das eine Ohr drücken und das andere mit der Hand zuhalten, um überhaupt etwas zu verstehen.

Ferngespräche kosten einen Dollar pro Minute. Ich gebe ein Heidengeld dafür aus, mit meiner Mutter, meinem Vater und meinem Bruder zu telefonieren. Am häufigsten versuche ich Christoph zu erreichen. Aber es klappt nur selten. Sein Festnetzanschluss zu Hause ist angeblich kaputt und auf der Arbeit oder dem Handy erwische ich ihn kaum.

Das ist umso ärgerlicher, als es nicht einfach ist, den richtigen Moment für ein Telefongespräch mit Deutschland abzupassen. Ich muss die Zeitverschiebung berücksichtigen, kann zudem oft nicht telefonieren, weil ich in der Küche arbeite oder unter Einschluss im Zimmer bin. Oft gehe ich voller Vorfreude zum Telefon und kehre enttäuscht, wütend und traurig zurück: Wieder habe ich nur seine Mailbox erreicht. Mein Telefonkonto ist danach für die nächste halbe Stunde gesperrt.

»Ist wirklich alles okay?«, frage ich, wenn ich ihn schließlich doch mal zu fassen kriege. »Ich habe ein komisches Gefühl …«

»Mach dir keinen Kopf«, gibt er dann zurück. »Alles ist gut. Ich habe nur wahnsinnig viel zu tun.«

Irgendetwas stimmt nicht mehr zwischen uns. Aber solange ich eingesperrt bin, werde ich nicht herausbekommen, was es ist. Ich durchlebe die ganze Achterbahn der Gefühle, empfinde Hilflosigkeit, Wut und dann wieder Hoffnung. Doch niemals kann ich hier drinnen meinen Emotionen freien Lauf lassen. Ich habe keine Chance auf Klärung, auf ein offenes Gespräch mit Christoph und die Möglichkeit, danach selbst zu entscheiden, ob ich diese Beziehung weiterführen will.

Ich habe es meinem Freund hoch anzurechnen, dass er bis jetzt zu mir gehalten hat, sage ich mir immer wieder. Er hat meinetwegen schon auf so vieles verzichtet und ein Recht darauf, sein eigenes Leben zu führen, während ich hier Zeit absitzen muss. Vielleicht sehe ich einfach nur Gespenster?

Fast jeden Tag setze ich mich an einen der Computer am *Horseshoe*. Ich logge mich mit meiner Gefangenen-Nummer ein und sehe meinen Kontostand, den Speiseplan und meine Arzt- oder Beratungstermine ein. Wichtiger ist, dass ich Mails an maximal 30 Leute draußen verschicken kann. Jeder Adressat muss sich vorher mit den Bedingungen dieses Internetprogramms für US-Gefangene einverstanden erklären und registrieren lassen. Natürlich hat die Justiz das Recht, alles zu lesen, was ich versende oder empfange. Und natürlich ist die Nutzung des Internetzugangs im Gefängnis so teuer wie auf einem Kreuzfahrtschiff. Drei Dollar werden mir pro Stunde von meinem Gefangenenkonto abgezogen.

Das Leben im Gefängnis ist kostspielig, nicht nur in Bezug auf das Internet. In meinem ersten Monat in Hazelton gehen volle 800 Dollar meiner Ersparnisse drauf. 300 für das Telefon und 180 fürs Internet. Für Einkäufe im Gefängnisladen schöpfe ich den Höchstbetrag von 320 Dollar pro Monat für eine Jogginghose, einen Pulli, eine Fleecejacke, Turnschuhe, Flipflops, ein paar Körperpflegeprodukte und Tampons aus. Und dann verwende ich ja auch noch ein bisschen Geld auf die Dinge und Dienstleistungen, die andere Gefangene hier anbieten: Calzone oder Cheesecake, Massagen und Schneiderarbeiten.

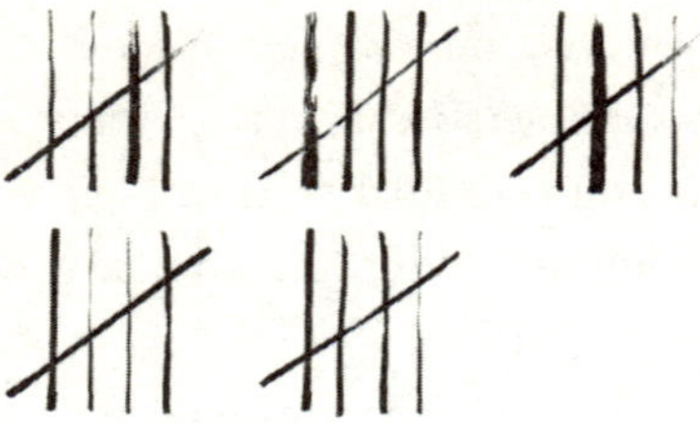

»Giesselbach, zum Besucherzentrum!«, grinsend schaut Hanson zu uns in die Spülküche. »Hast du es nicht gehört? Wurde gerade durchgegeben.«

Noch immer bekomme ich vieles von dem, was den ganzen Tag durch die Lautsprecheranlagen quäkt, rauscht oder nuschelt, nicht mit, schon gar nicht wenn ich laut klappernd mit Geschirr hantiere. Nicht nur die Aufseher in unserem Gebäudetrakt geben ihre Anordnungen über dieses Lautsprechersystem bekannt. Auch die Gesundheits- und Sozialdienste schalten sich per Telefon auf die Anlage, und die Gefängnisdirektion beschallt mit ihren Ansagen sogar die Außenanlagen.

Jetzt zitiert mich eine Durchsage in den Vorraum des Besucherzentrums. Eine weibliche Wache erwartet mich schon mit einem Plastikröhrchen, das ich vollpinkeln soll, ein Drogentest. Für mich ist das keine große Sache. Ich weiß ja, dass ich keine verbotenen Substanzen nehme. Bei einigen anderen Gefangenen löst diese Untersuchung Panik aus. Wenn sie damit rechnen müssen, dass man in ihrem Urin verbotene Substanzen findet, bereiten sie sich schon darauf vor, in die SHU abzuwandern, bevor das Laborergebnis da ist.

In Hazelton gibt es zwar keine illegalen Drogen wie Heroin, Kokain oder *Crystal Meth*. Dafür ist dieser Knast zu weit von der nächsten Stadt entfernt, und die Frauen bekommen hier auch zu selten Besuch, der das Zeug hereinschmuggeln könnte. Aber es werden Unmengen legaler Drogen verschrieben – und oft nicht von derjenigen eingenommen, für die sie bestimmt sind.

Jeder Tag beginnt mit der Durchsage: »Die Tablettenausgabe ist geöffnet!« Die Frauen, die schon vor ihrer ersten Mahlzeit Medikamente bekommen, sammeln sich dann vor der Tür zum Hof, um gemeinsam zur Knast-Apotheke zu gehen.

Mindestens jede Dritte hier nimmt Medikamente gegen Depressionen, Panikattacken oder Schlafstörungen ein. Mittags windet sich die Schlange vor der Tablettenausgabe um den halben Gebäudeblock – sie ist länger als die vor der Essenausgabe. Die Arzneien, die dort ausgegeben werden, sind heiß begehrte Ware auf dem Schwarzmarkt, werden gehäckselt oder gemischt und als abenteuerliche Mixturen geschnupft. Die meisten Aufseher reagieren nicht einmal dann, wenn Gefangene völlig berauscht durch die Halle wanken.

Ein paar Tage nach dem Drogentest werde ich in die Abteilung *Health Services* – Gesundheitsdienste – bestellt. Unbeholfen stochert eine Krankenschwester in meinen Venen herum, um mir Blut für einen HIV-Test abzunehmen. Mein Arm sieht danach aus, als hätte mich jemand verprügelt.

Eigentlich ist es gesetzlich vorgeschrieben, dass jede Patientin in einem Gespräch unter vier Augen über das Ergebnis dieser Untersuchung aufgeklärt wird. Das scheint der Gefängnisverwaltung aber zu aufwendig zu sein. So stehe ich eine Woche später mit zwei Dutzend anderen Frauen wieder in einem Vorraum der *Health Services.* Die Mitarbeiter gehen von einer zur anderen und deuten stumm auf einen Zettel mit dem Ergebnis. Kein Problem – wenn es wie in meinem Fall negativ ist. Es ist aber leider auch für alle erkennbar, wenn sie mit mitfühlendem Gesichtsausdruck ein positives Testergebnis präsentieren. Die Betroffene muss dann nicht nur mit dem niederschmetternden Befund klarkommen, sondern auch damit, dass sich die Nachricht in Windeseile im Gefängnis herumspricht.

»Die hat ein ***House in Virgina***« heißt es im Knast-Slang, wenn eine Frau mit HIV infiziert ist, und von einem *Big House in Virginia* wird gesprochen, wenn Aids voll ausgebrochen ist. Einer solchen Frau bin ich an meinem ersten Tag hier begegnet. Als ich auf meine Eingangsuntersuchung wartete, lief eine schwarze, übergewichtige und sehr ungepflegte Frau im selben Flur unruhig auf und ab. Ihre grauweißen, lockigen Haare standen ihr wirr vom Kopf ab, die Zähne waren faulig schwarz, die Körperhaltung gebeugt. Mehrmals warf sie sich mit dem ganzen Gewicht ihres massigen Körpers gegen die Tür, protestierte gegen die lange Wartezeit und beschimpfte lautstark das Personal.

Mit der Frau namens Lashonda hat sich die feine Miss Rose eine Zeit lang das Zimmer geteilt. Sie erzählt mir, wie schlimm es für sie war, mit anzusehen, wenn ihre Mitbewohnerin mal wieder Blut spuckte. Oft ging es ihr so schlecht, dass Miss Rose ihr beim Aufstehen helfen, sie auf die Toilette setzen und zur Dusche begleiten musste.

»Was schätzt du, wie alt Lashonda ist«, fragt sie mich.

»Vielleicht so Anfang sechzig?«

»Da kannst du gut zwanzig Jahre abziehen. Ihre Zwillinge sind erst zwei.«

Die beiden Kinder wachsen in staatlicher Obhut auf, sie wurden Lashonda weggenommen wie all ihre anderen Kinder zuvor auch.

»Raus hier, du bist ja total high«, pflaumt Granny die Frau an, die leicht schwankend in unserer Zimmertür steht. Es ist Amy, die Geliebte von Lieutenant Marino. Die beiden wohnen direkt nebenan. Und obwohl lesbische Beziehungen im Gefängnis streng verboten sind und es noch viel verbotener ist, als Paar im selben Zimmer zu wohnen, tragen die beiden ihre Beziehungskonflikte lautstark und ungeniert vor aller Augen und Ohren aus.

Meist geht es dabei um Amys Drogenkonsum. Sie schluckt oder schnupft, zusätzlich zu den ihr verschriebenen Medikamenten, einfach alles, was der Knast-Schwarzmarkt hergibt.

Marino ist eine vehemente Drogengegnerin und erträgt es nicht, wenn ihre Freundin wieder einmal völlig zugedröhnt ist. Dann knallt bei uns nebenan die Tür, die eine stürmt raus, die andere hinterher und sie brüllen einander an. Manchmal beendet Marino den Streit, indem sie ihrer Freundin gezielt ins Gesicht spuckt. Wenig später sitzt das Liebespaar dann wieder einträchtig und Händchen haltend beim Fernsehen oder beim Essen. Amy sichert sich jeden Abend einen der wenigen beweglichen Tische in unserer Halle. Vor ihrer Zimmertür baut sie dann ein Abendbrot auf und wartet wie eine brave Hausfrau darauf, dass Marino von der Arbeit kommt.

Auch unsere *Bunky* Alessia, die uns so oft von ihrem Ehemann vorschwärmt, hat schon kurz nach ihrem Einzug eine neue Freundin, eine Puerto Ricanerin namens Sol. Die herbe Frau mit den maskulinen Zügen sitzt schon seit 13 Jahren im Knast. Dass es zwischen den beiden nicht um Liebe oder Erotik geht, stellt Sol mir und Granny gegenüber ungefragt klar. »Glaubt ihr, dass ich mich ernsthaft an *der* vergreifen würde?« Ihre Stimme trieft vor Verachtung.

Sie lässt Alessia für sich schuften. Alles, was diese in der Küche »organisieren« kann, liefert sie brav bei Sol ab, ohne auch nur einen Cent dafür zu bekommen. Vermutlich geht es dabei auch Alessia nicht um Liebe oder Sex. Sie hat hier im Knast einfach jemanden gesucht, der auf sie aufpasst und an den sie sich anlehnen kann.

Um Sol zu gefallen, übernimmt Alessia sogar den religiösen Kult, dem diese anhängt. Santería heißt die Glaubenspraxis aus Kuba. Sie ist vor allem in der Bronx verbreitet: eine seltsame Mischung aus Katholizismus und afrikanischem Götterglauben. In unserem Zimmer stehen plötzlich Plastikschüsseln mit Opfergaben, mit Essen, Getränken oder einer der seltenen Blumen vom Außengelände. Granny und ich rollen stumm mit den Augen, und die Wachleute übersehen den kleinen Altar geflissentlich.

Nach den ersten Wochen im Gefängnis beobachte ich an mir selbst die ersten Schrullen. Ich mag mich zum Beispiel einfach nicht aufs Klo setzen, auch nicht mit drei Lagen Papier. Die vielen Besucherinnen, die tagtäglich bei uns ein und aus gehen, benutzen diese Toilette ganz selbstverständlich, und genau deshalb ekle ich mich davor.

Meine Mitbewohnerinnen finden es urkomisch, wenn ich vor ihren Augen mühselig balancierend in die Hocke gehe, um Abstand vom Toilettenrand zu halten. Aber ich kann nicht anders. Ich gewöhne mir zusätzlich eine hier im Gefängnis verbreitete Marotte an: Ich betätige die Spülung, sobald etwas kommt. Es ist nur ein verschwindend geringer Schutz meiner Privatsphäre, wenn andere nicht hören können, wann genau was in die Kloschüssel fällt und wenn sie es auch nicht riechen – aber für mich ist das nicht unwichtig.

Die drei Schwarzen, die im Zimmer rechts neben uns wohnen, veranstalten genauso viel Lärm wie Amy und Marino. An manchen Tagen streiten sie sich von morgens bis abends, ohne dass ich auch nur ein Wort verstehe. Handgreiflich werden sie nie. Manchmal stehen sie sich mit nur wenigen Zentimetern Abstand gegenüber und schreien einander an. Solange sie dabei demonstrativ ihre Hände hinter dem Rücken verschränken, wird diese Aggressivität nicht als »Gewalt« eingestuft. Die Wachen greifen nicht ein, stecken allenfalls gelegentlich den Kopf durch die Tür und fragen: »Geht das auch etwas leiser?«

Was das Thema Reinlichkeit angeht, sind die drei sich aber völlig einig. Geradezu fanatisch putzen sie ihr Zimmer. Täglich wird der mit Wachs versiegelte Fußboden mit Damenbinden und vom Gefängnis rationierten, stark verdünnten Putzmitteln auf Hochglanz poliert, und überall liegen Handtücher herum, damit bloß niemand auf den frisch gewienerten Boden tritt.

Granny erzählt mir, dass eine von den dreien, sie ist höchstens 20 Jahre alt, draußen als Stripperin gearbeitet hat. Eine andere sitze wegen Kindsmord ein. Sie habe ein Baby in der Mikrowelle getötet, das ist das wildeste Gerücht über sie. Mir kommt die Frau geistig ziemlich zurückgeblieben vor. Später erfahre ich, dass sie das Kind ihres Exfreundes so heftig geschüttelt und an die Wand geschubst hat, dass es an den Verletzungen gestorben ist. Ihr Freund hatte sie immer wieder als Babysitter für seinen Nachwuchs eingespannt, obwohl klar war, dass sie mit dem Zweijährigen völlig überfordert war.

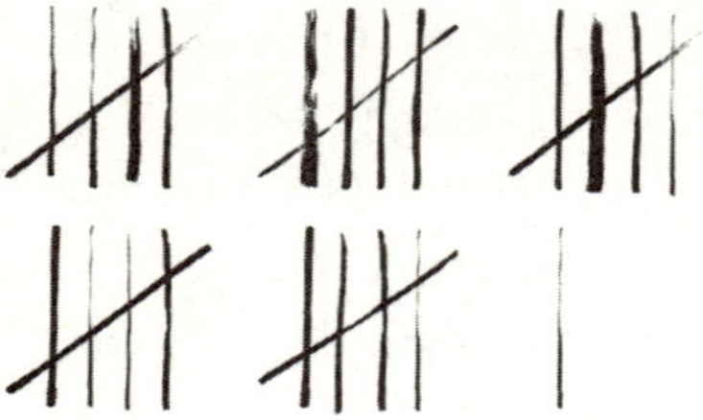

Schon kurz nach *Thanksgiving* beginnt die Vorweihnachtszeit. Hier drinnen kann ich diesen Adventszirkus noch schlechter ertragen als draußen. Jetzt bloß keine Gefühlsduselei! Ich will den Monat einfach nur schnell rumkriegen.

Viele Gefangene stürzen sich hingegen mit Feuereifer auf die Weihnachtsbastelei. Anfangs weiß ich noch nicht, dass ein Wettbewerb für das ganze Frauengefängnis ausgeschrieben ist. Welcher Trakt zaubert die schönsten Dekorationen? Als Gewinn lockt eine Filmnacht in der Turnhalle.

Die Mädels laufen scharenweise in das Büro der Aufseher und lassen sich die von ihnen gewünschten Motive googeln und ausdrucken. Dann wird gepaust, ausgemalt, gefaltet, ausgerissen und aufgeklebt. Scheren dürfen natürlich nur unter Aufsicht im Bastelraum benutzt werden. Jeder Fetzen Karton, der irgendwo aufzutreiben ist, wird bemalt. Das gesamte Türblatt jeder einzelnen Zelle darf dekoriert werden, nur der Essensschlitz und das Fenster zur Halle müssen frei bleiben. Bald sind dort komplette Weihnachtsbäume und lebensgroße Santa-Claus-Figuren mit Schnee aus Watte zu bewundern. Andere Türen sind mit Comicfiguren wie Garfield und Snoopy geschmückt.

»In dem Knast, in dem ich letztes Jahr war, haben wir den ersten Preis mit einem selbstgebastelten Schlitten gewonnen«, erzählt eine Frau. »Da gab's auch ein Hundeprogramm. Wir haben die Viecher an Weihnachten davorgespannt, das sah super aus.«

Granny, Alessia und ich haben für diesen Bastelrausch wenig übrig. Unsere Zimmertür bleibt zwischen all den Kunstwerken kahl. Irgendwann kommen ein paar Mädels zu uns.

»Dürfen wir eure Tür auch schmücken?«

Na, gerne doch.

Und dann fällt der erste Schnee. Ich ziehe mir die scheußliche orangefarbene Knastmütze über die Ohren, schlüpfe in meine Jacke, vergrabe die Hände in den Taschen und gehe eine Runde nach draußen. Gierig sauge ich die frische Luft ein. Selbst unser öder Sportplatz sieht beinahe romantisch aus, so zugedeckt von weiß herunterrieselnden Flocken. Jetzt ist Winter, denke ich. Bald kommen meine Eltern. Der erste Monat in Hazelton ist überstanden. Für einen kurzen Moment bin ich froh.

Doch die friedliche Stimmung ist nur von kurzer Dauer. »Alle sofort weg vom Platz! Einschluss!« Plötzlich ist alles voller Wachmänner. Von einer Sekunde auf die andere hat sich die Atmosphäre auf dem Platz gedreht.

Erst drinnen erfahre ich, dass es mal wieder eine blutige Schlägerei gab. »Little Angie und Mariella sind aneinandergeraten«, Granny seufzt schwer. »Die Kleine hat natürlich den Kürzeren gezogen.«

Little Angie – die kleine Angie? Wer soll das sein? Granny muss mir erst auf die Sprünge helfen: Eine zierliche Frau aus Honduras, die schon länger in Hazelton einsitzt. Was sich die Frauen über die 25-Jährige erzählen, klingt grauenhaft. Sie soll mit ein paar Freunden in das Haus eines älteren Ehepaares eingebrochen sein und dabei zugesehen haben, wie ihre Leute den Mann und die Frau zu Tode gefoltert haben. Jetzt ist die kleine Angie mit einer der Insassinnen aneinandergeraten, die zwei tätowierte Tränen unter dem Auge tragen. Das bedeutet in der Bildersprache des Gefängnisses: Sie hat Menschen umgebracht – zwei.

Beide Frauen werden sofort in die SHU gesperrt. Alle anderen büßen ebenfalls für die Schlägerei. Es bleibt nicht dabei, dass das Gelände geräumt und wir in unsere Zimmer gesperrt werden. Ab sofort und bis auf weiteres ist auch unsere Abendfreizeit gestrichen. Wir dürfen unsere Zimmer nach der Zählung um 21 Uhr nicht mehr verlassen, um uns mit anderen in der Halle zu treffen, am Computer zu sitzen oder zu telefonieren.

Little Angie ist schon nach ein paar Tagen wieder zurück. Anscheinend betrachtet die Gefängnisleitung sie als Opfer der Schlägerei. Nach dem Vorfall verändert sie sich radikal. Sie lässt sich den Kopf kahl rasieren, sieht aus wie ein Junge und hält sich an eine Gruppe finster aussehender Gefangener, deren Kreise man lieber nicht stört.

Zehn Tage vor Weihnachten erscheint meine quirlige Kollegin Maribel plötzlich nicht mehr zum Küchendienst. »Sie hat gekündigt«, teilt der Aufseher Hanson mit. »Ab morgen übernimmt eine andere Gefangene den Job.«

Maribel? Gekündigt? Wieso das denn? Ich bin wie vor den Kopf gestoßen. Dann erzählt mir eine Latina, Maribels Einspruch sei vom Gericht abgelehnt worden. Endgültig.

Sie habe nun keine Möglichkeit mehr, gegen das Urteil vorzugehen. Das heißt: 30 Jahre Gefängnis. Seitdem liege sie nur noch im Bett und starre an die Decke.

»Giesselbach, in den Besucherraum!«

Endlich! Es ist Freitagnachmittag. Als mein Name durch die Lautsprecher ausgerufen wird, weiß ich: Meine Eltern sind da. Sie sind für ein Adventswochenende von Hamburg nach

Washington geflogen und haben die über 300 Kilometer lange Fahrt nach Hazelton auf sich genommen, um mich in dieser gottverlassenen Gegend zu besuchen.

Natürlich mussten sie endlose Formalitäten erledigen, bevor sie beide auf meiner Besucherliste standen. Meine Vorfreude ist riesig, und ich habe mich sorgfältig darauf vorbereitet, gesund und gut auszusehen. Als Erstes habe ich mich um meine Haare gekümmert. In den letzten Wochen war meine Färbung herausgewachsen und ein dunkler Haaransatz hob sich krass von den hellblonden Haaren ab. Also habe ich eine Packung Haarfarbe im *Commissary* bestellt, das die Färbung an den gefängnisinternen Friseursalon weiterleitete. Durch diese Prozedur verhindert die Knastverwaltung, dass Gefangene die gefährlichen Chemikalien selbst in die Finger bekommen.

Eine schwarze Gefangene namens Stephanie nahm sich im Friseursalon meiner Haare an. Ihr Vorgehen kam mir ziemlich abenteuerlich vor. Sie färbte nicht etwa vorsichtig den Haaransatz, sondern schmierte die Farbe auf mein gesamtes Deckhaar bis auf Kinnlänge hinunter.

»Ich weiß, was ich tue«, raunzte sie, als ich es wagte, eine Bemerkung darüber fallenzulassen.

»Da gehe ich nie wieder hin!«, klage ich Granny später auf dem Zimmer mein Leid. Trotz aller Befürchtungen sehen meine Haare wundersamerweise ganz passabel aus.

»Du bist nicht die Erste, die sich beschwert«, kichert meine Mitbewohnerin. »Ist doch bekannt, dass schwarze Frauen nicht mit den Haaren von uns Weißen umgehen können. Umgekehrt übrigens auch nicht. Kauf dir einfach eine Färbung und lass sie in den Friseursalon liefern. Wenn du fünf Dollar draufzahlst, schmuggelt eins der Mädchen sie für dich raus – und du kannst dir die Haare selbst färben, wie du es gewohnt bist.«

Prüfend betrachtete sie meine blonde Mähne. »Wenn du

richtig viel Geld verdienen willst, Schätzchen, kannst du deine Haare übrigens auch verkaufen.«

Viele Frauen im Knast experimentieren ständig mit ihren Frisuren herum. Für eine Haarverlängerung mit echten, langen blonden Haaren würde manche eine dreistellige Summe bezahlen.

Ich winke ab. Ich will hier drinnen bleiben, wie ich immer war, und meine lange Mähne spielt dabei eine wichtige Rolle. Vor dem Besuch meiner Eltern suchte ich außerdem eine sogenannte Kosmetikerin auf – eine Gefangene, die sich darauf spezialisiert hat, andere zu schminken. Ich sah danach dermaßen nuttig aus, dass ich die Kriegsbemalung schnell wieder entfernte. Stattdessen benutze ich lieber dezent die Kosmetikartikel, die ich im *Commissary* beziehen kann: Puder, Lidschatten und Mascara. Alessia hat mir für den Besuchstag eine ihrer kurzärmeligen Uniformen geliehen, die ein bisschen auf Taille geschnitten ist. »Ich kann dir auch ein paar Muster reinbügeln«, hat sie angeboten. »Sieht super aus. Hast du bestimmt schon bei anderen Mädels gesehen.«

»Total nett, aber nein danke«, wehrte ich ab. Ich will meine Eltern nicht mit dem Kleidungsstil einer Ghetto-Braut erschrecken.

Jetzt ist es endlich so weit. Meine Mutter und mein Vater müssen im Besucherzentrum warten, bis ich alle Kontrollen absolviert, meine Ohrringe abgelegt, den Plastikausweis abgegeben, meine Schuhe durch leicht zu kontrollierende Slipper ausgetauscht habe und mein Körper abgetastet wurde.

Ich bringe die Prozedur einigermaßen gelassen hinter mich und betrete den großen Besucherraum. An mehreren Tischen sitzen Besucher. Als ich meine Eltern entdecke, die unsicher und aufgeregt in einer Ecke stehen, ist es um mich geschehen.

Wenige Augenblick später liegen wir uns in den Armen und weinen hemmungslos. Ich bin aufgelöst, erleichtert und unendlich froh. Wo wir gerade sind und wer uns beobachtet, ist völlig egal. Es zählen nur meine Mutter, mein Vater und ich.

In der Mitte des Raumes beobachten Wachen von einem erhöhten Tresen aus das Geschehen, schreiten aber nur selten ein. Wir dürfen uns umarmen und an den Händen halten, solange wir wollen.

Stundenlang sitzen wir einfach zusammen. Ich erzähle von meinen Erlebnissen in Hazelton – zum ersten Mal kann ich darüber sprechen, ohne dass jemand zuhört! Die krassesten Geschichten verschweige ich. Meine Eltern sollen beruhigt nach Hause fahren. Dann berichten sie mir von unseren Verwandten und gemeinsamen Bekannten in Hamburg. Die Zeit vergeht wie im Fluge.

Natürlich wollen meine Eltern mich mit allem verwöhnen, was hier erlaubt ist. An einer Seite des Besucherraumes steht eine Reihe von Automaten für Heiß- und Kaltgetränke, Süßigkeiten und Fertiggerichte. Eine Mikrowelle zum Aufwärmen der Sachen gibt es auch. Um diese Zone herum ist eine Trennlinie mit Klebeband auf dem Fußboden markiert, die keine Gefangene übertreten darf.

Ich bleibe außerhalb der verbotenen Zone stehen und erkläre meinem Vater, was er für mich aus den Automaten ziehen soll. Er hat vor dem Besuch eine Unmenge Vierteldollarstücke eingetauscht. Geldscheine sind hier drinnen verboten, weil sie allzu leicht den Besitzer wechseln könnten.

Doch die meisten Münzen, die mein Vater oben in den Automaten wirft, fallen einfach durch und kommen unten wieder raus.

»Hilf mir doch mal!«, bittet er nervös und ärgerlich.

»Darf ich nicht«, gebe ich zurück. Es wäre ein schwerer Regelverstoß, die Linie auf dem Fußboden zu übertreten und dann auch noch Geld in die Hand zu nehmen. Meine Mutter amüsiert sich im Hintergrund.

Als ich abends in unseren Block zurückkehre, fängt mich ein Wachmann ab.

»Du hattest Besuch«, fragt er. »Deine Eltern?«

»Ja«, nicke ich. »Sie sind aus Deutschland gekommen.«

»Wow!«, staunt er. »Ihr müsst ja schwer reich sein. Extra aus Europa? Wie lange bleiben sie denn?«

»Noch zwei Tage.«

»Die müssen richtig Kohle haben«, seufzt er und kommt noch zwei- oder dreimal darauf zurück. Für so verrückt hält er es, dass sich jemand eine derart lange Reise leisten kann, um seine Tochter im Knast zu besuchen.

Auch Granny, Sherrie und Selina warten schon darauf, dass ich von meinem Besuch erzähle. »Wie war's?«, fragen sie aufgeregt, und gleich darauf: »Was hast du gegessen?«

Am nächsten Vormittag stehen meine Eltern um acht Uhr früh auf der Matte. In diesem Gefängnis ist nur am Wochenende Besuchszeit: Dafür dürfen die Gäste den ganzen Freitagnachmittag und am Samstag und Sonntag jeweils viele Stunden hierbleiben. Für mich ist es ungewohnt, so viel Zeit mit meiner Mutter und meinem Vater zu verbringen, aber der Gesprächsstoff geht uns nie aus. Ein paar Erinnerungsfotos schießen wir auch – natürlich musste ich uns dafür anmelden. Im *Commissary* habe ich sogenannte Foto-Tickets für einen Dollar pro Stück bestellt. Wir werden von einer Insassin, die hier als Fotografin eingesetzt wird, vor einer wild bemalten Leinwand abgelichtet.

Am Sonntagmorgen steht meine Mutter aufgebracht im Besucherraum. Die Kontrollen, denen auch sie sich jeden Tag neu unterziehen muss, haben ungewöhnlich lange gedauert. Immer wieder hat der Metalldetektor mit Pieptönen auf ihre künstlichen Kniegelenke reagiert.

»Das ist Schikane! Das geht alles von der Zeit ab, die ich mit meinem Kind verbringen möchte!«, schimpft sie.

»Die Wachleute können doch nicht wissen, dass wir schon bald losmüssen, um unseren Flieger zu erwischen«, wendet mein Vater begütigend ein.

Erst ganz zum Schluss frage ich meine Eltern, was sie empfanden, als sie den Knast am Freitag zum ersten Mal sahen.

Sie erzählen, wie schlimm es für sie war, vor den meterhohen Betonmauern und NATO-Drahtzäunen zu stehen. Und wie erleichtert sie waren, als ich äußerlich unverändert und gesund auf sie zukam.

Jetzt reisen sie mit dem Gefühl nach Hause, dass ihr Kind die Zeit im Gefängnis bewältigen wird. Und auch für mich endet mit ihrem Besuch die erste wichtige Etappe in Hazelton: Ich habe meinen ersten Monat im Frauenknast überlebt, habe mich sogar etwas an die Verhältnisse hier gewöhnt. Und ich kann meine Eltern mit dem beruhigenden Gefühl verabschieden, dass ich den Rest der Zeit hier auch noch durchstehen werde.

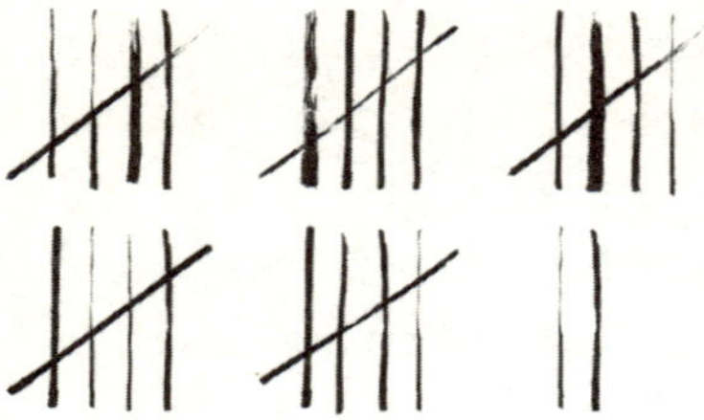

Zweimal pro Woche besuche ich in der Adventszeit eine Veranstaltung mit dem sperrigen Titel »Schattenseiten, Resilienz und Vergebung«. Eine andere Insassin hat mich auf diesen Kurs hingewiesen – und ich mache alles mit, was mir etwas Abwechslung verspricht und mir außerdem die Chance bietet, Eifer und Wohlverhalten zu demonstrieren.

In dem Kurs sollen wir uns mit den dunklen Seiten unserer Persönlichkeit befassen, um ein besserer Mensch zu werden. Außer mir sitzen vier weitere Frauen um den Tisch im Kursraum. Ich schnappe mir den Stuhl neben einer korpulenten Gefangenen, die mich unternehmungslustig anblitzt.

»Hallo, ich bin Stefanie«, stelle ich mich vor.

»Angie!«, gibt sie zurück. »Ich hab dich schon in der Küche gesehen. Hab da auch mal gearbeitet, bin aber gefeuert worden. Hab angeblich zu viel geklaut.«

Ihr gegenüber sitzt eine klapperdürre Mittvierzigerin. In der Vorstellungsrunde spricht sie leise über ihre vier Kinder. Sie macht sich große Vorwürfe, weil sie sich nicht um sie kümmern kann.

Dann bin ich an der Reihe. »Ich bin wegen Honig hier«, beginne ich. »Also, wegen der Umgehung von Einfuhrzöllen aus China. Es war nicht meine Idee und ich habe mich auch nicht daran bereichert. Eigentlich gehören meine Vorgesetzten vor Gericht gestellt, aber die sind in Deutschland und für die Justiz nicht greifbar.« Alle schauen mich völlig entgeistert an. Wieder einmal gelingt es mir nicht, zu erklären, für welche Straftat ich hier eigentlich büße.

Auch in den folgenden Kursstunden kommt es für mich immer wieder zu Situationen, in denen ich mich fehl am Platz fühle. Beispielsweise als die Kursleiterin uns auffordert, aufzuschreiben, wem wir vergeben wollen. Während die anderen eifrig ihr Blatt vollkritzeln, schaue ich nachdenklich in die Luft. Unsere Dozentin sieht mich fragend und etwas befremdet an.

»Den Leuten, die mir das hier eingebrockt und sich selbst rechtzeitig aus dem Staub gemacht haben, will ich im Moment nicht verzeihen«, erkläre ich ihr. »Vielleicht später mal, wenn das alles hinter mir liegt.«

Dann sollen wir auflisten, was wir künftig anders machen wollen, um nie wieder straffällig zu werden. »Keine Drogen mehr nehmen. Eine Ausbildung machen und Arbeit suchen«, notieren die anderen Teilnehmerinnen. Ich hingegen schreibe: »Ich will mein Leben zurück. Und nie wieder für diese Firma arbeiten, damit mir so etwas nicht noch einmal passiert.«

In der letzten Kursstunde sehen wir uns gemeinsam einen Liebesfilm an. Da ist es um mich allerdings genauso geschehen wie um alle anderen. Natürlich ist es mir ziemlich peinlich, dass ich angesichts des Hollywoodschinkens ein bisschen im Dunkeln flenne. Als das Licht wieder angeht, seufzt die taffe Angie mit völlig verheultem Gesicht tief auf. »Das war sooo schön! Zac Efron hat einfach einen geilen Oberkörper.«

Doch im Gegensatz zu mir war sie vorausschauend genug, sich eine Rolle Klopapier als Taschentuchersatz mitzubringen.

»Wusstest du eigentlich, dass alle Europäerinnen in diesem Frauengefängnis in unserem Trakt, in K1, sitzen?«, fragt mich Miss Rose an einem Sonntagnachmittag.

»Wieso das denn?«

»Das ist hier so etwas wie die Vorzeigestation. Schon allein wegen *Paws4Prisons* kommen immer mal wieder Gefängnisdirektoren, Richter oder Medienvertreter zu Besichtigungen. Und natürlich interessiert sich die Presse auch mal für Gefangene aus Europa.«

»Aber wen gibt's denn da noch außer uns beiden?«, frage ich die Britin.

»Na ja, da ist zum Beispiel Alina. Sie kommt aus Rumänien. Kennst du sie nicht?«

Ich schüttle den Kopf.

»Ich stelle sie dir vor! Ihr könnt bestimmt etwas miteinander anfangen«, beschließt Miss Rose und macht sich sofort mit mir auf den Weg.

Wir treffen Alina in ihrem Zimmer, einem der Räume für Teilnehmerinnen des Hundeprogramms, die größer und heller sind als alle anderen Unterkünfte. Eine zierliche, hübsche 30-Jährige mit langen braunen Haaren und blitzenden Augen begrüßt uns. Die Rumänin ist hochgebildet, spricht mehrere Sprachen und strahlt ein gesundes Selbstbewusstsein aus. Neben ihrer Arbeit im Hundeprogramm unterrichtet sie »Englisch als Fremdsprache« und lernt selbst Chinesisch, um jede Minute in Hazelton möglichst sinnvoll zu nutzen.

Warum sie im Gefängnis sitzt, hat mir Miss Rose unterwegs erzählt. Alina war an einem entsetzlichen Autounfall beteiligt, hat eine junge Frau angefahren, die im Dunkeln plötzlich vor ihr auf der Straße stand. In Panik beging sie Fahrerflucht. Als die Polizei bei ihr zu Hause eintraf, saß sie geschockt und wie gelähmt noch immer in ihrem Auto in der Garage. Das Unfallopfer starb noch am selben Abend.

Ihren Job als Mitarbeiterin einer Nicht-Regierungsorganisation in Washington verlor sie sofort. Der Versuch, mit der Familie des Unfallopfers Kontakt aufzunehmen, endete in ge-

genseitiger Sprachlosigkeit. Die Eltern der jungen Frau wollten keine Entschuldigung oder Erklärungen hören, sondern verlangten ein hohes Schmerzensgeld.

Der Staatsanwalt bot Alina an, ihre Schuld ohne Beweisaufnahme einzugestehen und die Strafe widerspruchslos zu akzeptieren. Sie lehnte ab, wurde vor Gericht gestellt und zu dreieinhalb Jahren Haft verurteilt. Ihre Ehe mit einem Amerikaner hielt dieser Tragödie nicht lange stand, und als Alina ins Gefängnis ging, waren sie und ihr Mann schon geschieden.

Trotz all dieses Unglücks hat Lina, wie ich sie ab jetzt nenne, nicht verlernt, so laut und herzlich zu lachen, dass ich sie ab jetzt jederzeit aus dem Stimmengewirr unserer Unit heraushöre. Stundenlang reden wir über die Geschehnisse in der Welt: die Wirtschaftskrise in den USA, die Situation in Syrien oder die deutsche Vergangenheit im Zweiten Weltkrieg – Lina ist bestens informiert und hat zu allem eine Meinung.

»Es gibt hier übrigens noch eine Deutsche«, erzählt sie mir. »Auch eine Frau in unserem Alter. Sie unterrichtet mit mir zusammen Englisch.«

»Hier in K1? Warum kenne ich sie nicht?«

»Weil sie gerade auf Transport ist. Der Staatsanwalt hat sie zu einer Zeugenaussage nach Florida bestellt.«

»Wie lange kann so etwas denn dauern?«

»Die brauchen locker drei Monate, um jemanden irgendwohin und wieder zurück zu bringen«, weiß Lina. »Aber Franziska müsste bald wiederkommen. Du wirst sie mögen.«

Kurz vor Weihnachten besteht Sherrie die Abschlussprüfung eines zweijährigen Kurses für Frauen mit einem Highschool-Abschluss, der am Ende nur noch wenige Teilnehmerinnen hatte. Es gibt hier zwar viele Latinas, die Englisch lernen und einen Mittelschulabschluss anstreben, aber nur sehr wenige Gefangene, die darüber hinaus zur Schule gehen.

Das Zeugnis wird Sherrie in einer feierlichen Zeremonie überreicht. Ausstaffiert mit einem lilafarbenen Umhang und einem Barett nimmt sie die Urkunde stolz entgegen. Im Anschluss an die Verleihung ist sie zu einem Buffet aus der Gefängnisküche geladen. Sherrie darf einen Gast mitbringen und wählt Granny aus. Meine beiden Mitgefangenen strahlen nach dieser Veranstaltung vor Glück; sie sind so stolz und so aufgeregt, wie ich sie noch nie gesehen habe.

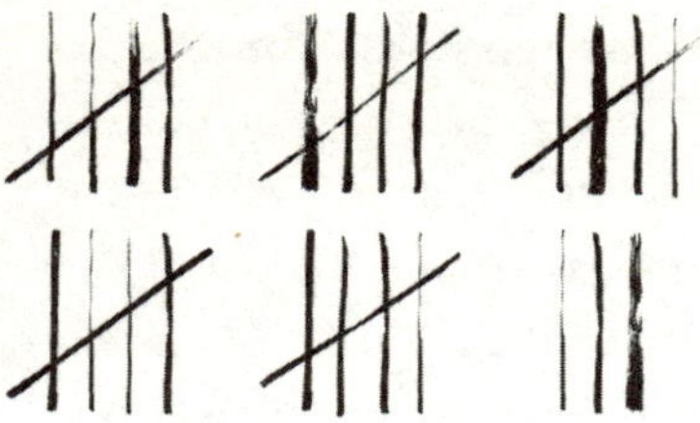

Um mich herum herrscht in diesen Tagen große Geschäftigkeit. Die Frauen bereiten Geschenke vor, vor allem für ihre Freundinnen hier drinnen. Ich finde das ziemlich überflüssig, denn mich macht dieser Weihnachtstrubel nur sentimental. Trotzdem ist es für mich an der Zeit, mich einmal bei Granny erkenntlich zu zeigen, denn eine bessere Begleiterin hätte ich für die ersten Wochen in Hazelton nicht finden können.

Ich gehe also die Bestellformulare des Gefängnisladens durch und entscheide mich für eine Gesichtscreme, die stolze 17 Dollar kostet – im Knast ist das ein halbes Vermögen. Noch vor den Feiertagen überreiche ich Granny die Creme im Originalkarton. Wie man hier Geschenke hübsch verpackt, habe ich noch nicht herausgefunden.

»Es ist nur eine Kleinigkeit. Und nicht zu Weihnachten. Ich will einfach Danke sagen für all die Dinge, mit denen du mir ausgeholfen hast…«

Weiter komme ich nicht, denn Granny beginnt herzzerreißend zu schluchzen. Erschrocken verstumme ich. Habe ich etwas falsch gemacht?

»So etwas Schönes…«, schnieft Granny. »So etwas Schönes und Wertvolles hat mir in meinem ganzen Leben noch niemand geschenkt.«

An Heiligabend biegen sich in unserer Halle die Tische

unter einem festlichen Buffet. Alle Sorten Kekse, die man im *Commissary* bestellen kann, werden auf prächtig bemalten, mit Folie überzogenen Papptabletts ausgelegt. All das haben einige wenige Gefangene vorbereitet, für alle Frauen von K1.

Auch Mrs. Winter lässt sich kurz blicken. Sie ist an diesem Abend nicht im Dienst, kommt aber aus unerfindlichen Gründen auf eine Stippvisite in unseren Block. Vielleicht braucht sie ein Publikum, um ihr abenteuerliches Outfit vorzuführen. Ihre Haare hat sie zu einer wilden Mähne gestylt und vermutlich mit einem Haarteil verlängert. In ihrem knallengen, roten Kleid stakst sie auf High Heels durch die Halle, begleitet von bewundernden Pfiffen und dem Gejohle der Frauen. »Hey, Mrs. Winter, Sie sehen heute aber heiß aus!«

Wahrscheinlich fühlt sie sich großartig in dieser Rolle. Mir stößt ihr Auftritt mal wieder übel auf. Es ist zynisch. Viele der Frauen hier wünschen sich nichts sehnlicher, als den Weihnachtsabend in einer Aufmachung zu verbringen, wie sie Mrs. Winter vorführt, statt in mausgrauen Sportklamotten hier festzusitzen. Warum muss sie so eine Show vor ihnen abziehen?

Nachdem unsere Gefangenenbetreuerin die Halle verlassen hat, lässt sich der diensthabende Wachmann erweichen, das grelle Licht etwas zu dimmen und einen Kassettenrekorder herauszugeben. Dann tanzen alle ein wenig in der Halle herum.

Die Stimmung ist durchwachsen: Einige Frauen haben sich sorgfältig zurechtgemacht und versuchen, diesen Abend vor dem eigentlichen amerikanischen Weihnachtsfeiertag ein wenig festlich zu begehen. Anderen ist anzumerken, dass sie einfach nicht feiern mögen und froh sind, wenn diese emotionsbeladenen Tage überstanden sind.

Am 25. Dezember darf ich etwas länger schlafen, zur Feier des Tages sogar bis halb sechs! In der Küche ist die Hölle los. Alles muss vorbereitet werden, denn die *Chow Hall* bleibt abends geschlossen.

Granny freut sich riesig über die Gaben, die sie am Vormittag des ersten Weihnachstages bekommt. Sherrie überreicht ihr ein paar lila bestickte Hausschuhe aus *Plastic Canvas*, dem gitterförmigen Plastikgewebe, das hier im Gefängnis für alle möglichen Bastelarbeiten verwendet wird. Eine andere Freundin hat ihr aus demselben Material einen Organizer für Duschutensilien genäht. Die stabile Henkeltasche mit den aufgenähten Fächern ist mit vier Schmetterlingen und dem Namenszug »Granny« verziert.

Abends sind meine *Bunky* und ich zu einem Weihnachtsessen eingeladen, das von fünfzehn Frauen gemeinsam ausgerichtet wird. Schon tagelang haben sie die Zutaten zusammengetragen. Jede von uns steuert etwas im Wert von fünf Dollar bei. An diesem Abend biegen sich vor uns die Tische, es ist ein richtiges Festmahl. Lasagne und Hühnchenfleisch, Brokkoli, Kartoffelsalat, Fertig-Guacamole, Süßkartoffeln, glasierte Schinkenwürfel mit Ananas, Kürbisbrot, Dattelkuchen, Bananenpudding mit Vanillekeksen und noch einiges mehr. Als ich spät am Abend pappsatt ins Bett falle, gestehe ich mir ein, dass es ein richtig schöner Abend war.

Auch während der Weihnachtstage telefoniere ich mit meinen Lieben in Hamburg. Wir fassen uns kurz, um nicht zu rührselig zu werden. »Nächstes Jahr feiern wir wieder zusammen!«, versichern wir einander. Christoph erzählt mir am Telefon, dass seine Fußballmannschaft für mich gesammelt hat und 100 Euro auf mein Konto überweist. Ich bin für einen Moment sprachlos vor Rührung über dieses Geschenk. »Danke«, stammele ich und habe dabei einen dicken Kloß im Hals. »Es ist so toll zu wissen, dass du zu mir stehst – und dass sogar deine Jungs an mich denken.«

Vielleicht urteile ich oft zu hart und ungerecht über Christoph, denke ich. Hat mich doch manchmal schon der Verdacht beschlichen, dass er längst mit einer anderen zusammenleben könnte. Macht mich mein Leben im Gefängnis so engstirnig und eifersüchtig, wie ich es niemals werden wollte?

Kurz vor Silvester erwartet uns noch eine Überraschung. In Sekundenschnelle spricht sich die Neuigkeit in der Halle herum. Die Frauen liegen einander jubelnd in den Armen, sie singen, schreien und weinen.

»Was ist denn los?«, frage ich Granny, die über das ganze Gesicht strahlt.

»Das 65-Prozent-Gesetz«, antwortet sie überglücklich. »Obama hat endlich unterschrieben!«

Nur langsam verstehe ich, was sie meint. Schon seit Jahren liege Obama ein Gesetzesentwurf vor, so erklärt mir meine *Bunky*, nach dem eine Haftstrafe um ein gutes Drittel verkürzt werden kann, wenn sich die oder der Gefangene in der Haft nichts zuschulden kommen lässt. Für meinen Fall ist das kaum von Belang, so wird mir schnell klar: Wenn das neue Gesetz endlich rechtskräftig wird, bin ich hoffentlich schon zurück in Deutschland. Aber für Granny, die von ihren elf Jahren etwa vier abgesessen hat, rückt die Entlassung mit dieser Nachricht plötzlich in greifbare Nähe.

Kaum eine Stunde später schlägt der Jubel in Katzenjammer um. Wieder fallen die Frauen einander in die Arme und heulen. Andere fluchen, treten wütend vor die wenigen Möbelstücke, verschwinden stumm in ihren Zimmern und knallen die Türen hinter sich zu. Granny ist so zornig, wie ich sie noch nie erlebt habe.

»Es war nur ein Scherz«, stößt sie wütend hervor. »Das ist nicht lustig. Wenn wir rauskriegen, wer das war... Das ist wirklich nicht lustig.«

Von den Wachleuten lässt sich in diesem Moment weit und breit keiner blicken.

Silvester. Noch diese eine Party, und dann ist dieses vermaledeite Jahr 2012 endlich zu Ende. Wieder dekorieren einige Gefangene liebevoll die Halle. Diesmal wird der *Horseshoe* zur Bühne für Tanzdarbietungen.

Nach dem Abendessen geht es los: Wir johlen den schwarzen Frauen zu, von denen die meisten viel sinnlicher im Takt der Musik tanzen können als wir Weißen oder die Latinas. Beim sogenannten *Bootie-Dance* schwenkt eine nach der anderen ihren Hintern aufreizend herum oder wickelt die Beine lasziv um einen Stuhl. Eines der Mädchen aus dem Nachbarzimmer, das draußen als Stripperin gearbeitet hat, legt eine besonders heiße Nummer aufs Parkett. Ihr fehlt nur noch eine *Pole-Dance*-Stange, um sich professionell darumzuschlängeln. Irgendjemand besorgt einen Stapel Geldscheine aus einem Monopoly-Spiel und lässt diese von der Galerie im ersten Stock auf sie herabrieseln. »Hey, Baby, tanz für uns! Schwenk deinen Hintern! Zeig uns alles!«, feuern die Frauen sie an.

Danach erklingt noch einmal Musik aus dem Kassettenrekorder, doch schon vor Mitternacht ist die Party zu Ende. Als das neue Jahr beginnt, liege ich allein in meinem Bett und freue mich. Der erste Tag des Jahres 2013 hat begonnen. In diesem Jahr fängt mein neues Leben an.

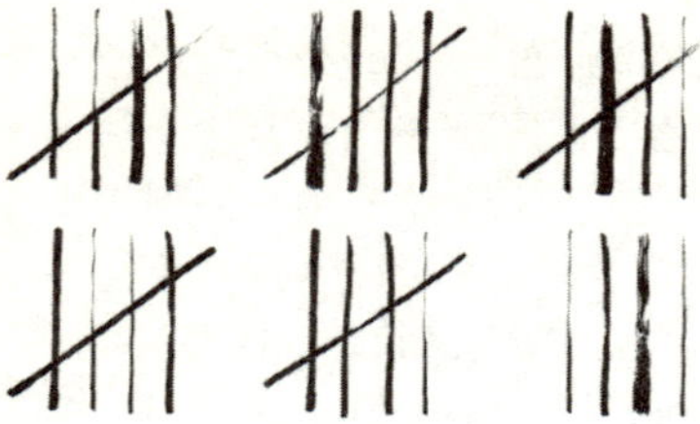

Anfang Januar wird Granny zu einem besonderen Einsatz einbestellt. Ebenso wie Tina und Selina steht sie auf einer Liste von Insassinnen, die als Wachen für selbstmordgefährdete Gefangene in Frage kommen. Es ist ein Job, der sehr viel besser bezahlt wird als jede andere Tätigkeit im Gefängnis. Der Stundenlohn beträgt über einen Dollar. In der Küche sind es nur 12 bis maximal 40 Cent.

Suicide Watch heißt dieser Dienst, und so heißt auch die Zelle, in der eine gefährdete Frau rund um die Uhr durch ein Gitter oder eine Scheibe beobachtet wird. Oft sind dort Gefangene untergebracht, die gerade erst verurteilt und nach Hazelton eingeliefert wurden und darüber zu verzweifeln drohen, dass sie für Jahrzehnte oder sogar für den Rest ihres Lebens eingesperrt bleiben. Damit sie sich nichts antun, müssen sie in der Überwachungszelle spezielle unförmige und schwere Kleidungsstücke tragen, die nur mit Klettbändern statt mit Knöpfen oder Haken zu schließen sind.

Granny will ihre Leidensgenossinnen in dieser Situation nicht nur bewachen, sie versucht auch seelischen Beistand zu leisten. »Einige ignorieren mich erst einmal«, erzählt sie. »Sie wollen nichts mit dem Knast zu tun haben und auch nicht mit mir. Andere können nicht aufhören zu weinen. Oder sie reden wie ein Wasserfall, sobald ich ihnen eine Frage stelle.«

»Wie kannst du so einer Frau denn helfen?«, frage ich.

»Einfach nur zuhören«, antwortet sie da. »Ihr erklären, dass wir Gefangenen keine Unmenschen sind. Dass wir hier zusammenhalten und oft ganz gut miteinander klarkommen.«

Dieses Mal wird Granny zu einer Frau geholt, die schon länger auf K1 ist. Tenisha ist nicht akut selbstmordgefährdet, aber psychisch schwer krank.

»Ich bin die Königin von Ägypten«, erzählt sie jeder Person, die ihr über den Weg läuft. Wenn man darauf nicht mit der gebotenen Ehrfurcht reagiert, wird sie wütend. Nachts sitzt sie oft nackt auf einem Stuhl, befriedigt sich selbst und schwenkt ihre hängenden Brüste umher. Miss Rose, die mit ihr ein Zimmer teilt, bekommt währenddessen kein Auge zu. Am Morgen danach behauptet Tenisha jedes Mal, dass sie ein Baby geboren habe.

Es gehört nicht viel dazu, zu erkennen, dass die Frau an einer schweren Schizophrenie leidet. Während der akuten Schübe sitzt sie nackt auf dem Fußboden der *Suicide Watch*-Zelle und beschmiert alles mit Kot und Urin. Selbst den eher einfach gestrickten Wachleuten ist bewusst, dass diese Gefangene ein Fall für die Psychiatrie ist.

Die meisten Gefangenen versuchen, Tenisha nicht weiter zu beachten, wenn sie nach ein paar Tagen oder Wochen auf *Suicide Watch* wieder in unseren Trakt entlassen wird. Aber manche machen sich auch über sie lustig und provozieren sie, noch mehr Unsinn zu reden.

»Hey, Tenisha, du bist doch die Königin Äthiopiens«, sagen sie zu ihr. »Du kannst so toll singen, führ uns doch mal was vor!« Dann singt und tanzt Tenisha sich noch weiter in ihren Wahn hinein.

Mich regt das auf, denn seit ich bei *Shelter & Hope* gearbeitet habe, kenne ich solche Symptome und weiß, dass diese Menschen eine spezielle Therapie brauchen. Doch ein Psychiater lässt sich bei uns nur sehr selten blicken, er hat für die über 750 Insassinnen des Frauenknasts nur ein paar Stunden pro Woche Zeit.

»Manchmal sitzen auch Gefangene auf *Suicide Watch,* die sich freiwillig gemeldet haben«, erzählt Granny. »Oft sind das welche, die süchtig danach sind, sich selbst wehzutun.«

Sogar im Knast finden diese Frauen Möglichkeiten, sich die Arme zu ritzen, sich die Haut zu verbrennen oder ständig wieder aufzuschürfen. Der überwachte Einschluss hindert sie für ein paar Stunden oder Tage daran, sich immer wieder neue blutende, entzündliche Wunden zuzufügen – aber er löst natürlich keins ihrer Probleme.

Am ersten Freitag des Jahres herrscht frühmorgens schon großer Andrang in der *Chow Hall.* Beim Frühstück ist das ungewöhnlich, zumal an diesem Morgen nur *French Toast* auf dem Speiseplan steht. Für das labberige, in Milch und Ei ausgebackene alte Toastbrot bewegen sich normalweise nur wenige Frauen freiwillig in die Kantine. Doch nach all den Feiertagen und Festivitäten hat niemand mehr eigene Lebensmittel gebunkert, um sich selbst zu verpflegen. Dazu hat sich der Einkaufstag im *Commissary* durch die Feiertage mehrmals verschoben – da bleibt nur noch das Angebot der *Chow Hall.*

Die Schlange an der Essenausgabe wird immer länger. Die Küchencrew kommt mit dem Nachliefern nicht nach. Schließlich verliert Bates, der diensthabende Aufseher, die Geduld und schaut nach, wo es hakt.

In der Küche ertappt er mehrere Mädels auf frischer Tat beim Stehlen. Statt *French Toast* zu braten, sind sie vollauf damit beschäftigt, Lebensmittel beiseitezuschaffen. Besonders begehrt sind Bananen, die beliebtesten Früchte im Knast. Es gibt sie nur jeden zweiten oder dritten Freitag, für jede Gefangene genau ein Exemplar. Bates bekommt beim Anblick der hektischen Geschäftigkeit an den Vorratsregalen einen Wutanfall.

»Ihr seid alle gefeuert«, brüllt er los. »Die gesamte Küchenmannschaft, alle!«

Einige Frauen sehen ihn verblüfft und verständnislos an. Da geht ihm selbst auf, dass der Knast auf ein funktionierendes Küchenteam angewiesen ist.

»Ich meine natürlich nur das Team von der Essenausgabe«, schiebt er schnell hinterher. »Aber alle fünf, ohne Ausnahme!«

Diese Strafe trifft auch Granny. Dabei hat sie als Einzige die gesamte Zeit über die Stellung am Tresen gehalten, während die anderen die Regale plünderten. Natürlich hat auch Granny des Öfteren Lebensmittel in der Küche abgezweigt und verkauft. Aber sie hat immer darauf geachtet, dass niemand zu kurz kommt. Das nützt ihr jetzt allerdings auch nichts. Sie ist am Boden zerstört. Ihre einzigen ernst zu nehmenden Einnahmen erzielte sie bisher über ihren Tante-Emma-Laden. Knapp 200 Dollar hat sie damit im Monat verdient – nicht viel, wenn man für alles die überhöhten Knastpreise bezahlen muss.

Granny ist im Küchenteam außerdem die Einzige, der Marta etwas Respekt entgegenbringt.

Gemeinsam setzen wir uns nachmittags an den Computer, um einen Protest gegen ihre Entlassung zu formulieren. Aber im Grunde wissen wir, dass es aussichtlos ist. Bates ist durchaus um Fairness bemüht und entschuldigt sich später sogar noch bei ihr, stellt aber klar, dass er die Kündigung nicht zurücknehmen kann.

»Ich weiß, dass du keine Schuld hast«, beschwichtigt er Granny. »Lass einfach ein bisschen Gras über die Sache wachsen und bewirb dich dann wieder. Du hast immer einen guten Job gemacht, bestimmt stellen sie dich bald wieder ein.«

Für mich hält das erste Januarwochenende etwas Gutes bereit. Ich bekomme Besuch aus Chicago. Terri und David haben die Reise mit ihrer Tochter Jill schon länger geplant, und ich freue mich sehr darauf. Aber als ich am Samstagvormittag ausgerufen und nach den üblichen Kontrollen endlich in den Besucherraum gelassen werde, bin ich enttäuscht. Zwar entdecke ich David und Jill sofort, aber wo ist Terri?

»Sie fanden ihren Aufzug zu aufreizend«, erklärt mir David nach einer ersten Umarmung.

»Was hatte sie denn an?«, frage ich entgeistert.

»Na, etwa dasselbe wie Jill – schwarze Stiefel und Leggins.«

»Ich sehe auch zu sexy aus«, kichert das Mädchen.

»Ich habe ihnen erklärt, dass meine Tochter noch ein Kind ist«, fährt David fort, jetzt ganz der Strafverteidiger. »Da haben sie wenigstens sie durchgelassen«.

»Und Terri?«, frage ich mit großen Augen.

»Fährt gerade ins nächste Kaff und kauft sich was zum Anziehen.«

Jill und ich nehmen einander erst mal in die Arme und heulen sofort los.

Danach dauert es noch anderthalb Stunden, bis meine Freundin, mit einer seltsamen Hochwasserhose bekleidet aus Morgantown zurück ist. Sie ist 50 Kilometer gefahren, um überhaupt ein Bekleidungsgeschäft zu finden. Über ihren Aufzug müssen wir alle drei lachen.

Doch als Terri mich fest umarmt, fließen wieder Tränen. Dann vergessen wir einfach alles um uns herum, sitzen zusammen und verquatschen viele wunderschöne Stunden, wie wir es so oft im *Park View Palace* getan haben.

Als die drei wieder weg sind, wird mir die Zeit lang. Seit sieben Wochen bin ich jetzt hier, und bisher folgte ein Meilenstein auf den anderen: Meine erste Nacht im Knast, *Thanksgiving,* der Besuch meiner Eltern in Hazelton, Weihnachten, der Jahreswechsel und der Besuch aus Chicago. Aber was kommt als Nächstes?

Plötzlich dehnt sich vor mir eine halbe Ewigkeit aus: 250 Tage oder 35 Wochen. Das bedeutet: 35-mal Burger am Mittwoch, Hühnchen am Donnerstag und freitags Fisch und ein kleines Eis zum Nachtisch.

Der nächste Besucher hat sich erst für Ende März angekündigt. Kurt würde sich zwar jederzeit auf den Weg nach Hazelton machen, aber er will Christoph den Vortritt lassen. Und der lässt sich noch immer Zeit, die notwendigen Unterlagen einzureichen und einen Flug zu buchen.

Draußen ist es unangenehm kalt geworden. Nur wenige Hartgesottene drehen noch ihre Runden um den Sportplatz.

»Weißt du, die Arbeit in der Küche war mir eigentlich schon lange viel zu anstrengend«, behauptet Granny neuerdings. »Ich ruinier mir doch nicht meine Gesundheit für so einen Mist.«

Meine *Bunky* hat sich, pragmatisch wie sie ist, schnell mit ihrem Schicksal abgefunden und sich einen Putzjob besorgt. Mit einem breiten Besen – mehr einer Art Wischmopp – geht sie zwei- oder dreimal am Tag durch die Halle und durch alle Gemeinschaftsräume. Dabei lässt sie es eher ruhig angehen, bleibt alle paar Minuten stehen und quatscht ausgiebig mit anderen Gefangenen.

»Übrigens suche ich jemanden, der mir die Wäsche macht«, bemerke ich beiläufig. »Ich bin völlig erledigt, wenn ich aus der Küche komme. Wär das nicht etwas für dich?« Granny ist sofort einverstanden. Ich bezahle ihr 15 Dollar im Monat und kaufe natürlich auch das Waschpulver. Irgendwie scheint sie mit dem Geld auszukommen. Granny hat jetzt ein neues Ziel vor Augen. Sie betreibt ihre Verlegung in eine Anstalt mit niedriger Sicherheitsstufe – ein *Camp*. Sobald sie die Hälfte ihrer Strafe abgesessen hat, könnte es klappen.

Ich habe derweil ihren Job in der Essenausgabe übernommen. Natürlich habe ich Granny gefragt, ob es ihr etwas ausmache, wenn ich das Angebot des Küchen-Wachmanns annehme. Granny hat nur müde abgewinkt. Sie weiß genau, dass sich das Job-Karussell, das der Zimmerbelegungen und Programme hier im Knast ständig weiterdreht. Jede Einzelne von uns muss zusehen, dass sie das Beste daraus macht.

Mein neuer Job entpuppt sich als ganz schön anstrengend. Zu den Stoßzeiten herrscht ein Höllenlärm in der Kantine. Ich muss im Sekundentakt auf die Wünsche der Gefangenen reagieren, die in der Schlange am Tresen stehen. Einigen Frauen ist es wichtig, dass die einzelnen Bestandteile ihres Essens – Gemüse, Kartoffeln, Fleisch – haarscharf voneinander getrennt aufs Tablett kommen. Andere sind auf irgendeine Sonderkost angewiesen, wollen kein Fleisch, aber mehr Gemüse, haben Diabetes, Allergien oder ein Recht auf Speisen, die koscher oder halal sind. Und fast alle versuchen, mir irgendetwas aus dem Kreuz zu leiern.

»Mehr!«, brüllen sie mich an und meinen damit natürlich die begehrten Sachen: Hühnchen, Fischstäbchen oder, noch wichtiger, Bananen. Fast jede Frau verlangt nach einem besonders großen, besonders gelben, besonders gerade gewachsenen Exemplar. Doch ich weiß, dass ich in Teufels Küche gerate, wenn ich Sonderwünsche berücksichtige, und reiche immer das über den Tresen, was mir als Nächstes in die Hände fällt.

»Tausch die um! Die hat eine matschige Stelle!«, schreit mich eine schwarze Gefangene einmal an.

Ich schüttle stoisch den Kopf und bediene die Nächste in der Schlange. Da schleudert sie ihre Banane mit Todesverachtung über den Tresen zurück. Ich sammle sie auf und packe sie beiseite. Der Vorfall macht in Windeseile die Runde. Die Frau erzählt überall herum, sie habe mir die Banane mitten ins Gesicht geknallt. Andere Gefangene geben den Tratsch weiter oder sprechen mich darauf an. »Hey, stimmt das, dass du verletzt wurdest? Hast eine Banane ins Auge bekommen?«

»Lass mal«, winke ich ab. Es ist mir zu blöd, solche Gerüchte richtigzustellen.

Wahrscheinlich würde ich den Job bald wieder hinwerfen, wenn es nicht auch Begegnungen gäbe wie jene mit zwei unscheinbaren Mädchen, die ab und zu nach dem Essen an den Tresen kommen. Sie tragen lange Röcke, sind Mitglieder der Sekte der *Amish People* und wahnsinnig schüchtern. Beide wurden mit einem Jahr Gefängnis bestraft, weil sie anwesend waren, als ihr Anführer einem abtrünnigen Glaubensbruder den Bart abschnitt – ein sogenanntes *Hate Crime*, ein Verbrechen, das aus Hass auf Andersartige begangen wird.

»Wir wollen uns dafür bedanken, dass ihr hier an der Essenausgabe so einen tollen Job macht«, sagt die eine der beiden zu mir und läuft feuerrot an. Ich bin für einen kurzen Moment sprachlos vor Rührung. Es lohnt also doch, sich Mühe zu geben und freundlich zu sein. Jederzeit und überall.

»Darf ich vorstellen? Franziska ist zurück in Hazelton!«

Miss Rose steht mit einer dunkelhaarigen Frau im Schlepptau in der Tür. Ich sitze oben auf meinem Bett. Nett sieht sie aus, denke ich, und doch ist mir nicht ganz wohl bei diesem ersten Kennenlernen. Erwarten jetzt alle, dass wir uns glänzend verstehen, nur weil wir beide Deutsche sind?

Wir unterhalten uns erst einmal auf Englisch, klopfen die üblichen Fragen ab. Woher kommst du? Wie lange bist du schon in Amerika? Und warum hier?

Franziska muss, wie ich, eine Gefängnisstrafe von einem Jahr absitzen. Sie ist Anfang Oktober mit dem Bus aus Hazelton abgeholt worden, hat viele Wochen in einem riesigen, öden Gefangenen-Umschlagplatz in Oklahoma gesessen, bis man sie in einer justizeigenen Passagiermaschine nach Florida flog. Dort sollte sie als Zeugin vor Gericht aussagen, doch die Angeklagte entschloss sich in letzter Minute zu einem Deal mit dem Staatsanwalt. Die Verhandlung wurde abgesagt. Dann vergingen wieder viele Wochen, bis sie hierher zurückkam.

»Was für ein Albtraum«, sage ich. »Hoffentlich bleibt mir so etwas erspart.«

Franziska nickt. »Hat nicht wirklich Spaß gemacht. Aber es ist nicht das Schlimmste, was dir passieren kann.«

»Was ist denn das Schlimmste?«

»Dass ich meine Kinder nicht sehen kann.«

Franziska lebt schon seit 17 Jahren in den USA. Sie ist als Tochter einer Deutschen und eines Jemeniten in einer hessischen Kleinstadt geboren und hat dort das Gymnasium besucht. Wegen ihres Aussehens, so erzählt sie, hielten ihre Mitschülerinnen sie für eine Türkin, behandelten sie von oben herab und grenzten sie aus.

Nach dem Abitur ging sie in die USA, studierte Betriebswirtschaft, heiratete und arbeitete bei einem großen Finanzdienstleister. Sie bekam zwei Kinder, die sie nach der Trennung vom Vater allein großzog. Ihr Leben als alleinerziehende Mutter war anstrengend, aber ganz in Ordnung, bis sie Ärger mit der Justiz bekam.

Am nächsten Tag drehen wir ein paar Runden in der Wintersonne. Sobald andere in unsere Nähe kommen, reden wir jetzt deutsch miteinander. So können wir sicher sein, dass uns niemand versteht. Und schon bald spreche ich sie nicht mehr förmlich mit »Franziska« an, sondern nenne sie einfach Franzi.

»Mich hat es im Gegensatz zu dir nicht ganz zu Unrecht erwischt«, meint Franzi. Sie war als selbstständige Kreditvermittlerin erfolgreich in der Immobilienbranche tätig, hat Kunden, die auf der Suche nach einem Haus waren, Darlehensverträge beschafft.

»Ich war weiß Gott nicht die Einzige, die bei den Entscheidungen der Banken manchmal ein bisschen nachgeholfen – also die Unterlagen manipuliert – hat. Wir bekamen von unserem Auftraggeber eine regelrechte Anleitung, bestimmte

Informationen unter den Tisch fallen zu lassen oder in den Unterlagen zu schwärzen, damit unsere Bewerber gut dastanden. Alle haben das so gemacht«, erzählt sie.

In einem Fall ging das schief. Der Kunde geriet in finanzielle Schwierigkeiten und zahlte seine Kreditraten nicht mehr. Daraufhin sah sich die Bank seine Akte noch mal genauer an, bemerkte, dass die Höhe seines Gehalts und seiner laufenden Kosten manipuliert waren, und schaltete das FBI ein. Leider geschah das auf dem Höhepunkt der Immobilienkrise. Das Haus, dessen Finanzierung dem Kunden über den Kopf gewachsen war, fiel dramatisch im Wert und wurde zu einem Spottpreis zwangsversteigert. Das FBI zog Franzi für das Desaster zur Verantwortung, klagte sie an und ein Gericht verurteilte sie zu einer Gefängnisstrafe. Außerdem brummten sie ihr eine 200 000-Dollar-Geldbuße auf und machten sie zusätzlich für den finanziellen Schaden, den die Bank angeblich in Höhe von 250 000 Dollar erlitten hatte, haftbar.

Franzi hat sich inzwischen damit abgefunden, dass sie für ein Jahr im Gefängnis sitzt, dass die Staatsanwaltschaft ihr Konto beschlagnahmt, ihre Beiträge für die Sozialversicherung eingezogen und ihr Haus beschlagnahmt hat. Aber mit der Aussicht, dass ihre Kinder dem Vater zugesprochen werden, wenn sie aus den USA abgeschoben wird, kann sie nur schwer leben.

»Wie würdest du denn entscheiden, wenn du Familienrichterin wärst?«, fragt sie mich niedergeschlagen. »Das Gericht kann mich nur telefonisch befragen, weil ich im Knast sitze. Vom Vater der Kinder lebe ich getrennt, und dort, wo sie wohnen, gehen sie zur Schule, ist ihr Sportclub, ihr gesamtes Umfeld…«

»Vielleicht kannst du sie trotzdem eines Tages zu dir nach Deutschland holen«, wende ich tröstend und wenig überzeugend ein.

»Dorthin wollte ich eigentlich nie wieder zurück«, sagt sie deprimiert, »so engstirnig und rassistisch, wie die Leute in Deutschland sich mir gegenüber verhalten haben.«

»Deutschland hat sich verändert«, entgegne ich, »es ist nicht mehr wie vor zwanzig Jahren, als du weggegangen bist.« Ich erzähle von der Fußballweltmeisterschaft 2006 und davon, dass Leute wie Özil, Podolski und Khedira ganz selbstverständlich in der Nationalmannschaft kicken. Dass man wieder deutsche Fahnen schwenken könne, ohne in den Verdacht zu geraten, ein Nazi zu sein. Allmählich und zögernd beginnt sie, mir zu glauben.

Seit Franzi und ich viel Zeit miteinander verbringen, werden wir oft gefragt, ob wir ein Liebespaar seien. Über diese Vorstellung können wir nur lachen. An einer lesbischen Beziehung ist uns beiden nicht gelegen. Aber hier in Hazelton eine Freundin zu haben, eine wirkliche Freundin, das ist unendlich viel wert. Erst jetzt spüre ich, wie sehr mir so eine Vertraute gefehlt hat. So dankbar ich Granny, Sherrie, Tina und Selina bin, dass sie mich in ihren Kreis aufgenommen haben, sie kommen aus einer anderen Welt und haben dort ganz anders gelebt als ich. Bis auf die Tatsache, dass wir zusammen im Gefängnis sitzen, haben wir wenig Gemeinsamkeiten.

Franzi und ich hingegen sind uns in vielem sehr ähnlich. Wenn uns keiner zuhört, können wir herrlich über den Aufzug anderer Gefangener lästern.

Während wir uns nur dezent schminken, lieben es andere märchenhaft bunt. Priscilla zum Beispiel, eine Kolumbianerin, sieht aus wie ein Transvestit, wenn sie sich zurechtmacht. Sie schmiert sich pfundweise grüne Farbe und Glitter ins Gesicht. Außerdem hat sie sich vor ihrer Zeit im Gefängnis Brust- und Po-Implantate aus Silikon einsetzen lassen.

»Was passiert wohl, wenn die ausgetauscht werden müssen?«, frage ich Franzi. »Was ist, wenn sie dann noch im Gefängnis sitzt? Das Zeug hält doch nicht ewig …«

Wenige Wochen später werden wir es erleben. Eins der Kunststoffkissen in Priscillas Hintern fällt in sich zusammen. Ihre linke Pobacke ist danach völlig flach.

Viele der schwarzen Frauen verbringen viel Zeit damit, ihre Haare immer wieder neu zu stylen, lassen sich in stundenlanger Arbeit dünne oder dicke *Corn Rows* (schmale Zöpfe) flechten und lösen diese ein paar Wochen später mit ebenso viel Aufwand wieder auf. Oder sie behandeln ihre Haare mit einer speziellen Creme, um sich mit einem Glätteisen sämtliche Locken wegzubügeln. Manche Latinas verkaufen ihre dunkle Mähne für Haarverlängerungen. Im Schnitt kassieren sie 75 Dollar dafür. Für eine Weile laufen sie danach mit einem kahl rasierten Schädel herum und behaupten, sie fänden das schön.

Dagegen wirken viele weiße Mädels hier ziemlich kaputt. Ihre Haut ist aschfahl, ihr Gebiss bestenfalls lückenhaft. Mit gängigen Schönheitsidealen haben sie offenbar abgeschlossen. Dafür sind ihnen ihre Tattoos heilig. Einige Spezialistinnen verfügen über selbstgebastelte Tätowier-Maschinen, die aus einem Föhn, geklauten Batterien und einer Reihe weiterer Metallteile zusammengebastelt sind.

Mit Vorliebe lassen sich diese Frauen den Namen ihrer oder ihres Liebsten in die Haut stechen – gern auch am Hals, wo es jeder sehen kann. Selbst wenn es sich um einen Kerl handelt, der sie vermöbelt, ihnen den Kiefer oder ein paar Rippen gebrochen hat. Andere lassen sich ihre Gefangenen-Nummer wie einen Barcode eintätowieren. Und dann gibt es Symbole, die nur für Eingeweihte zu deuten sind. Sie stehen für die Zugehörigkeit zu einer bestimmten Gang oder für die Taten, für die sie verurteilt wurden. Manche tragen ihr gesamtes Vorstrafenregister auf der Haut zur Schau.

Die Latinas tätowieren sich eher aus kosmetischen Gründen.

Viele haben sich ihre natürlichen Augenbrauen weggezupft und tragen stattdessen einen dünnen schwarzen Bogen viel zu hoch auf der Stirn. Bei einigen sind auch die Konturen der Lippen dunkel nachgezeichnet. Ihre Kleidung ist immer picobello in Ordnung, auf Figur geschneidert und unauffällig verziert. Manche tragen sogar teure Marken-Unterwäsche. Eine ältere Latina namens Mendez, deren Haarfärbung in Richtung Orange missglückt ist, betreibt einen regen Handel mit der Wäsche, die Frauen bei der Aufnahme abgenommen und angeblich weggeworfen oder für gute Zwecke gespendet wird. Für einen wenig getragenen Büstenhalter von *Victoria's Secret* muss man aber gut und gerne 50 Dollar hinblättern.

Wer es sich leisten kann, lässt sich außerdem die Fingernägel verzieren. Eine Gefangene namens Destiny, die gelernte Kosmetikerin ist, bietet diese Dienstleistung an. Die Frau sieht aus wie ein Brandopfer, wurde bei einem Autounfall übel zugerichtet. Ihren Kundinnen malt sie richtige Kunstwerke auf die Fingernägel: Landschaften, Sonnenuntergänge, Häuser oder Tiere im Miniaturformat. In Ermangelung von Nagellack greift sie dafür auf die Malfarben aus dem Bastelprogramm zurück und versiegelt ihre Werke anschließend mit Fußbodenwachs. Fünf Dollar kostet so eine Maniküre. Wenn man seine Hände danach schützt, hält sie eine ganze Weile.

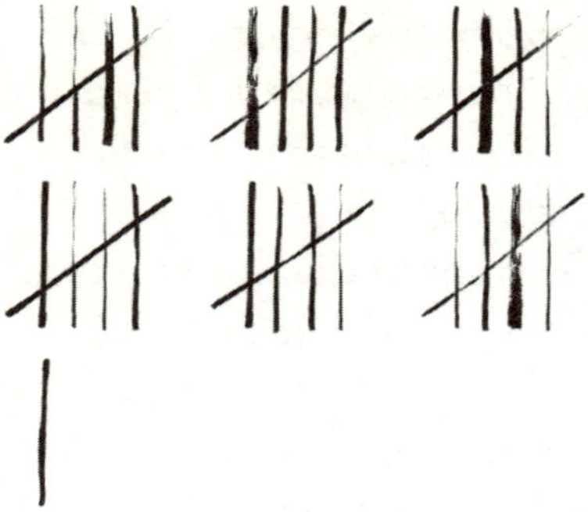

Alessias Beziehung mit Sol hat nicht lange gehalten. Neuerdings trifft sie sich mit ihren Freundinnen in unserem Zimmer, wo sie stundenlang über ihr einziges Thema reden: illegale Drogen. Gackernd erzählen die Mädels einander, welche Substanz besonders high macht und womit man anschließend wieder runterkommt. Und was man nehmen muss, damit der Sex noch toller wird. Oft werde ich unfreiwillig Zeugin dieser Gespräche.

Einmal liege ich oben auf meinem Bett und döse, während von unten ständiges Türenklappen, Kichern und Rascheln zu mir heraufdringt. Als ich vorsichtig nach unten linse, sehe ich drei Frauen, die sich über Alessias Spind beugen. Es ist nicht schwer zu erraten, was da vor sich geht. Sie haben eine Line aus klein gehäckselten Pillen gezogen und schnupfen das Zeug durch die Nase hoch. Ich habe keine Lust, mich mit den zugedröhnten Mädels anzulegen, bleibe liegen und tue, als hätte ich nichts gemerkt.

Sobald sie aus unserem Zimmer verschwunden sind, beuge ich mich vor und sehe nach unten. Granny sitzt auf ihrem Bett und liest.

»Hast du das mitgekriegt?«, fragt sie mich, ohne von ihrem Buch aufzusehen. Ich nicke und klettere hinunter. Ich will wissen, wie weit Grannys Solidarität reicht.

»Würdest du dichthalten, wenn die auffliegen?«

Sie schnieft verächtlich. »Für so einen Mist soll ich meinen Kopf hinhalten? Niemals!«

»Geht mir genauso«, sage ich erleichtert.

Später knöpfen wir uns Alessia gemeinsam vor. Was ihr einfalle, aus unserem Zimmer einen Drogentreff zu machen? Ob sie sich einbilde, dass wir für sie in die SHU gehen würden, wenn das auffliegt? Alessia schaut uns ziemlich erschrocken an.

»Das Problem ist, dass du endlich mal was aus deinem Leben machen musst«, falte ich sie zusammen, »anstatt immer nur an deinem Äußeren zu zweifeln und dir dein Gehirn mit Drogen zu ruinieren. Granny und ich sind uns jedenfalls einig: Wir würden dich eher verpfeifen, bevor es uns selbst an den Kragen geht.«

»Ihr würdet mich bei der *Pólice* verpfeifen?«, fragt Alessia erschrocken. So wie viele Frauen hier betont sie *Police* stets auf der ersten Silbe.

»Ja, das würde ich tun, wenn es hart auf hart kommt. Und Granny auch.«

Unsere Mitbewohnerin ist nach der Ansage sehr still. Diesen Ton hat sie uns, dem schüchternen blonden Mädel und der älteren Dame, die sonst jedem Streit aus dem Weg gehen, nicht zugetraut.

Grannys Freundin Tina hat mir ein Kopfkissen besorgt. Es stammt von einer Gefangenen, die entlassen wurde, und ist selbstgenäht, aus einem Bettlaken. Die Füllung wird als Bastelmaterial für Kuscheltiere im *Commissary* verkauft.

»Aus der Nummer 202 geht morgen übrigens eine Frau raus. Deren Matratze solltest du dir sichern«, sagt Selina.

»Sind die Betten hier nicht für alle gleich?«, wundere ich mich.

»Du bist ja ganz schön naiv«, gluckst Selina. »Aber lass mal, ich kümmere mich für dich darum.« Am nächsten Tag schleppt sie das gute Stück eigenhändig bei mir an. Bevor ein Wachmann etwas merkt, tauschen wir die Matratze gegen meine dünnen Schlaf-Unterlage aus.

Bei dieser Gelegenheit überreicht Selina mir die Einladung zu ihrer Geburtstagsparty. Auf dem Zettel steht genau, was ich vorab besorgen und bei einer gewissen Tiffany abliefern soll, die das Geburtstagsessen zubereiten wird. Ich bin recht erstaunt, dass Selina sich für diese Köchin entschieden hat. Alle, die Tiffany kennen, halten sie für bescheuert. Sie trägt drinnen und draußen stets die orangefarbene Wollmütze, die zur Erstausstattung gehört, watschelt wie eine Ente und schwenkt dabei ihr ausladendes Hinterteil hin und her. Außerdem ist sie bekannt dafür, dass sie bei den kleinsten Anlässen in Rage gerät. Aber Selina arbeitet mit Tiffany zusammen im Team für Hausmeister-Dienste. Es gehört sich einfach, die Kolleginnen zum Geburtstag einzuladen.

Für private Partys kann man einen kleinen Aufenthaltsraum buchen, der ansonsten für Kursangebote und zum Kartenspielen genutzt wird. In dem Zimmer stehen zwei Tische mit daran festmontierten Hockern und eine Wandtafel – mehr nicht. Wenn die Sitzplätze nicht reichen, bringen sich die Gäste die Plastikstühle aus den Zimmern mit. Mit Bettlaken werden die Tische in festliche Tafeln verwandelt.

Und noch einmal staune ich. Ausgerechnet April, die zum Islam konvertiert ist und im Gefängnis meistens mit einem langen Rock und Kopftuch herumläuft, haben die Mädels für eine Tanzeinlage auf Selinas Party engagiert. Sie erscheint erstaunlich aufreizend gekleidet und führt nach dem Essen einen heißen Striptanz vor. Ihre Kleider behält sie zwar an, doch sie lässt keine anzügliche Geste aus und landet am Ende auf dem Schoß des Geburtstagskindes. Selina läuft krebsrot an und schiebt April von sich weg. »Äaah, ich spür deine Pussy. Das muss nun echt nicht sein.« Alle gackern und kreischen vor Lachen.

Jeden Mittwoch ist es meine Aufgabe, die Mahlzeiten für die Frauen in der SHU anzurichten und in einen rollenden Wärmeschrank zu stellen. Ich packe also Hamburger auf die blauen Tabletts, garniere sie mit ein paar schlappen Salatblättern, lege jeweils zwei Miniportionen Senf und Ketchup, ein Stück Ekelkuchen und außerdem Pommes dazu. Das Essen wird völlig kalt sein, wenn es endlich bei den Gefangenen ankommt.

Kaum eine halbe Stunde nachdem die Mahlzeiten abgeholt wurden, beruft unser Wachmann hektisch eine Versammlung aller Küchenkräfte ein.

»Wer war heute für die SHU zuständig?« Er blickt finster in die Runde.

Ich melde mich.

»Es ist eine Nachricht im Essen gefunden worden«, raunzt er.

»Damit habe ich nichts zu tun«, wehre ich erschrocken ab.

Mit so etwas ist nicht zu spaßen. Wer Briefe in die SHU schmuggelt, läuft Gefahr, selbst dort zu landen.

»Wer war es dann?«, fragt der Wachmann. Er weiß, dass der Wärmeschrank oft unbewacht herumsteht. »Wenn sich die Schuldige nicht meldet«, droht er uns wütend, »wird die gesamte Crew bestraft. Jede Einzelne von euch.«

Natürlich meldet sich niemand. Doch Marta dämmert es, dass die Strafe auch sie treffen könnte.

»Was habt ihr gesehen?«, poltert sie los. Nacheinander knöpft sie sich mit ihrer durchdringenden Stimme die Frauen vor. Ziemlich bald finden wir heraus, wer für die Nachricht verantwortlich ist. Mein Mitgefühl für die Frau hält sich in

Grenzen, schließlich hat sie in Kauf genommen, dass ich an ihrer Stelle bestraft werde. Doch zu meiner Überraschung verläuft die Sache im Sande.

Ein anderer Wachmann macht sich über diese Briefchen lustig, die mit so viel Aufwand in die SHU geschmuggelt werden.

»Steht immer dasselbe drin«, erklärt er grinsend und äfft die Botschaften der Gefangenen nach. »›Hi, *Boo,* wie geht's denn so? Hier ist alles so weit okay.‹ Und so weiter... Und dafür der ganze Stress.« Er schüttelt den Kopf und lacht.

»Boo« – so nennen die Schwarzen einander.

Als ich geschafft vom Küchendienst in mein Zimmer zurückkehre, liegt ein flaches Paket auf meinem Bett. Es ist ein Geschenk von Franzi. Einfach so. Mit dem Auspacken warte ich auf sie.

»Womit habe ich das verdient?«

»Mir geht's einfach viel besser hier, seit wir uns kennen«, erklärt sie. »Und? Magst du das Teil?«

Ich mag es sogar sehr. Es ist ein Bilderrahmen aus *Plastic Canvas*, der mit rosa und violetter Wolle bestickt und mit meinem Namen verziert ist. Solche Handarbeiten kann man hier bei einer Gefangenen in Auftrag geben. Ich stecke sofort ein Bild von Christoph und mir hinein. Auf dem Foto und mit diesem Rahmen sehen wir aus wie ein Traumpaar.

Die Wirklichkeit sieht anders aus. Aber ich grüble weniger über unsere Beziehung nach, seit ich mit Franzi befreundet bin. Gemeinsam wissen wir immer etwas mit unserer Zeit anzufangen, versuchen uns zum Beispiel daran, einen *Cheesecake* zu backen. Beim ersten Mal geht das zwar gründlich schief, doch dann packt uns der Ehrgeiz und wir experimentieren so lange weiter, bis der Kuchen gelingt.

Die Kekse für den Boden kaufen wir im *Commissary* und zerbröseln sie mühselig mit einem Trinkbecher in einer Plastikschüssel. Dann vermengen wir die Krümel mit Zucker und zerlassener Butter. Franzi hat die Zutaten vorher von einer Frau aus der Küche besorgt. Den Boden drücken wir in der Schüssel fest und härten ihn kurz in der Mikrowelle aus. Für die Füllung nehmen wir eine Packung Kaffeeweißer, der in verschiedenen Geschmacksrichtungen im *Commissary* angeboten wird. Außerdem anderthalb kleine Becher von dem Vanillepudding, den sie dort in Viererpackungen verkaufen, natürlich ein hundertprozentiges Industrieprodukt. Wir rühren das Pulver in den Pudding und geben dann Zitronensaft hinzu, was eine erstaunliche chemische Reaktion auslöst: Die Masse wird steif. Jetzt müssen wir sie nur noch gleichmäßig auf dem Tortenboden verteilen und den Käsekuchen auf den Eiswürfeln kaltstellen, die hier in einer großen Truhe für alle zur Verfügung stehen.

Die unvermeidlichen Eiswürfel wagt Amerika nämlich nicht einmal seinen Gefängnisinsassen vorzuenthalten. Ohne sie wäre hier kaum eine Party denkbar. Um Essen zu kühlen, werden sie in Müllbeuteln auf dem Fußboden ausgebreitet und die Platten aus Pappe darauf verteilt.

Sobald die Torte schnittfest ist, dekorieren Franzi und ich sie mit zerkrümelten Keksen, Cappuccino-Pulver oder kleinen Fächern, die wir aus flüssiger Schokolade gießen. Einmal applizieren wir mit einer Schablone und Marmelade ein rotes Herz auf die Torte. Unsere Mitgefangenen sind begeistert.

Wir experimentieren auch mit anderen Speisen, bereiten etwa einen Eiersalat zu, wie ich ihn aus meiner Kindheit kenne, mit Senf und Mayo, Curry, Pfeffer und Salz. Ein anderes Mal machen wir uns Thunfisch-Wraps aus Mais-Tortillas oder bestellen Frühlingsrollen von Mitgefangenen. Wenn wir sie mit den Soßen würzen, die wir selbst mixen, schmecken sie gar nicht so schlecht.

Wenn Franzi und ich zusammen in die *Chow Hall* gehen, haben wir unser eigenes gelbes Plastikbesteck und unsere eigenen Soßen und Gewürze dabei. Wir nehmen uns Zeit, das Essen so aufzupeppen, wie wir es am liebsten mögen. Manchmal bleiben wir so lange sitzen, bis wir als Letzte aus dem Speisesaal geschickt werden. Nach und nach gelingt es uns, aus unseren Mahlzeiten wieder mehr zu machen als eine hektische Nahrungsaufnahme.

Franzi schleppt mich auch mit zum Yoga. Den Kurs hat eine Gefangene auf die Beine gestellt, die alle nur »Miss K.« nennen, eine große, schlanke Frau mit apartem Haarschnitt. Wenn wahr ist, was sie erzählt, ist sie schon den verschiedensten Berufen nachgegangen, war unter anderem als Krankenschwester und Lehrerin tätig. Über die Straftaten, die ihr zweimal lebenslänglich eingebracht haben, spricht sie nie. Angeblich soll Miss K. ihren dritten Mann, vielleicht sogar Nummer eins und zwei, auf dem Gewissen haben. Mit Mann Nummer drei hat sie gemeinsam eine Kampfhundezucht aufgebaut, die am Ende völlig überschuldet war. Miss K. soll jemanden mit dem Mord an ihrem Gatten beauftragt haben, um an seine Lebensversicherung heranzukommen.

Den Yoga-Unterricht leitet sie sehr engagiert und kompetent an. Sie hat sogar durchgesetzt, dass die Gefängnisleitung Matten und DVDs anschafft. Wenn sie uns auffordert, uns auf den Boden zu legen und die Position »Toter Mann« einzunehmen, geht allerdings ein unterdrücktes Prusten um mich herum los und alle denken an den ermordeten Ehemann unserer schwarzen Witwe.

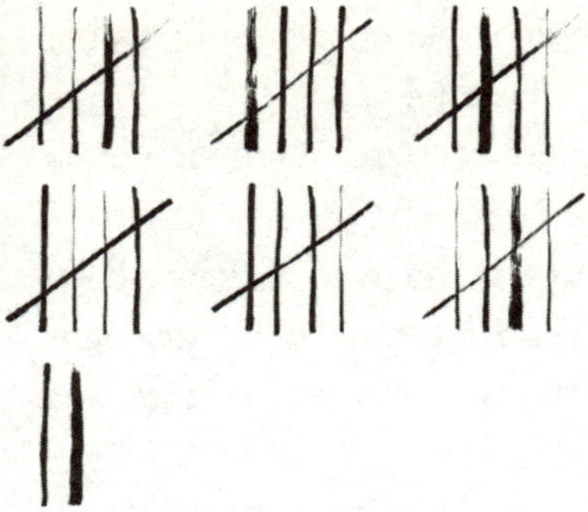

Als ich an einem Januartag vom Küchendienst zurückkehre, steht Granny aufgebracht in der Zimmertür. Ich gehe etwas gekrümmt, denn ich habe mich an einem der riesigen Töpfe verhoben. Außerdem scheint auch die neue Matratze meinem Rücken nicht gut zu bekommen.

»Wir haben ein Problem«, schnauft sie zornig. »Hast du schon gehört? Du ziehst um!«

Das ist in der Tat keine gute Nachricht. Ich wohne sehr gerne mit Granny zusammen, Alessia haben wir einigermaßen im Griff. Wer weiß, was mich jetzt erwartet? Muss ich mir, wie Miss Rose, ein Zimmer mit einer besonders schwierigen Gefangenen teilen? Oder verschlägt es mich, wie Franzi, in einen Raum mit Frauen, die mich gnadenlos herumkommandieren und mir mit Gewalt drohen, wenn ich nicht spure?

Granny weiß mal wieder über alles Bescheid. Ich soll auf Nummer 204 verlegt werden. Das ist seltsam, denn dieses Zimmer gehört zum Hundeprogramm.

»Ist eine Anordnung von Mrs. Winter«, fährt Granny fort. »Du sollst dich gleich mal bei ihr melden.« Ich mache mich sofort auf den Weg zu ihrem Büro. Unsere Gefangenenbetreuerin erwartet mich schon.

»Es gibt gute Nachrichten«, strahlt sie. »Du wirst ins Hundeprogramm aufgenommen. Umziehen kannst du sofort, aber du musst dich natürlich noch bewerben.«

Ich bin überrumpelt und reagiere gereizt. »Werde ich auch gefragt, ob ich das überhaupt will?«

»Hör mal, ich weiß, dass du mit einem Hund aufgewachsen bist und dass deine Mutter Hunde trainiert.« Mrs. Winter sieht mich verblüfft an. »*Paws4Prisons* ist mit Abstand das Beste, was wir hier haben.«

»Aber«, stottere ich verwirrt. »Im Handbuch steht doch, dass man mindestens für ein Jahr einsitzen muss, um ins Hundeprogramm zu kommen. Außerdem hatte ich mal eine schlimme Allergie gegen Hundehaare …«. Das ist zugegebenermaßen eine Ausflucht, ich hatte zwar eine Hausstauballergie, aber mit unserem Hund nie Probleme. Mir ist einfach unwohl dabei, dass über meinen Kopf hinweg über mich verfügt wird und ich mich auf neue Zimmergenossinnen einstellen soll. Und ich weiß, dass alle Amerikaner hysterisch auf das Wort »Allergie« reagieren. Alle – außer Mrs. Winter.

»Hör zu«, sagt sie ruhig. »Erstens machen *wir* hier die Gesetze. Mich interessiert nicht, was im Handbuch steht. Zweitens kann ich dich nicht zwingen. Es ist deine Entscheidung: Möchtest du ein besseres Zimmer und zu *Paws4Prison* wechseln? Oder willst du da unten wohnen bleiben? Dir ist sicher bewusst, dass ich dir mit diesem Angebot einen großen Gefallen tue.«

Ich denke an meinen schmerzenden Rücken, an das Gebrüll an der Essenausgabe, an die Qual, jeden Morgen um kurz nach vier aufzustehen, an die Enge in unserem Zimmer und den Lärm aus dem Nebenraum. Und daran, dass es mich tatsächlich sehr interessiert, wie man Hunde dazu ausbildet, körperbehinderten oder psychisch kranken Menschen zu assistieren.

»Ich überlege es mir«, sage ich zögernd.

»Gut«, erklärt Mrs. Winter bestimmt. »Du ziehst heute noch um.«

Das muss ich nach dem Gespräch erst mal Granny beibringen. Mir kommt mein Auszug vor wie ein Verrat, nach all dem, was sie für mich getan hat. Aber meine *Bunky* findet sich wie immer schnell mit dem Unabänderlichen ab. »Für mich ist der Fall klar«, erklärt sie. »Du bist die perfekte Vorzeige-Gefangene. Demnächst gibt's eine große Veranstaltung, zu der auch die Presse kommt und neue Geldgeber angeworben werden sollen. Da wollen sie dich dabeihaben.«

Mein neues Zimmer ist um einiges größer und wohnlicher als das bisherige, außerdem fällt viel mehr Licht herein. Es gibt sogar ein kleines Bücherbord und einen spartanischen Schreibtisch, dessen Metallbeine am Fußboden festgeschraubt sind. Die Möbelstücke sind auch nötig. Wer am Hundeprogramm teilnimmt, muss viel Theorie büffeln und hat regelmäßig Hausaufgaben zu erledigen.

Ein weiterer Vorteil der Zimmereinrichtung ist, dass die untersten Schrankfächer etwa 30 Zentimeter über dem Fußboden liegen. So muss ich mich nicht mehr halb auf den Boden legen, um meine Sachen hineinzupacken.

Meine Mitbewohnerin Kelly ist weiß, genauso alt wie ich und hat lange blonde Haare. Ihre Mutter arbeitet, so wie mein Vater, bei einem Versicherungskonzern. Es spricht einiges dafür, dass wir gut miteinander klarkommen werden.

Die Dritte im Bunde ist ein cognacfarbener Golden Retriever namens Willow, eine Hündin, die erst seit kurzer Zeit in Hazelton und noch sehr verspielt ist. Sobald irgendwo ein Ball auftaucht oder auch nur das Wort »Ball« fällt, ist sie kaum zu halten. Als in der ersten Nacht ein Wachmann an unserem Zimmer vorbeigeht und mit seinen Schlüsseln klimpert, höre ich sie vernehmlich knurren.

Ich muss schmunzeln. Willow scheint genau zu wissen, wer hier unser Feind ist. Doch Kelly fährt aus dem Schlaf hoch und weist das Tier streng zurecht. »Ein wohlerzogener Hund darf nicht einfach einen Mann anknurren!«

Am nächsten Tag steht ein Aufseher bei uns in der Tür, hängt das *Wicky* hoch und schickt uns raus. Dann zieht er sich Gummihandschuhe über, um unser Zimmer zu filzen. Nach zehn Minuten kommt er mit leeren Händen wieder raus.

»Alles okay?«, frage ich vorsichtig.

Er nickt mürrisch.

»Haben Sie etwas gefunden?«

»Dazu darf ich mich nicht äußern«, antwortet er förmlich. Dabei wissen wir beide: Wenn er etwas Verbotenes entdeckt hätte, würde er uns sofort fesseln und abführen lassen.

Stattdessen brüllt er jetzt laut über die gesamte Galerie: »Einschluss für alle!«

Wir verschwinden in unseren Zimmern, kleben aber an den Fenstern zur Halle und beobachten gespannt, was geschieht. Erst einmal wirft der Wachmann unter lautem Getöse sämtliche Plastikstühle, die noch vor unseren Zimmern stehen, von der Galerie hinunter.

Unten schleppen einige Wachleute drei Spinde aus einem Zimmer und filzen sie.

»Schaut mal, was ich hier habe!« Triumphierend schwenkt Miss Piggy etwas durch die Luft. Es ist ein Dildo. Natürlich kein schickes Sex-Toy, sondern ein selbstgebasteltes Exemplar. War es das, was sie gesucht haben? Alle Gefangenen hämmern wild von innen gegen die Zimmertüren und grölen.

Die Durchsuchung ist mit diesem »Fund« beendet. Wenig später lerne ich die Frau, die auf die Produktion von Knast-Dildos spezialisiert ist, kennen. Leslie, eine blasse Rothaarige, hatte ursprünglich keine erotischen Absichten. Angekommen in Hazelton, versuchte sie sich zunächst an der Produktion von Kuscheltieren. Ihre Häkelarbeiten misslangen allerdings derart, dass sie nur zum Hundespielzeug taugten. Willow zum

Beispiel hat viel Freude an einem gehäkelten »Alligator«, der allerdings eher wie eine Gurke aussieht.

Inzwischen hat Leslie in der Produktion von Dildos ihre wahre Mission gefunden. Sie fertigt sie nach individuellen Wünschen zu acht Dollar das Stück. Sie verwendet dafür die Monatsbinden, die vom Gefängnis zur Verfügung gestellt werden – diese furchtbaren Dinger aus billiger Watte, die verklumpt, sobald sie feucht wird. Weil sie außerdem nur in einer Einheitsgröße ausgegeben werden und viel zu lang sind, stehen die Binden vorne und hinten vor und scheuern zwischen den Beinen. Doch zum Basteln und Putzen eignen sie sich sehr gut. Für einen mittelgroßen Dildo klebt Leslie vier Binden zusammen, auf besonderen Wunsch auch mehr. Diesen Block umwickelt sie mehrmals fest mit geklautem Verbandsmaterial, bis er eine runde Form annimmt. Dann kommt noch eine Lage Frischhaltefolie drum herum, und abschließend überzieht sie das Teil mit einem medizinischen Gummihandschuh. Letzteren beschafft Mendez für sie, die Latina, die auf der Krankenstation arbeitet und nebenbei mit konfiszierter Markenwäsche handelt.

Weiter benötigt Leslie einen einfachen, bügellosen Knast-Büstenhalter. Daraus fertigt sie einen stramm sitzenden Bauchgurt, an dem der Dildo vorne befestigt wird. Die Gefangene steigt mit den Füßen hinein, zieht den Gurt auf Hüfthöhe – und schon kann's losgehen.

Dildos werden hier selten zur Selbstbefriedigung benutzt. Leslies beste Kunden sind weibliche Gefangene, die Sex miteinander haben. Die Rollen unter ihnen sind eindeutig verteilt: Die »Männer« in diesen Konstellationen penetrieren die Frau mit Hilfe des Anschnalldildos, wollen aber selbst nicht angefasst werden. Nur die Frauen lassen sich vögeln.

Kelly, meine neue *Bunky*, registriert schnell, dass ich zu den Frauen im Knast gehöre, die über etwas Geld verfügen. Als ich zum ersten Mal Einkäufe vom *Commissary* in mein neues Zimmer trage, ist auch ein Dutzend Dosen Pepsi Light dabei. Ich kaufe große Mengen davon, weil ich mich nach anderen Getränken sehne als den farbenfrohen Chemiedrinks ohne Kohlensäure, die es im Knast sonst gibt.

»Oh, kann ich auch eine haben?«, fragt Kelly mit großen Augen.

Klar. Ich teile gern. Aber es dauert nicht lange und sie fragt mich ein weiteres Mal, und immer wieder, bis sie sich fast die Hälfte meines Vorrats einverleibt hat. Sie bittet mich außerdem, ihr etwas von meiner Bodylotion und meinem teuren Conditioner zu »leihen«, benutzt meinen Föhn und alles andere, was sie in die Finger bekommt. Trotzdem vermittelt sie mir das Gefühl, dass all das noch nicht genug ist.

Bald bekomme ich mit, dass sie gegenüber anderen Gefangenen bei Bestellungen behauptet, ich würde die Rechnung für sie übernehmen. Doch viele Frauen kennen ihre Masche schon und geben ihr keinen Kredit mehr.

Einerseits kann ich sie ja verstehen. In Kellys Leben scheint bisher so gut wie alles schiefgelaufen zu sein. Sie ist oft sehr müde, kämpft mit einer chronischen Krankheit und sitzt schon zum dritten Mal im Gefängnis, weil sie tief in die Drogenszene abgerutscht ist. Ihr Mann, der auf Fotos aussieht wie ein Skinhead, ist zu 27 Jahren Haft verurteilt und war der Anführer einer lokalen Drogengang.

»Wenn er rauskommt, sind wir endlich wieder zusammen«, seufzt Kelly sehnsüchtig. Ich rechne ihr lieber nicht vor, dass sie dann beide um die 60 Jahre alt sein werden.

Meine *Bunky* ist schon im Alter von 16 Jahren Mutter geworden. Ihr halbwüchsiger Sohn und die achtjährige Tochter wachsen bei Kellys eigener Mutter auf, die wohl überhaupt nicht begeistert von diesen Familienpflichten ist. Kelly selbst hat draußen nur eine alte Oma, die sie um Geld oder um Hilfe bitten könnte.

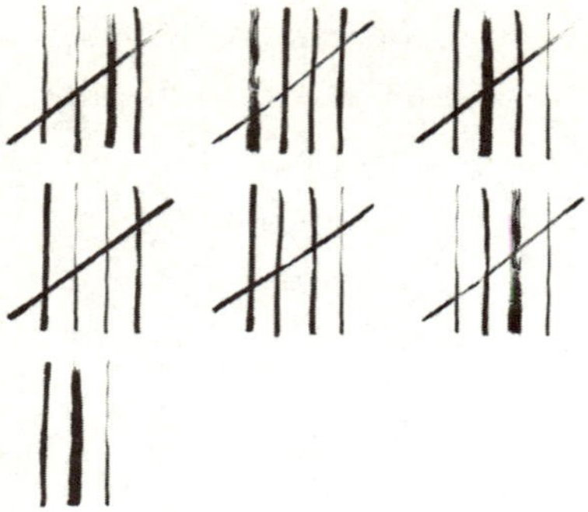

Seit einiger Zeit schiebt ein Wachmann namens Coleman Dienst in der Küche. Er genießt es, seine Launen an uns auszulassen. An manchen Tagen behandelt er uns halbwegs charmant, an anderen verkündet er schon morgens: »Ich bin heute irgendwie arschlochmäßig drauf.« Dann lässt er beispielsweise einen Sack Bohnen aus dem Lager holen und sticht mit seinem Messer hinein. In das Loch steckt er seinen Finger, wühlt anzüglich grinsend darin herum und verkündet: »Das werde ich heute Abend mit meiner Alten zu Hause machen.«

Eigentlich gehört es zu seinen Aufgaben, regelmäßig eine Bewertung unserer Arbeit abzugeben. Dazu muss er auf einem vorgedruckten Formular ankreuzen, wie gut und zuverlässig wir unseren Job machen. Gute Beurteilungen werden mit einem kleinen Bonus belohnt.

Doch Coleman macht sich einen Spaß daraus, auf jedem Zettel das Gleiche anzukreuzen: »mittelmäßig«. Ob eine Frau sich richtig anstrengt oder während der Arbeitszeit nur herumhängt – »mittelmäßig«. Und das nervt mich, denn ich gebe mir wirklich Mühe. Nicht weil es mir auf die 1,50 Dollar mehr pro Monat ankommt, sondern weil ich hier einen guten Job machen will.

Unsere Backbleche und Bratformen zum Beispiel sind irgendwann so verklebt und verschmiert, dass sie mit keiner

Spülbürste mehr sauber zu bekommen sind. Weil ich es eklig finde, das Kochgeschirr trotzdem weiter zu benutzen, mache ich mich auf die Suche nach einem geeigneten Reinigungswerkzeug. Schließlich bringe ich einige der dünnen Kunststoffhalter, auf denen Zahnseide aufgefädelt wird, mit in die Küche und kratze mit deren spitzen Enden die verklebten Winkel und Fugen des Kochgeschirrs aus. Selbst die Wachleute schütteln sich angewidert, als sie sehen, was ich daraus alles zutage fördere.

Jeden Mittwoch, wenn »Burger-Tag« ist, pule ich die Scheiben schon vorab vom chinesischen Gummikäseblock ab und arrangiere sie wie bei einem Partyservice auf einem Tablett. So können wir den Käse, kalt, wie er leider ist, zügig auf die warmen Fleischklopse legen. Das schmeckt wenigstens ein bisschen besser, als wenn diese Fummelarbeit beim Bedienen so lange dauert, dass am Ende der ganze Burger kalt und labbrig ist.

Coleman sind solche Kleinigkeiten völlig egal, aber einem Wachmann wie Bates fallen sie auf. Einmal holt er mich zu sich ins Büro, um mir ausdrücklich zu erklären, wie zufrieden er mit meiner Arbeit ist. »Und das sage ich nicht oft zu einer Gefangenen!« Fast entschuldigend fügt er hinzu: »Ich würde dir gerne den größtmöglichen Bonus geben, den wir zahlen können – aber du weißt, dass das auch nicht viel ist.«

»Danke, Mr. Bates«, stottere ich und werde ein bisschen rot. Das Lob ist mir viel wichtiger als das Geld. Denn so weiß ich, dass meine Arbeit von jemandem wahrgenommen wird.

In diesen Winterwochen stürzen sich einige Frauen schon wieder in die Vorbereitungen für die nächste Feier. Der Valentinstag rückt näher und löst einen wahren Dekorationsrausch aus. Am 14. Februar stehen lange, mit weißen Bettlaken gedeckte Tische in unserer Halle. Die riesigen Rosensträuße darauf sehen täuschend echt aus. Jede einzelne Blume wurde von Gefangenen kunstvoll aus Papier gefaltet. Andere liefern zur Feier des Tages kulinarische Höchstleistungen ab.

Manchmal frage ich mich wirklich, warum diese Frauen mit ihrer Kreativität nicht etwas Besseres anfangen konnten, als kriminell zu werden.

Zehn Tage nach dem Valentinstag feiern wir Grannys Geburtstag. Das Motto für die Dekoration hat sich eine ihrer Freundinnen ausgedacht, es lautet unübersehbar »Penis«. Das männliche Geschlechtsorgan ist schließlich immer noch Grannys liebstes Gesprächsthema.

Sherrie hat aus altem Toastbrot mit Wasser eine Art Salzteig gemacht und einige beeindruckend echt aussehende Penisse geknetet. Sie hat die Teile rosa angemalt, mit Schamhaaren aus Wolle dekoriert und an Fäden über Grannys Bett aufgehängt. Audrey hat einen Kuchen in Penisform gebacken. Eine Geschenkbox aus Pappkarton sieht ebenfalls aus wie ein erigiertes Glied. Und Franzi und ich finden in der aktuellen Ausgabe des *Sterns* das Foto eines nackten Mannes mit roten Haaren. Oben und unten. Wir stellen es in meinem rosafarbenen Bilderrahmen als Dekoration auf den Gabentisch.

Am Nachmittag ihres Geburtstags ist Granny leicht überdreht und sehr gut gelaunt. Sie freut sich über all die Geschenke und über das Geschnatter um sie herum. Zwischendurch schaut ein dicker Wachmann – derjenige, der bevorzugt Stühle von der Galerie in die Halle hinunterwirft – bei uns herein und schüttelt mit Blick auf die derbe Dekoration den Kopf. »Ihr braucht alle Hilfe«, murmelt er und verschwindet schleunigst wieder in das Wachzimmer. Seine Kolleginnen lassen sich ebenfalls blicken, bewundern die Zimmerdecke und ziehen kichernd und prustend wieder ab. Für sie ist es wahrscheinlich eine prima Geschichte, die sie draußen ihren Freunden erzählen können: So verrückt benehmen sich Gefängnisinsassinnen.

Franzi und ich haben Ende Februar eine eigene kleine Party zu feiern. Ich habe meine ersten hundert Tage im Gefängnis überstanden. Und für sie brechen die letzten hundert Tage an. Wir leisten uns zur Feier dieses Jubiläums einen *Cheesecake* und sind guter Dinge. Den Rest unserer Zeit hier werden wir schon überstehen.

Für den nächsten Tag hat sich Besuch aus der deutschen Botschaft aus Washington angekündigt. Als wir mit der Diplomatin und ihrer Assistentin im Besucherraum sitzen und unsere jeweilige Situation besprechen, wird mir erst bewusst, wie unterschiedlich unsere Sorgen und Nöte sind. Während es mir vor allem darum geht, auf dem schnellsten Weg nach Deutschland zurückzukommen, bewegt Franzi die Angst, ihre Kinder niemals wiederzusehen.

Die Frauen aus der Botschaft können uns nicht wirklich helfen. Aber sie sitzen mit offenen Mündern da und sind beeindruckt von unseren Geschichten. Dann vertrösten sie uns. Unsere Fragen können sie erst beantworten, wenn sie die notwendigen Auskünfte bei den amerikanischen Behörden eingeholt haben.

Als wir uns voneinander verabschieden, ist die Zeit für das Mittagessen schon lange vorbei. Da mich aber inzwischen so gut wie jeder in der Küche kennt, dürfen wir trotz dieser Verspätung noch in die *Chow Hall* schlüpfen. Der Wachmann holt uns als Erstes zu sich in sein Kabuff.

»Mit wem habt ihr euch getroffen?«, fragt Hanson.

»Mit der deutschen Botschaft.«

»Staatsbesuch? Was wollen die hier?«

»Die wollten wissen, ob es uns gut geht.«

»Wieso das denn, glauben die, wir misshandeln euch hier?«, fragt er etwas gereizt. Einige Wachleute in Hazelton haben noch nie erlebt, dass jemand aus einer ausländischen Botschaft im Gefängnis vorbeigekommen ist, dabei sitzen viele

Mexikanerinnen und Kolumbianerinnen hier. Nur wir beiden Deutschen sind anscheinend ein Fall für die Diplomatie.

Hanson weist Marta an, uns mit einer »anständigen« Mahlzeit zu versorgen. Wir fühlen uns wie Ehrengäste. Ausnahmsweise sind nicht nur die Pommes frites, die neben dem Burger auf dem Tablett liegen, noch warm, sondern sogar der Käse.

Als ich am nächsten Tag bei Franzi hereinschaue, liegt sie ganz gegen ihre Gewohnheit am helllichten Tag im Bett.

»Geht's dir nicht gut?«, frage ich.

»Ich bin gefeuert«, sagt sie und dreht sich zu mir um. »Dabei hat mir der Unterricht richtig Spaß gemacht – und meinen Schülerinnen auch.« Sie erzählt, dass sie am Vormittag gleich nach Schulbeginn ins Büro für Bildungsangebote zitiert wurde. Ein Justizangestellter teilte ihr kurz und bündig mit, ihre Dienste würden ab sofort nicht mehr benötigt.

»Hast du nicht nach dem Grund gefragt?«

»Er hat gesagt, ich hätte den Wachleuten nicht den nötigen Respekt erwiesen. Als sie mich holen kamen, weil der Besuch aus der Botschaft da war, bin ich nicht sofort mitgegangen, sondern habe sie kurz vor der Tür zum Kursraum warten lassen, bis meine Klasse eine Aufgabe gelöst hatte.«

Dies sei zudem nicht der erste Vorfall dieser Art gewesen: Man wirft ihr zusätzlich vor, dass sie bei einem Probealarm vor einigen Tagen nicht sofort aus dem Gebäude geflohen ist, sondern vorher ein Lehrbuch in die Ausgabestelle zurückgebracht hat. Franzi ist am Boden zerstört. Die Arbeit als Lehrerin für »Englisch als Fremdsprache« hat ihr großen Spaß gemacht.

»Weißt du, ich hab wirklich Verantwortung für die Mädels übernommen und versucht, ihnen etwas Positives mitzugeben«, sagt sie traurig. »Natürlich breche ich nicht mitten im Satz meinen Unterricht ab, wenn mich die Wachen abholen.« Bis zu 30 Frauen saßen bei ihr im Klassenraum, fast alle Latinas, die nach der Haft in ihre Heimatländer abgeschoben werden. »Ich hab sie immer wieder zum Lernen ermutigt. Denn wenn sie ein bisschen Englisch können, haben sie in Mexiko oder Kolumbien bessere Chancen auf einen Job. Aber der Justiz ist das völlig egal.«

Auch von der deutschen Botschaft erhält sie ein paar Tage später schlechte Nachrichten. Franzi muss davon ausgehen, dass sie direkt aus dem Gefängnis nach Deutschland abgeschoben wird. Meine Freundin befürchtet, dass sie ihre Kinder auf Jahre nicht mehr wiedersehen wird.

»Lass uns essen gehen, Sport machen oder eine Runde quatschen«, schlage ich ihr immer wieder vor. Doch sie liegt nur in ihrem abgedunkelten Zimmer.

»Steffi, versteh doch bitte. Ich möchte meine Ruhe haben«, antwortet Franzi zutiefst niedergeschlagen und wendet sich ab.

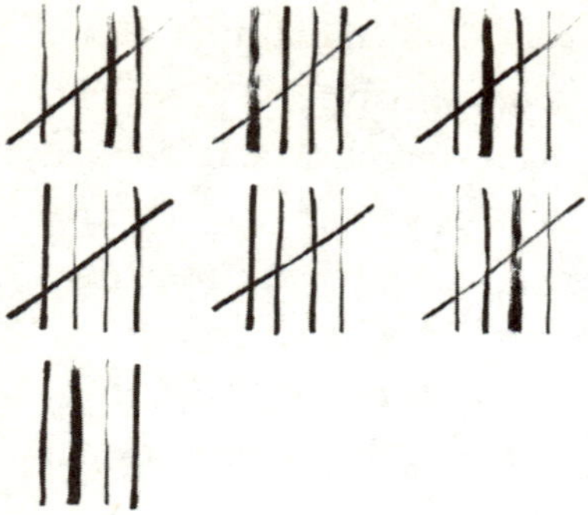

»Ich habe deine Bewerbung geprüft«, verkündet mir Mrs. Winter feierlich und legt eine Kunstpause ein, um es ein bisschen spannend zu machen. »Und ich darf dich jetzt als Mitarbeiterin im Hundeprogramm willkommen heißen.«

Obwohl ich mit dieser Zusage gerechnet habe, freue ich mich sehr. Unsere Gefangenenbetreuerin erklärt mir, dass ich zunächst eine vierwöchige Probezeit absolvieren muss. »Du hast ab sofort jeden Tag Kurse, musst Tests schreiben und an den Übungen in der Turnhalle teilnehmen.«

»Ich werde mir alle Mühe geben.«

»Und noch etwas«, fährt Mrs. Winter fort. »Bei unserem öffentlichen Ereignis am 7. März möchte ich dich dabeihaben. Zieh dir was Hübsches an!«

So viel Auswahl bietet der Kleiderschrank im Gefängnis zwar nicht, aber ich weiß, was sie meint. Ich soll mich nett zurechtmachen, schminken und frisieren.

Meinen Job in der Küche kündige ich sofort. Coleman und meine Kolleginnen schauen mich perplex an, als ich ihnen mitteile, dass ich schon am nächsten Tag nicht mehr kommen werde. Normalerweise wird man gefeuert, man geht nicht freiwillig. Aber ich bin heilfroh, dass ich dieses Kapitel abschließen kann.

Alle im Hundeprogramm sind mit dem bevorstehenden

Bump (»Zusammenstoß«) beschäftigt. An diesem Tag kommen die künftigen Hundehalter – Menschen mit körperlichen oder psychischen Problemen – gemeinsam mit ihren Familien und Freunden nach Hazelton und suchen sich ein Tier aus. Genau genommen suchen sich die Hunde ihre künftigen Herrchen oder Frauchen aus, denn sie spüren instinktiv, ob die Chemie zwischen Tier und Mensch stimmt.

Jeden Vormittag erlebe ich in der Turnhalle, was ein Hund alles für einen Menschen tun kann. Airlie zum Beispiel absolviert im Umgang mit einer behinderten Frau – die von ihrer Betreuerin namens Jay gespielt wird – ein komplexes Programm. Es beginnt damit, dass Jay im Bett liegt und aufstehen will. Prompt ist Airlie zur Stelle, zieht ihr die Decke weg und stellt sich so neben das Bett, dass Jay sich auf ihren stabilen Schultern abstützen kann. Dann weist die Frau den Hund an, ihr das Telefon zu bringen. Sie möchte Freunde einladen. Am Ende des Telefonats fragt Jay, ob Airlie auch kurz »Hallo« sagen möchte. Da bellt das Tier einmal laut auf und bringt den Hörer anschließend zurück zum Telefontisch.

Später klingeln die Freunde an der Tür. Airlie drückt die Klinke herunter und lehnt sich gegen die Tür, damit diese aufgeht. Sie holt ein Kartenspiel für Jay aus einer Schublade und bleibt ruhig unter dem Tisch liegen, solange die Freunde damit spielen. Als Jay Durst bekommt, holt Airlie ihr eine Dose Pepsi aus dem Kühlschrank. Als ihr Frauchen das Getränk versehentlich umkippt, säubert die Hündin den Fußboden mit einem Wischtuch und legt dieses danach in die Waschmaschine. Airlie hilft Jay auch dabei, bei einem Pizzadienst anzurufen und etwas zu bestellen, öffnet dem Boten die Tür und übernimmt die Abwicklung der Bezahlung. Ich bin fasziniert, wie viel so ein Hund erledigen kann. Die Türen all dieser Möbelstücke und Haushaltsgeräte in unserer improvisierten

»Trainingswohnung« sind natürlich hundegerecht mit Kordeln an den Griffen ausgestattet.

Die Hunde durchlaufen nicht ihre gesamte Ausbildung bei uns. Sie kommen auch für eine Weile in den Männerknast, um dort das andere Geschlecht kennenzulernen. Männliche Gefangene aus dem halb offenen *Camp* auf dem Gefängnisgelände fahren außerdem ab und zu mit den Hunden in die benachbarte Kleinstadt, um sie daran zu gewöhnen, mit größeren Menschenmengen und dem Straßenverkehr klarzukommen. Uns Frauen der höheren Sicherheitsstufe traut die Justiz solche Ausflüge natürlich nicht zu.

Gemeinsam mit Kelly übernehme ich die Verantwortung für das Training und die Betreuung von Willow. Der Hund im Zimmer stört mich komischerweise kein bisschen, im Gegenteil. Durch Willow ist bei uns alles ein bisschen fröhlicher und lebendiger. Sie weiß genau, dass sie unseren Raum nicht verlassen darf, wartet brav auf der Schwelle auf uns. Wenn ich dorthin zurückkehre, wedelt sie mit dem Schwanz und dreht oft fast durch vor Freude. Wenn ich am Schreibtisch sitze, stupst sie mich mit der Schnauze in die Seite und schleppt ihre Spielsachen an – neben dem gurkenförmigen Alligator ist das eine gehäkelte Biene. Willow hat mich augenscheinlich als die Person ausgesucht, die sie bedingungslos liebt. Und ich habe auch einen Narren an ihr gefressen.

Obwohl Kelly anfangs etwas angeberisch behauptet hat, Willow gehöre hier zu den absoluten Spitzenhunden, ist sie noch nicht besonders gut erzogen. Manche Anweisungen befolgt sie zwar tadellos. Wenn sich Kelly zum Beispiel ans andere Ende der Halle stellt und Willow befiehlt, Hilfe zu holen, wuselt sie stumm und diszipliniert durch die Menge der Gefangenen, bis sie ihren Auftrag erfüllt hat. In anderen Situationen geht es aber einfach mit ihr durch. Nachdem es draußen wieder einmal geschneit hat, flippt sie regelrecht aus, reißt sich von der Leine los, jagt wild über den Innenhof und wälzt sich im Schnee. Kelly holt sie zurück und weist sie harsch in ihre Schranken. Sie wirft Willow zu Boden und zeigt ihr, wer der Boss ist. Natürlich kann man diesem verrückten Huhn aber nicht wirklich böse sein.

Meine *Bunky* kann meine Unterstützung gut gebrauchen. Oft liegt sie nachmittags erschöpft im Bett. Wenn sie ihren Spind öffnet, sehe ich dort riesige Bestände an Medikamenten gegen ihre chronische Krankheit. Außerdem gibt es schlechte Nachrichten von ihren Kindern: Ihr 16-jähriger Sohn sitzt neuerdings im Knast.

»Seine eigene Oma hat ihn angezeigt!«, erzählt mir Kelly empört und verzweifelt. »Kann man sich so etwas vorstellen?«

»Was hat er denn verbrochen?«, frage ich.

»Na ja, er hat sie wohl beklaut, und als das rauskam, ist er handgreiflich geworden.«

Im Stillen habe ich Verständnis für die Großmutter, die mit ihrem Enkel wahrscheinlich einfach nicht mehr fertigwurde.

Als ich Franzi davon erzähle, fällt ihr Kommentar noch um einiges schärfer aus. »Ist doch Kellys Schuld, dass ihr Sohn auch abgestürzt ist«, meint sie knallhart. »Die hat sich immer wieder die falschen Freunde gesucht und ihre Drogenkontakte wichtiger genommen als ihre eigenen Kinder. Sogar einen Deal, der ihr Bewährung eingebracht hätte, hat sie ausgeschlagen, weil sie ihre Drogenfreunde nicht verpfeifen wollte. Jetzt sitzt sie dafür im Knast. Ehrlich gesagt tut sie mir nicht leid.« Wenn sie könnte, würde Franzi alles dafür tun, wieder mit ihren Kindern zusammen zu sein.

Als Kelly ein paar Tage später von ihrer Mama erzählt, die zurzeit in der SHU sitze, bin ich irritiert. Spricht sie von der Großmutter ihrer Kinder, der Frau, die draußen in einer Versicherungsgesellschaft arbeitet? Oder wen meint sie? Erst allmählich dämmert mir, dass Kelly sich im Knast eine Ersatzfamilie gesucht hat. Ihre Knastmutter ist eine Gefangene aus dem Nachbarblock, die ich nur flüchtig kenne. Auf den ersten Blick wirkt diese Brenda wie eine sehr mütterliche und warmherzige Frau. Doch Granny weiß es besser. »Bei der kannst du Pillen aller Art kaufen. Sie ist die mächtigste Dealerin in Hazelton. Halt dich besser von ihr fern«, erzählt sie mir. Für Kelly ist diese Ersatzmutti, die sich im selben Milieu bewegt wie sie selbst, offenbar genau richtig.

Meine Bunky scheint auch eine Anhängerin der *White Supremacy*, der Ideologie von der weißen Überlegenheit, zu sein. In ihrem Fall kommt mir das besonders verrückt vor, denn der Vater ihres Sohnes ist Latino, und das sieht man dem Jungen auch an. Josh ist ein ausgesprochen hübscher Junge, trotzdem musste Kelly sich von ihrem Vater und den Großeltern jahrelang Vorwürfe anhören, dass sie sich ein Kind von »so einem« hat anhängen lassen.

Am Donnerstag, den 7. März, ist alles für den *Bump* bereit. Die Hunde sollen sich heute von ihrer besten Seite zeigen, sind extra gebadet und gebürstet und mit einem *Paws4Prisons*-Halstuch ausgestattet.

Die Tatsache, dass auch Lokalreporter zu diesem Ereignis erwartet werden, hat mir im Vorfeld einige Bauchschmerzen bereitet. Ich musste unterschreiben, dass ich mit der Aufzeichnung und Veröffentlichung von Bild- und Tonmaterial einverstanden bin. Die Vorstellung, dass jemand noch fünf Jahre später irgendwo im Internet Aufnahmen von mir finden kann, die mich als begeisterte Teilnehmerin eines Gefängnis-Programms zeigen, gefällt mir nicht. Letztlich tröste ich mich mit dem Gedanken, dass ich mich als neue Teilnehmerin sowieso im Hintergrund halten soll.

Etwa 70 Menschen kommen an diesem Tag in unserer großen Mehrzweckhalle zusammen. Die Bewerber um einen

Hund, deren Familien, die Radio-Reporter, die Programmleiter und wir. Als Erstes stellen wir uns der Reihe nach vor, nennen unsere Straftaten und das Strafmaß. Mein Fall ist der harmloseste. Andere Frauen sprechen von Drogenhandel, von Verkehrsunfall mit Todesfolge oder sogar von Beihilfe zum Mord. Keine ist zu einer Strafe von über 15 Jahren verurteilt. Die meisten der zwanzig Teilnehmerinnen sind Weiße. Nur zwei Latinas, eine Schwarze und eine Hawaiianerin sind dabei.

Dann werden die Hunde der Reihe nach hereingeführt, um ihre sorgfältig einstudierten Kunststücke zu zeigen. Airlie präsentiert ihre Hilfeleistungen im Haushalt. Harper, ein weißer Labradoodle, geht ihrem Frauchen im Rollstuhl zur Hand, sortiert in einem improvisierten Waschsalon Wäsche nach Farben, auf die diese mit einem Laserpointer zeigt, legt sogar ein Bettlaken zusammen und holt Weichspüler vom Tresen. Außerdem schirmt sie ihr Frauchen von anderen Kunden ab, die ihr zu nahe kommen könnten. Zum Schluss zeigt Veronika, was ihr Hund Avery kann. Er erkennt Wörter, die sie nicht ausspricht, sondern nur auf eine Schultafel schreibt, und führt die entsprechenden Kommandos aus.

Unter unseren Besuchern sind auch einige, die bereits über ihre Erfahrungen mit einem Service-Hund berichten können. Eine Mutter und ihr Sohn, der in einem elektrischen Rollstuhl sitzt, erzählen, dass dieser gerade seinen Highschool-Abschluss geschafft habe. Mit dem Hund, den er vor einem Jahr aus Hazelton bekam, habe Alex ein wenig Eigenständigkeit erobert, sei sogar regelmäßig mit dem Schulbus gefahren. Zu Hause bediene der Hund das Handy des Jungen ohne Aufforderung. Er höre den Vibrationsalarm, sobald eine Nachricht eingehe, und apportiere es sofort.

»Seitdem gibt's bei uns kein Abendbrot mehr ohne Smartphone«, beschwert sich Alex' Mutter scherzhaft. Für den Golden Retriever haben sie inzwischen sogar eine eigene

Facebook-Seite ins Netz gestellt, auf der die Familie über ihre Erlebnisse mit dem Hund berichtet.

Danach stellen sich die drei Kandidaten vor, die sich diesmal um einen Hund bewerben. Der erste ist ein junger Ex-Marinesoldat um die dreißig, der beide Beine im Krieg verloren hat. Seine Carbon-Prothesen trägt er unter seinen kurzen Hosen für jeden sichtbar. Er ist Familienvater und hat seinen anderthalbjährigen Sohn mitgebracht. Vergeblich versucht der niedliche Kleine, das Trainingstelefon der Hunde zu benutzen und dem Gerät irgendwelche Töne zu entlocken. Sein Vater braucht einen Hund, um sich wieder sicher zu fühlen und schlafen zu können. Seit dem Krieg lebt er in ständiger Angst vor einem Überfall auf seine Familie.

Als Zweites stellt sich eine Familie mit ihrem neunjährigen Sohn vor. Der Kleine schleppt ständig einen Rucksack mit sich herum, der ihn über Schläuche mit Nahrung versorgt. Er ist viel zu früh geboren, leidet unter Schädigungen verschiedener innerer Organe und ist fast taub.

Die dritte Kandidatin ist ebenfalls eine Kriegsrückkehrerin. Auf ihrer eigenen Militärbasis ist sie attackiert und mehrfach vergewaltigt worden – wahrscheinlich von ihren Kollegen. Immer wieder bricht sie in Tränen aus, als sie ihre Geschichte erzählt. Sie traut sich kaum noch auf die Straße, leidet unter Ängsten, Sprachstörungen und Schamgefühlen.

Alle drei, so glauben wir, werden bei diesem Treffen ihren Hund finden – oder besser von einem Hund gefunden werden. Auf die Familie mit dem Kleinkind springt ein schokoladenfarbener Labrador zu, bewegt sich aber sehr behutsam gegenüber dem Kleinkind. Vater und Sohn drehen eine Runde mit ihm durch den Saal, und die drei wirken dabei so vertraut miteinander, dass alle gerührt sind. Der Golden Retriever Morgan guckt sich den neunjährigen Jungen aus und präsentiert sich als perfekter Familienhund: witzig, klug und voller Energie.

Die ehemalige Soldatin setzt sich spontan auf den Boden, als die Hunde hereinkommen. Gleich zwei der Tiere landen nacheinander in ihrem Schoß und fühlen sich dort pudelwohl.

Die endgültige Auswahl werden die Leiter des Programms erst in ein paar Tagen bekannt geben. Es kann danach noch bis zu einem Jahr vergehen, bis die Tiere endgültig bei ihren neuen Besitzern ankommen, denn nach dem *Bump* werden die einzelnen Hunde noch darauf trainiert, die speziellen Bedürfnisse ihrer künftigen Besitzer zu erfüllen.

Als ich abends müde ins Bett sinke, habe ich nach langer Zeit wieder einmal das Gefühl, dass ich an etwas Sinnvollem teilhabe.

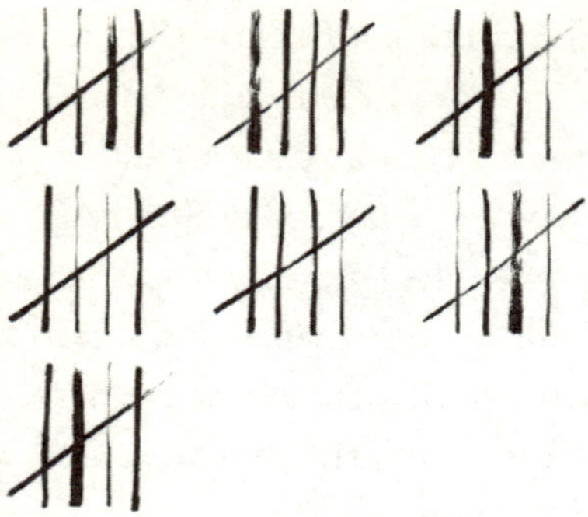

Mitte März wird Sherrie entlassen. Zum ersten Mal erlebe ich aus nächster Nähe, wie sich eine Gefangene auf diesen großen Tag vorbereitet. Sie verkauft oder verschenkt alles, was sie nicht mitnehmen darf, lässt sich die Haare noch einmal glätten. Sie möchte gut aussehen, wenn sie zu Hause ankommt. Weil Sherrie kein Geld für ein Flugticket hat, wird sie mit dem Bus nach North Carolina fahren, eine Reise von 17 Stunden. Es ist zu hoffen, dass sich ihr 21-jähriger Sohn bei ihrer Ankunft um sie kümmert.

Als sie am Tag X durch den Lautsprecher ausgerufen wird, hat sie sich längst von uns allen verabschiedet. Sehr aufrecht geht sie quer durch die Halle, winkt noch einmal zurück – und dann ist sie weg.

Auch ich packe mal wieder meine Sachen, aber nur um ein paar Türen weiterzuziehen. Mrs. Winter hat diesen Zimmerwechsel angeordnet, und ich bin ganz froh darüber. Mein Verhältnis zu Kelly ist inzwischen ziemlich gespannt, weil sie mich immer noch dauernd anschnorrt.

Mein neues Zimmer 213 hat ebenfalls einen Hundekäfig, doch der steht momentan leer. Von den 16 Räumen, die zu *Paws4Prisons* gehören, sind nur zehn mit Hunden belegt. Für zwei Nächte teile ich das Zimmer mit Donna. Sie ist hier eine Außenseiterin, spricht ganz leise, wirkt ein bisschen devot und ist tiefreligiös. Mit dem Hundeprogramm hat sie nichts zu tun. Sie hatte einfach nur das Glück, für ein paar Monate hier oben wohnen und ihre Bibelstudien betreiben zu dürfen.

Donna sitzt wegen angeblicher Pädophilie im Knast. Sie soll es geduldet haben, dass ihre geistig etwas zurückgebliebene Tochter nackt fotografiert wurde – mit dem Ziel, diese Bilder zu pornografischen Zwecken zu missbrauchen. Ich kann mir kaum vorstellen, dass das stimmt, aber es wurden tatsächlich Fotos von dem nur leicht bekleideten Mädchen in ihrem Haus gefunden. »Es gibt Dinge, die nicht so sind, wie sie aussehen«, ist Donnas einziger Kommentar. Sie ist für jedes Foto einzeln verurteilt worden und verbüßt eine Strafe von 15 Jahren.

Nach zwei Tagen räumt Donna ihr Bett für Tiffany, die ich als Köchin für Selinas Geburtstagsparty kennengelernt habe. Donna weint lange und bitterlich, denn sie hat die Ruhe hier oben genossen. Aber Tiffany hat aufgrund ihrer körperlichen Beschwerden Anspruch auf ein unteres Bett und darf deshalb in das Zimmer 213 einziehen.

Ausgerechnet die Frau mit der orangefarbenen Mütze, die alle für etwas bescheuert halten, entpuppt sich jetzt als sehr angenehme *Bunky*. Tiffany ist 39 Jahre alt, hat draußen angeblich als Sanitäterin gearbeitet und stürzt sich wie eine Besessene auf die Säuberung unseres Zimmers. Sie wachst und schleift den Boden, so dass er wunderbar glänzt, und ist froh, wenn ich den Raum verlasse und sie in Ruhe putzen kann. Zusätzlich konkurriert sie mit Granny darum, für mich zu waschen, reißt mir meine Wäsche förmlich aus der Hand. Glücklicherweise terrorisiert sie mich aber nicht mit neurotischen Forderungen, wie ich es von anderen kenne. Bei denen muss man seine Schuhe vor dem Betreten des Zimmers ausziehen und darf keinen einzigen Wassertropfen verspritzen, der die gewachste Fläche beflecken könnte.

Tiffany erzählt mir, dass sie krank sei, seitdem sie ihren Sohn im Gefängnis entbunden hat. Als sie festgenommen wurde, war sie erst in der dritten Woche schwanger. Natürlich nahm niemand Rücksicht auf ihren Zustand. Die Geburt sollte sie mit gefesselten Händen hinter sich bringen. Das Ganze endete mit einem Kaiserschnitt.

Schon kurz danach habe man sie mit Fuß- und Handschellen in ein anderes Gefängnis verlegt. Während des Transports sei die frische OP-Narbe wieder aufgeplatzt, und durch die Kette habe sie sich schwere Bauchverletzungen zugezogen. Dafür habe sie die Verantwortlichen auf Schadensersatz und Schmerzensgeld in Millionenhöhe verklagt.

Franzi wohnt mittlerweile mit Diamond und Chanel zusammen. Die beiden Schwarzen kommen zwar aus einer anderen Welt als meine Freundin, aber sie sind ihr gegenüber freundlich und aufgeschlossen. Nach einigen schlimmen Erfahrungen mit Mitbewohnerinnen kommt Franzi mit diesen beiden gut klar.

Diamond und Chanel wollen ihr unbedingt einen ihrer Tänze beibringen, bei dem die Tanzende ihr Hinterteil so aufreizend herumschwenkt, dass die Männer reihenweise in Ohnmacht fallen.

»Den Nigga krieg ich rum!«, sagt Diamond ungefähr zehnmal am Tag. Anfangs bin ich völlig entsetzt darüber, dass sie das N-Wort benutzt. Mir ist eingebläut worden, dass der Ausdruck »Neger« oder gar »Nigger« rassistisch und auf keinen Fall zu verwenden ist. Aber es gibt dabei einen wichtigen Unterschied. Weiße sagen »Nigger« mit Betonung auf der Endung mit »er«. Schwarze sagt »Nigga« und betonen dabei die erste Silbe. Damit ist etwas Ähnliches wie »Alter« oder »Kumpel« gemeint, jedenfalls keine Beschimpfung oder Abwertung.

Chanel hatte draußen ein gut laufendes Kosmetikgeschäft. Von den Einkünften konnte sie ihre vier Kinder ernähren, und das erwartete ihr Mann auch von ihr. Sie schaffte das nötige Geld ran, während er auf der faulen Haut lag oder andere Frauen schwängerte. Chanel und Diamond kennen es nicht anders.

»Bei vielen Frauen lässt sich der Typ nur einmal im Jahr blicken«, weiß Diamond zu berichten. »Pünktlich wenn die Steuervergünstigungen für Kinder ausgezahlt werden, da kannst du die Uhr nach stellen. Dann macht er ihr schöne Augen, schwört, dass er diesmal bleibt. Aber sobald sie ihm die Kohle gegeben hat, ist er wieder weg.«

Chanel ist trotz ihres gut laufenden Ladens irgendwann gierig geworden ist. Sie hat Schecks gefälscht und Kreditkartendaten anderer Leute missbraucht, deshalb sitzt sie jetzt im Knast. Diamond hat sich angeblich überhaupt nichts zuschulden kommen lassen. Ihr Freund war aber einer der größten Dealer in ihrem Viertel, und natürlich wusste Diamond von seinen Geschäften. Beide wurden verhaftet. Aber während ihr Liebster erstaunlicherweise schon wieder draußen ist, muss Diamond zwei Jahre absitzen. Franzi regt es auf, dass sie ihn immer wieder darum bittet, ihr Geld zu schicken.

»Hör mal, willst du eigentlich, dass dein Typ mit dem Mist aufhört?«, fragt sie ihre Mitbewohnerin.

»Du meinst, dass er nicht mehr dealt? Klar wünsch ich mir das!«

»Dann setz ihn nicht immer wieder unter Druck, dass er dir Geld schickt! Von einem normalen Job kann er sich doch nur mit Mühe und Not selbst versorgen. Der hat nicht ständig ein paar Hunderter übrig, die er dir in den Knast schicken kann!«

Mitte März schneit es immer noch. Die Gefangenen, die in ihren billigen Schneeanzügen die Wege auf dem Innenhof räumen müssen, wirken wie Sträflingskolonnen bei Arbeitseinsätzen in der Wüste.

Sobald sich die Sonne zeigt, gehen Franzi und ich raus. Meine deutsche Freundin hat sich inzwischen wieder etwas gefangen, zählt jetzt die Tage, die sie hier noch verbringen muss. Einmal legen wir uns einen ganzen Nachmittag lang auf eine Betonfläche, auf der die Schneedecke schon weggeschmolzen ist, und uns wird richtig schön warm. Wir haben eine Jacke unter uns ausgebreitet, krempeln die Ärmel hoch und genießen die erste Frühlingssonne. Am Abend bin ich krebsrot verbrannt.

»Giesselbach, wie siehst du denn aus?«, fragt mich Hanson, als ich bei der Essenausgabe meine Karte durch den Scanner ziehe.

»Ich war zu lange an der Sonne. Hab hier oben die Strahlung unterschätzt und mich nicht eingecremt.«

Er lacht, als hätte ich einen unglaublich lustigen Witz gemacht.

»Gib's zu! Du hast dir jemanden angelacht!«, flachst er drei Tage später, als auch noch ein Herpes auf meiner Lippe aufblüht.

»Ist nicht Ihr Ernst, oder?«, gebe ich zurück. »Sie haben doch meinen Sonnenbrand gesehen!«

»Schon klar«, sagt er beschwichtigend. »Ich weiß doch, dass du nicht mit Frauen rummachst.«

Franzi steht daneben und feixt. Aber mir sind seine lautstarken Sprüche total peinlich.

Dass meine Freundin sich neuerdings sorgfältig zurechtmacht, fällt nicht nur mir auf. Bald ist es nicht mehr zu übersehen. Ein Wachmann namens Pepper, von dem sie mir schon ein paarmal erzählt hat, ist jetzt oft zum Dienst in unserem Block eingeteilt. Franzi verbringt viel Zeit in seinem Büro. Natürlich fragen sich alle, was da läuft. Ich habe keine Lust auf diesen Tratsch und beschließe, mir einfach nichts dabei zu denken.

Meine Beziehung zu Christoph bereitet mir viel mehr Sorgen. Noch immer versuche ich unzählige Male vergeblich, ihn zu erreichen, warte auf ein freies Telefon, wähle mir den Finger wund, spreche meinen Namen auf Band, gebe erst seine Nummer und dann meine PIN ein, um dann doch wieder auf seiner Mailbox zu landen. Die darauffolgende halbe Stunde bin ich dann für jedes weitere Telefongespräch gesperrt und tigere wütend in der Halle herum. Ich fühle mich unerträglich abhängig, würde am liebsten nie wieder hinter ihm hertelefonieren. Doch er kann mich nicht zurückrufen, solange ich im Gefängnis sitze.

Sein Festnetzanschluss sei weiterhin kaputt, so erzählt er mir, wenn ich ihn endlich doch an die Strippe kriege. Und er kommt anscheinend nicht auf die Idee, sich mal zu seinen Eltern zu bewegen, damit ich ihn dort anrufen kann. Sein Besuchsantrag liegt Mrs. Winter auch immer noch nicht vor. Steckt dahinter wirklich eine Schlamperei der US-Behörden oder hat er ihn noch gar nicht abgeschickt?

»Warum kümmert sich dein Freund eigentlich nicht um deine Angelegenheiten? Warum schickt er dir kein Geld?«, fragen mich die Mädels, wenn sie mitbekommen, wie wütend und enttäuscht ich deshalb oft bin. »Warum erledigt dein Vater oder dieser Typ aus Chicago alles für dich?« Ich weiß es ehrlich gesagt auch nicht. Inzwischen steht Ostern vor der Tür und Christophs Besuch rückt immer näher. Dieses Jahr fallen die Feiertage schon auf Ende März. Ich versuche, mich auf Christoph zu freuen, aber leicht macht er es mir nicht. Immer wenn ich nachfrage, hat er seinen Flug noch nicht gebucht.

Am Dienstag vor den Feiertagen kommt es zum Knall zwischen uns. Wieder mal druckst er minutenlang am Telefon herum, bis ich ihn schließlich wütend frage: »Kommst du denn überhaupt?«

»Ich glaube nicht«, antwortet er kleinlaut.

Ich atme tief durch. Die nächste Frage liegt mir schon auf der Zunge: »Denkst du, dass wir noch eine Zukunft miteinander haben?«

»Ich glaube nicht.«

Es trifft mich hart. Ich versuche, ruhig zu bleiben. Wir haben nur 15 Minuten, die bald abgelaufen sind, und um mich herum herrscht ein Höllenlärm. Gefangene lachen, schnattern oder heulen in eins der sechs Telefone, andere brüllen quer durch die ganze Halle.

»Gibt es eine andere?«, frage ich mit einem dicken Kloß im Hals.

»Natürlich nicht!«, wehrt er ab. »Ich hatte wirklich vor zu kommen, um mit dir persönlich darüber zu sprechen ... aber es wäre vielleicht nicht so passend in dieser Umgebung.« Aha. Aber das hier, am Telefon, im Knast, das findet er passend? Nach sieben Jahren? Ich bin sprachlos. Ein Pfeifton signalisiert, dass meine Sprechzeit zu Ende ist.

»Du rufst gleich noch mal an?«, bittet er mich.

»Da kannst du Gift drauf nehmen. Ich hätte nämlich gerne ein paar Antworten von dir.« Ich lege auf. Jetzt nicht losheulen. Nicht vor aller Augen weinend durch die Halle gehen. Mit starrem Gesichtsausdruck schaffe ich es bis in mein Zimmer, schmeiße mich aufs Bett und lasse meinen Tränen freien Lauf.

Es dauert ein bisschen, bis ich das Zimmer wieder verlassen darf. Erst muss ich den Nachmittags-*Count* über mich ergehen lassen. Sofort danach laufe ich wieder zum Telefon und wähle mich mit zitternden Fingern durch die Anmeldeschritte.

Ich werde nach Deutschland durchgestellt.

Bei ihm ist nur die Mailbox dran.

In den folgenden Tagen bin ich traurig und wütend. Nach und nach informiere ich meine Eltern und Freunde, und sie bringen einiges in Erfahrung. Trotz all seiner Beteuerungen gibt es nämlich schon seit längerer Zeit eine andere. Eine Kollegin. Sie wohnt bereits bei Christoph, hat mit ihm Weihnachten gefeiert und postet ein entsprechendes Foto auf Facebook. Sie schläft in meiner Bettwäsche und benutzt meine Möbel, die ich bei ihm deponiert habe. Ich bin absolut sprachlos. Und nicht nur ich. Wie er der Frau wohl beigebracht hat, dass er mit mir eine Woche Urlaub in Florida verbringt, frage ich mich. War das für ihn nur eine Pflichtübung gegenüber dem armen Justizopfer? Danach hat es sich eigentlich nicht angefühlt ...

Seine Eltern sind noch entsetzter als meine. Christophs Mutter hat all die Jahre Kontakt mit mir gehalten, mir ins Gefängnis geschrieben und viele Bücher geschickt. Klar, sagen alle, dass eine Beziehung auseinandergeht, kann passieren. Dass unsere Liebe dem Druck, unter dem wir seit fünf Jahren stehen, nicht standgehalten hat, sei verständlich. Aber die Art und Weise, wie mich Christoph monatelang hinters Licht geführt habe, verurteilen alle aufs Schärfste.

Unzuverlässigkeit und Lügen sind das Letzte, was man im Knast gebrauchen kann. Das schreibe ich Christoph in einer langen Mail, in der ich ihn mit seinen gesammelten Ausflüchten und Ausreden konfrontiere.

Nach ein paar Tagen kommt seine Antwort. Sie liest sich wie ein unpersönlicher Geschäftsbrief. Oberflächlich gibt er mir in allem recht und bietet mir jetzt auf einmal die Unterstützung an, auf die ich so vergeblich gewartet habe. Ich sitze vor dem Computer und tobe, als ich diese Zeilen lese. Ausgerechnet jetzt glaubt er, mir helfen zu können?

Die Frauen, die mir hier nahestehen, bekommen natürlich mit, was passiert ist. Alle sind unglaublich lieb zu mir und versuchen, mich aufzubauen.

»Ruf mal deine Freundin in Deutschland an«, sagt Franzi. »Es gibt doch dieses Mädel, das dich immer so zum Lachen bringt.«

Sie meint meine sehr gute Freundin Haasi. Und tatsächlich: Ich telefoniere nur 15 Minuten mit ihr und bin zum ersten Mal wieder blendender Laune.

Etwa nach einer Woche habe ich das Schlimmste überstanden. Ich habe ja selbst schon viel Skepsis und Wut Christoph gegenüber aufgebaut und mit dem Gedanken gespielt, mich von ihm zu trennen. Bald spüre ich auch Erleichterung darüber, dass dieses Kapitel abgeschlossen ist. Endlich kann ich mich auf mich konzentrieren und auf meine Zukunft, die in einem halben Jahr beginnen wird. Ich sitze im Knast und fühle mich frei – was für ein seltsames Gefühl.

»Was hältst du von Badminton?«, fragt Franzi mich. Ich bin sofort begeistert. Schließlich habe ich einige Jahre lang leidenschaftlich Tennis gespielt. Außerdem bin ich für jede Ablenkung zu haben, und am Sonntagmorgen steht die Turnhalle für alle offen.

Die Schläger holen wir uns aus dem sogenannten *Inside Rec*, der Abteilung für Freizeitgestaltung, wo man sich auch Spiele oder DVDs ausleihen kann. In der Ausgabestelle sitzt eine schwarze ältere Gefangene, die hocherfreut reagiert, als Franzi und ich manierlich »Bitte« und »Danke« sagen.

»Ihr seid so nett«, strahlt sie uns beide an.

»Och, keine Ursache, das ist doch selbstverständlich.«

»Weißt du, warum die hier ist?«, fragt mich Franzi, sobald wir außer Hörweite sind.

»Keine Ahnung. Du?«

»Massenmord. Sie ist durchgedreht, hat sich eine Waffe geschnappt und wahllos Leute niedergeschossen.« Ich werde mich nie daran gewöhnen, dass einige Frauen, die mir hier täglich begegnen, solche blutrünstigen Taten begangen haben.

Sportlich gesehen kommen Franzi und ich blendend miteinander aus, das merken wir schon, als wir die ersten Bälle hin-

und herschlagen. Trotzdem geraten wir uns schon bei einem der ersten Spiele in die Haare.

Hinter uns, am Rande der Turnhalle, trainiert eine dicke schwarze Insassin auf einem Stepper. Immer mal wieder fliegt ein Federball in ihre Richtung, ohne sie wirklich zu treffen. Sie beginnt rumzumotzen, fühlt sich gestört. Ich ignoriere ihre Schimpftiraden einfach, sehe keinen Grund, darauf einzugehen.

»Die Alte ist so scheiß-arrogant, der polier ich die Fresse, wenn sie mir nicht gleich Respekt zollt«, höre ich sie in meinem Rücken pöbeln. Damit provoziert sie meinen Trotz erst recht. Aber Franzi fürchtet eine Eskalation und versucht zu vermitteln.

»Tut mir leid, wir machen das doch nicht extra«, erklärt sie der Frau und wendet sich dann an mich. »Sag mal irgendwas, um sie zu besänftigen.«

»Wieso das denn? Ich habe nichts gemacht«, gebe ich pampig zurück. Ich kann es sowieso nur falsch machen, denke ich. Gebe ich der Frau recht, wird sie mich weiter anpöbeln, auch wenn ich sie ignoriere.

Irgendwie gelingt es uns, das Spiel friedlich zu beenden.

»Du bist hier übrigens nicht in einem Gymnasium in Hamburg, wo alle manierlich miteinander umgehen, sondern in einem Gefängnis in den USA. Falls du es noch nicht bemerkt haben solltest: Hier gibt's Leute, die große Lust haben, dich zu verdreschen – einfach nur, weil du weiß und privilegiert bist. Also versuch besser, solche Konflikte zu vermeiden«, erklärt mir Franzi auf dem Rückweg. Sie ist richtig wütend.

»Ich hab überhaupt keinen Grund, vor der Trulla zu Kreuze zu kriechen. Die Turnhalle ist für alle da, und ich habe ihr nichts getan. Ich kann in Zukunft bestens darauf verzichten, dass du dich einmischst. Damit hast du es nur schlimmer gemacht. Du hast ihr eine Bühne gegeben.«

»Falls du es nicht bemerkt haben solltest. Ich hab dir gerade den Hintern gerettet«, schnaubt Franzi. Und dann lässt sie mich am Eingang zu unserem Block einfach stehen.

Am nächsten Morgen hat sie die Größe, zu mir zu kommen und mir vorzuschlagen, dass wir uns wieder vertragen. Wir gestehen einander ein, dass jede auf ihre Weise recht hatte. Und dass es wirklich blöd wäre, wenn wir uns zerstreiten, weil andere aggressiv auf uns reagieren.

Nur wenig später werde ich sehr froh darüber sein, dass wir diesen Konflikt aus der Welt geschaffen haben. Noch ahne ich nicht, dass es bereits die letzten Tage sind, die wir miteinander in Hazelton verbringen.

Inzwischen brodelt die Gerüchteküche, wenn Franzi mal wieder bei Pepper im Büro sitzt. Viele Frauen sind neidisch, weil sie dem Wachmann ganz offensichtlich gefällt. Manche behaupten, sie hätten die beiden miteinander in einer Putzkammer verschwinden sehen. Andere verbreiten das Gerücht, sie seien mittels einer in einem Blumentopf versteckten Kamera beim Vögeln gefilmt worden.

»Alles Quatsch! Aber was soll ich machen?«, sagt Franzi. »Ich unterhalte mich einfach gerne mit dem Typ.«

»Lass dir doch von denen nicht in die Suppe spucken«, meint Diamond.

»Ja, zeig denen, wer du bist!«, legt Chanel nach.

So marschiert Franzi erst recht jeden Morgen von Chanel zurechtgemacht, mit hautengen Klamotten und schicker Frisur zu Mr. Pepper ins Büro. Viele Augen folgen ihr und beobachten genau, was passiert, sobald sie in seine Nähe kommt.

»Franzi, du musst aufpassen, du spielst mit dem Feuer«, sage ich. »Es gibt hier ein paar Mädels, die unbedingt herausfinden wollen, was zwischen euch läuft. Die kommen ständig an und fragen mich aus.«

»Soll ich mir deshalb meinen einzigen netten Kontakt zu einem von der Justiz verderben lassen?«, fragt sie. »Übrigens wird sein Büro per Video überwacht. Ich hab ihn ausdrücklich gefragt, ob das für ihn okay ist oder ob er Ärger bekommt, wenn er mit mir redet.«

Ein paar Stunden nach diesem Wortwechsel kommt sie noch mal zu mir ins Zimmer. »Vielleicht hast du doch recht«, sagt sie nachdenklich. »Versprichst du mir was? Wenn ich in die SHU gesperrt werde, benachrichtige bitte meinen Mann und meine Mutter. Sag ihnen, dass es mir gut geht, dass alles nur ein Irrtum ist und dass ich bald wieder rauskomme!«

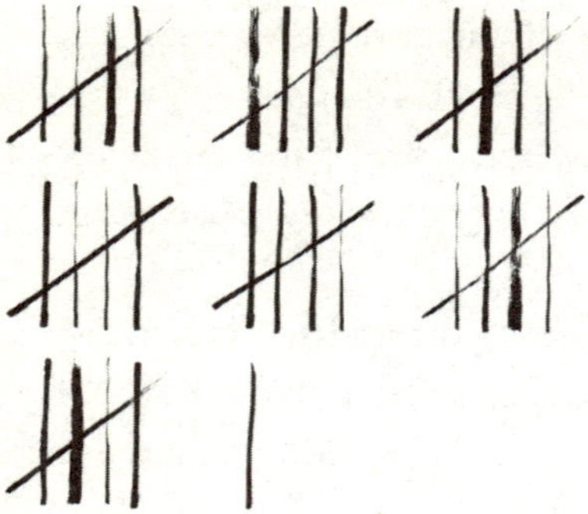

Oben auf dem Berg, im Männerknast, wurde ein Wachmann brutal überfallen. Ein sogenannter *Jump,* bei dem er von hinten mit einem spitzen Gegenstand angegriffen und an der Halsschlagader verletzt wird. Der Aufseher schwebt noch in Lebensgefahr und seine Kollegen sind in Alarmbereitschaft. Alle männlichen Gefangenen müssen vorerst den ganzen Tag in ihren Zellen bleiben.

Wir sehen es den Wachleuten bei uns an, wenn sie nach ein paar Wochen Dienst dort oben zu uns zurückkehren. Sie gehen mit hochgezogenen Schultern und eisigen Mienen durch die Halle und blicken sich alle paar Meter um, weil sie tätliche Angriffe fürchten. Erst nach ein paar Tagen entspannen sie sich, weil sie merken, dass von uns Frauen keine Gefahr ausgeht.

In diesem Fall profitieren wir sogar vom Ausnahmezustand bei den Männern, die ihr Essen vorläufig durch einen schmalen Schlitz in die Zelle geschoben bekommen. Das funktioniert nur mit abgepackten, meist kalten Fertigmahlzeiten. Die Lebensmittel, die eigentlich für sie bestimmt waren, werden stattdessen an unsere Küche ausgeliefert. Und der Unterschied fällt allen auf. Die Männer erhalten weitaus schmackhafteres und hochwertigeres Essen als wir Frauen.

Seltsamerweise bekommen wir auch die Müsliriegel geliefert, die es sonst nur bei den Männern zu kaufen gibt. Bei mir löst dieses Angebot eine regelrechte Fressattacke aus. Ich erwerbe zwölf Riegel auf dem Schwarzmarkt und schlage mir den Bauch voll. Mein Verdauungssystem reagiert mit heftigen Krämpfen auf die ungewohnte Faserkost. Glücklicherweise weiß Tiffany, wie ich meine Bauchschmerzen lindern kann. Sie besorgt mir eine Wärmeflasche, die jemand aus einem ehemaligen Weichspüler-Behälter gebastelt hat.

In die *Chow Hall* gehe ich inzwischen nur noch einmal am Tag. Statt mich morgens um kurz nach vier aus dem Bett und zum Küchendienst zu quälen, schlafe ich jetzt drei Stunden länger und frühstücke bei uns auf dem Zimmer. Danach bestimmt das Hundeprogramm meinen Tagesablauf. Um acht Uhr drehen wir mit den Tieren eine erste Runde auf dem Gelände, lassen sie ihr Geschäft verrichten und beseitigen es danach. Dann ist »Spielzeit« in der Turnhalle oder auf dem Sportplatz, darauf freuen sich die Hunde wie verrückt. Anschließend bekommen sie das Trockenfutter, das wir einmal in der Woche in einer speziellen Ausgabestelle für sie abholen und genau einteilen müssen.

Die eigentlichen Übungseinheiten sind eher kurz. Mehr als eine halbe Stunde hält kaum ein Hund diese konzentrierte Arbeit durch. Rund 100 verschiedene Kommandos müssen sie ausführen, und nicht immer unterstützen wir unsere Befehle mit Gesten oder mit einem Zug am Halsband. Manchmal binden wir uns die Leine um den Bauch und geben unsere Anweisungen nur mit Worten oder Blicken.

Während die Tiere schon wieder in ihren Käfigen liegen, sitzen wir in unseren Kursen über Hundehaltung und -erziehung. Wir bekommen Hausaufgaben, die nachmittags zu erledigen sind, müssen eine Menge Stoff pauken, der freitags über regelmäßige Tests abgefragt wird. Obwohl ich keinen besonderen Lerneifer an den Tag lege, schneide ich immer gut ab. Nach vier Wochen habe ich meine Probezeit überstanden.

Die Fluktuation unter den Teilnehmerinnen ist ansonsten groß. Viele haben sich lange darum bemüht, ins Hundeprogramm zu kommen, und sind anfangs Feuer und Flamme. Doch dann geht ihnen die Puste aus. Oder sie werden von ihren Problemen eingeholt: psychische Störungen, Drogen, ein unzuverlässiger Ehemann oder Sorgen um die eigenen Kinder, die nur notdürftig irgendwo untergebracht sind. Andere halten dem Druck durch die ständigen Kurse und Tests nicht stand, fehlen beim Unterricht oder verstoßen so lange gegen irgendwelche Regeln, bis sie gefeuert werden.

»Ich bin froh, dass ich da raus bin«, sagen sie danach. »Ist ja das reinste Tierquäler-Programm. Die Hunde werden misshandelt und bekommen viel zu wenig Futter.«

Auch wenn ihre Motive, *Paws4Prisons* schlechtzumachen, nur allzu durchschaubar sind, sehe auch ich einiges nicht mehr in ganz so rosigem Licht. Die Hunde, die wir trainieren, haben einen Marktwert von rund 30 000 US-Dollar – das habe ich beim *Bump* erfahren. Ich frage mich, ob es nicht ausbeuterisch ist, uns Gefangene im Hundetraining als Billig-Arbeitskräfte einzusetzen. Wer profitiert eigentlich wirklich von *Paws4Prisons?* Die Menschen, die durch die Hunde Hilfe bekommen, der Betreiber des Programms oder das Gesundheitssystem, das damit viel Geld spart?

Als ich an einem Donnerstagvormittag aus meiner Unterrichtsstunde komme, stürzen alle aufgeregt auf mich zu und reden auf mich ein.

»Hast du schon gehört? Sie haben Franzi abgeführt!«

Es ist also passiert. Meine Freundin sitzt in der SHU, im Sicherheitstrakt. Ich weiß nur ungefähr, was das bedeutet. In den Zellen dort gibt es nichts außer einfachen Bettgestellen, Waschgelegenheiten und Toiletten. Die Mahlzeiten werden durch einen Schlitz in der Tür hineingereicht. Die Frauen sind fast den ganzen Tag eingeschlossen. Manchmal habe ich Gefangene gesehen, die laut brüllend hinter der Turnhalle auf dem Außengelände standen und hofften, dass eine bestimmte Insassin in der SHU sie hörte. Natürlich ziehen solche Aktionen immer Konsequenzen nach sich. Sobald ein Wachmann die Schreierei mitbekommt, werden alle vom Hof gejagt.

Franzi, so erzählen mir die Mädels, ist nicht mit gefesselten Händen abgeführt worden, wie es sonst üblich ist. Das macht mir etwas Hoffnung. Vielleicht ist sie in ein paar Tagen schon wieder zurück.

»Vergiss es«, sagt Diamond. »Die Abteilung für interne Ermittlungen hat sie geholt. Das kann dauern.«

Wie lange? Bevor ich diese Frage stellen kann, sprudelt Diamond weiter. »Nachdem sie weg war, sind zwei Wachleute reingestürmt, haben ihren Schrank aufgerissen, alles auf den Kopf gestellt und mitgenommen.«

»Sie lassen Franzi doch wieder raus, wenn sie nichts finden?!«

Chanel schüttelt den Kopf. »Glaube ich nicht. Die kommt in einen anderen Knast.«

»Aber das lohnt sich doch gar nicht mehr. Sie hat nur noch gut zehn Wochen offen«, wende ich verzweifelt ein.

»Dann bleibt sie eben so lange in der SHU«, meint Diamond abgeklärt.

Franzi, meine einzige wirkliche Freundin hier, ist weg. Wir konnten uns nicht einmal voneinander verabschieden. Es ist zum Heulen. Drei Monate lang haben wir uns gegenseitig geholfen, jeden einzelnen Tag zu überstehen. Gerade in letzter Zeit, als ich die Trennung von Christoph verkraften musste, war sie so wichtig für mich und hat mir immer wieder Mut gemacht. Ich hätte nicht gedacht, dass im Gefängnis etwas passieren kann, was mich so traurig macht, habe Angst um sie und fühle mich ohnmächtig.

Das Einzige, was ich für Franzi tun kann, ist, Kurt anzurufen und ihn zu bitten, ihre Mutter und ihren Mann zu informieren. Wie sollen ihre Angehörigen sonst erfahren, wo Franzi ist und warum sie sich nicht mehr meldet?

Natürlich bedrängen mich alle, preiszugeben, was »wirklich« los war zwischen ihr und Pepper. Manche Frauen äußern die wildesten Vermutungen oder versuchen, mich mit ihren Bemerkungen zu provozieren.

»Die haben's jeden Tag miteinander getrieben. Er war völlig verrückt nach ihr«, erzählt mir Tiffany.

»Aha«, antworte ich. »Woher hast du das? Warst du dabei?«

»Nein, natürlich nicht.«

»Siehst du, ich auch nicht. Also halt einfach den Mund.«

Sogar ein Wachmann spricht mich an, als ich mir in der *Chow Hall* mein Essen hole.

»Hey, Giesselbach, komm mal her!«, fordert er mich auf.

Etwas verdattert stelle ich mein Tablett ab.

»Was ist denn los?«

»Erklär ich dir gleich!« Er geht mit mir ein paar Schritte beiseite. Sobald wir außer Hörweite sind, fragt er mich aus: »Sag mal, was ist denn da mit deiner Freundin los?«

»Weiß ich auch nicht, wie Sie wissen, sitzt sie in der SHU.«

»Ich mein', es gibt da das Gerücht, dass sie was mit einem Wachmann hatte oder so?«

»Davon weiß ich nichts.«

Und so geht es immer weiter. Erst allmählich dämmert mir, dass er mich nicht aushorchen will, um mich bei der Knastverwaltung anzuschwärzen. Er fürchtet vielmehr, auch ein Problem zu bekommen.

Schon seit einiger Zeit wird hier über seine Beziehung zu einer schwarzen Gefangenen getuschelt, die sich immer auffällig gut zurechtmacht, wenn sie zum Küchendienst geht. Das Mädchen ist nicht allzu helle und hat überall herumerzählt, dass sie und der Wachmann sich geküsst hätten. Mehr als einmal.

Irgendeine eifersüchtige Zicke hat die beiden angezeigt. Seitdem sitzt das Mädchen in der SHU und der Wachmann macht sich Sorgen: Werden die internen Ermittler, die Franzis Fall untersuchen, auch zu ihm kommen?

Dass er sich vor aller Augen für längere Zeit mit mir in einen Bereich verdrückt, den ich überhaupt nicht betreten darf, macht ihn natürlich nicht weniger verdächtig.

Jede Gefangene, die aus der SHU kommt, frage ich in den folgenden Wochen als Erstes: »Hast du Franzi gesehen? Weißt du, wie es ihr geht?«

Doch meine Freundin scheint wie vom Erdboden verschluckt. Offenbar wird sie von allen anderen streng abgeschirmt und wie eine gefährliche Schwerverbrecherin behandelt.

Auf neue Freundinnen habe ich vorläufig keine Lust. Jede Frau, die mir hier ans Herz wächst, kann schließlich morgen schon wieder weg sein: in der SHU, in ein anderes Gefängnis verlegt oder entlassen.

Miss Rose zum Beispiel ist vor kurzem nach einem langen, zähen Verfahren nach England überstellt worden, um dort den Rest ihrer Gefängnisstrafe abzusitzen. Sherrie ist in eine unbekannte Zukunft abgereist und auch Selina wird demnächst gehen. Granny besuche ich ab und zu, wie man bei einer älteren Verwandten hereinschaut. Sie betreibt ihren Umzug in ein *Camp* und wird wohl bald auch verschwinden.

Doch nach einiger Zeit lerne ich eine Teilnehmerin des Hundeprogramms näher kennen, die ich auf Anhieb mag. Sandy stellt in den Unterrichtsstunden auffallend kluge Fragen und ihre Testergebnisse sind immer ähnlich gut wie meine. Als Gefangene genießt sie eine etwas zwiespältige Prominenz.

Sandy ist die Frau, der die meisten Banküberfälle in den USA zur Last gelegt wurden. Für 21 Taten hat man sie verurteilt. Meist hat sie sich dabei mit schlecht sitzenden Perücken maskiert. Ihr Spitzname in den Medien leitete sich daraus ab. Sandys Eltern stammen aus den Niederlanden. Sandy selbst ist Krankenschwester, groß gewachsen, hat rotblondes Haar und ihr Gesicht ist mit Sommersprossen überzogen. Sie guckt so freundlich, patent und hilfsbereit in die Welt, dass ich sie mir in diesem Beruf sehr gut vorstellen kann. Zeitweise hat sie im Gefängnis gearbeitet und dabei den Mann kennengelernt, der ihr zum Verhängnis wurde, Hals über Kopf verliebte sie sich in den etwa 20 Jahre jüngeren Mann. Und wurde straffällig, um sich mit ihm gemeinsam ein bisschen Luxus zu leisten.

»Für Leute mit Drogen- und Alkoholproblemen oder für Spielsüchtige gibt's ja therapeutische Angebote«, sagt Sandy einmal zu mir. »Aber für eine wie mich nicht. Ich war einfach geldgeil. Ich war süchtig danach, mehr auszugeben, als ich jemals verdienen kann.«

Insgesamt erbeutete sie etwa 33 000 Dollar. Um ihre Strafe hat sie lange und zäh mit dem Staatsanwalt verhandelt. Anfangs wollten der Mann und ihr staatlicher Pflichtverteidiger sie zu einem *Plea Bargain* für nur einen einzigen der 21 Überfälle überreden. Sandy konnte sich keinen privat zu bezahlenden Anwalt leisten, aber sie wusste: Wenn sie diesen Handel akzeptiert, kommt sie für jede weitere Tat noch einmal vor Gericht und sitzt für den Rest ihres Lebens im Knast. Am Ende willigte die Justiz ein, alle ihre Taten in einem einzigen Verfahren abzuhandeln.

»Zehn Jahre habe ich bekommen!«, wettert Sandy. »Das ist doch viel zu lang! Wenn sie mich nur für die Hälfte der Zeit einsperrten, könnte ich Geld verdienen und alles, was ich erbeutet habe, zurückzahlen!« Sie wird 55 Jahre alt sein, wenn sie aus dem Knast kommt, und ihren Beruf als Krankenschwester darf sie nie wieder ausüben, sie haben ihr die Lizenz entzogen. Vergeblich frage ich mich, welchen Sinn diese zusätzliche Bestrafung hat: Warum darf eine Frau, die gegen das Gesetz verstoßen hat, keine Kranken mehr pflegen? Warum wird sie daran gehindert, eines Tages wieder Geld zu verdienen?

Sandy hat viele Talente. Im Umgang mit Nadel und Faden ist sie unglaublich kreativ. Aus den wenigen Materialien, die sie zur Verfügung hat, zaubert sie die tollsten Sachen und nimmt dafür sehr wenig Geld. In ihrem Zimmer sieht es oft wie nach einem Bombeneinschlag aus. Überall liegen Stoffreste von umgearbeiteten Uniformen, zerschnittene Bettlaken und Farben herum. Für eine Party mit dem Motto *Black and White* schneidert sie gerade sämtliche Kostüme: Westen mit tiefen Dekolletés, lange Röcke, flatternde Umhänge – alles aus Bettlaken. Manchmal kommt Sandy morgens total übermüdet zum Hundetraining, weil sie die ganze Nacht durchgearbeitet hat. Sie kann einfach nicht Nein sagen.

Auch Sandy kümmert sich um eine Hündin. Billy »McFatty« – den Beinamen hat ihr Frauchen ihr verpasst – ist so dick, dass sie nie wirklich zum Service-Hund taugen wird. Billy war dafür auch ebenso wenig vorgesehen wie ein weiterer, schwer depressiver Hund aus dem Privathaushalt der Züchterin, die eng mit *Paws4Prisons* zusammenarbeitete. Als diese einen Schlaganfall erlitt, mussten ihre Haustiere irgendwo unterkommen und landeten bei uns in Hazelton. Beide Tiere sind erstaunlich neurotisch.

Billy hat eine Eigenart, die mich sehr an den Hund meiner Mutter erinnert: Sie bellt nicht. Wir versuchen es alle, halten ihr Leckerli hin oder versuchen sie zu provozieren. Wir schaffen es nicht, ihr auch nur einen einzigen Ton zu entlocken. Die Hündin guckt uns nur verständnislos an.

Einmal in der Woche kommen alle Tiere unter eine speziell für die Hunde ausgerüstete Dusche, werden von uns gesäubert, gebürstet und geföhnt. Einen massigen grauen Labrador namens Odey müssen wir dabei stets abseitshalten; er ist viel zu aggressiv, um ohne strenge Überwachung auf andere Hunde zu treffen.

Merkwürdigerweise sind unsere Wachleute verrückt nach diesem muskulösen Tier, das wie ein Kampfhund wirkt. Sie bringen ihm sogar Leckerli mit, die sie privat gekauft haben. Miss Piggy, unsere weibliche Wache, ist besonders verliebt in Odey.

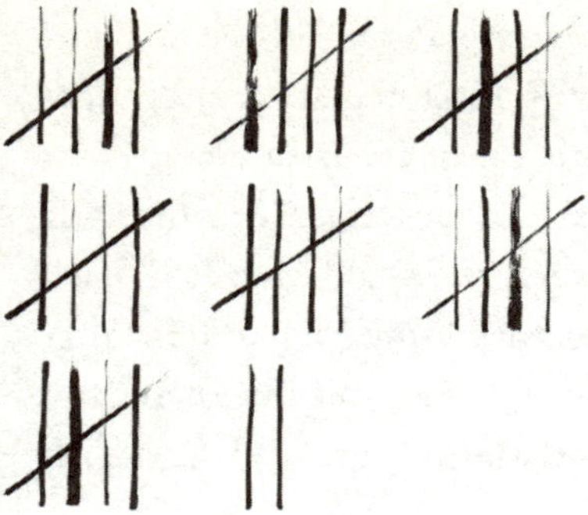

Dass Tiffany eine großartige Köchin und zudem eine Meisterin in der Beschaffung von Zutaten ist, weiß ich schon länger. Seitdem ich meine Mahlzeiten nicht mehr gemeinsam mit Franzi einnehme, verwöhnt mich meine *Bunky* nach allen Regeln der Kunst. Sie hat beste Beziehungen zu Frauen, die sie fast täglich mit Lebensmitteln aus der Küche beliefern, mit frischem Salat, Brokkoli und gelegentlich auch Fleisch. Die Speisen, die sie daraus zaubert, sind um Klassen besser als jedes Kantinengericht. Ihre absolute Spezialität aber ist ein Dessert: das *Cheesecake*-Parfait im Becher mit Zimt-Apfel-Topping und Karamell. Schmeckt sehr lecker und ist leider ebenso kalorienhaltig.

Weniger angenehm ist der ewige Rummel in unserem Zimmer. Tiffany hat ständig Besuch. Mehrmals am Tag schaut zum Beispiel Amy bei uns herein. Jene Amy, die ich als Freundin von Lieutenant Marino meistens völlig zugedröhnt erlebt habe, ist inzwischen wieder solo. Marino hat die Beziehung zu ihr beendet, worunter Amy sehr leidet. Sie, die nie zuvor mit einer Frau zusammen war, ist untröstlich und fühlt sich in ihrer Ehre gekränkt. Ich erinnere mich an die furchtbaren Streitereien zwischen den beiden, das laute Gebrüll, die Beschimpfungen, die Spuck-Attacken von Marino und frage mich, was es da zu betrauern gibt. Aber Amy sitzt stundenlang bei uns im Zimmer, vergießt bittere Tränen und starrt aus dem Fenster, um mit anzusehen, wie Marino draußen mit ihrer neuen Freundin spazieren geht, einer hübschen Latina, die in einem anderen Trakt wohnt. Ganz offensichtlich passt sie besser zu Marino. Oft gehen die beiden zusammen zum Sport. Sobald Marino danach in unsere Abteilung zurückkehrt, stürzt Amy nach unten, fängt sie ab und fragt sie zuckersüß, ob sie nicht mit ihr Abendbrot essen möchte. Manchmal willigt Marino ein und lässt sich bewirten.

»Lass uns mal ein bisschen rausgehen«, schlage ich Amy vor, als sie wieder mal bei uns im Zimmer sitzt und jammert. »Schon gemerkt? Die Sonne scheint. Der Frühling kommt.«

Natürlich läuft uns auf dem Sportplatz sofort Marino über den Weg, und das bringt Amy auf eine Idee.

»Darf ich mich bei dir einhaken?«, fragt sie.

»Klar kannst du das.« Sie will Marino mit mir eifersüchtig machen, doch die weiß natürlich, dass ich kein Interesse an lesbischen Beziehungen habe.

Amy ist Ende dreißig, verheiratet und hat zwei Kinder. Ihre Familie kommt ab und zu von weit her nach Hazelton, um sie zu besuchen, obwohl sie noch 20 Jahre wegen Drogendelikten abzusitzen hat. Einmal lässt sie die drei schon nach einer Stunde wieder im Besucherraum sitzen, weil sie es sich nicht verkneifen kann, zu beobachten, was Marino gerade treibt. Ihre kaputte Knastliebe ist ihr in diesem Moment wichtiger als die eigene Familie. Für mich ist das kaum nachvollziehbar.

Nach und nach akzeptiert Amy aber, dass sie Marino nicht zurückbekommt. Von nun an finde ich öfter kleine Mitteilungen und Aufmerksamkeiten von ihr vor.

»Ich bin froh, dich zu kennen«, steht etwa auf einem bunten kleinen Zettel, der auf meiner Bettdecke liegt. Am nächsten Tag liegt dort ein aus Popcorn geformtes Herz. Als sie mich immer häufiger bedrängt, für mich kochen zu dürfen, stelle ich die Sache klar.

»Wir können gern befreundet sein«, sage ich zu Amy. »Du kannst dich auch bei mir einhängen, um Marino eifersüchtig zu machen. Aber deine Geliebte werde ich in den nächsten hundert Jahren nicht. Ich hab einfach kein Interesse an einer Liebesbeziehung zu einer Frau.«

Tiffany ist über diese Klarstellung sehr erfreut. Sie ist zwar auch kein bisschen lesbisch, aber sehr vereinnahmend und reagiert schon beleidigt, wenn ich mit einer anderen Frau zum Essen gehe.

Nachmittags sitze ich jetzt oft an einem der Computer in der Halle. Alles, was ich hier erlebe, will ich zu Papier bringen, um später ein Buch daraus zu machen. Eigentlich hatte ich es ja von Anfang an vor. Ich habe mir fleißig Notizen gemacht, habe Informationen gesammelt, Tagebuch geführt und per Mail einige Aufzeichnungen nach draußen geschickt. Aber jetzt läuft mir plötzlich die Zeit davon. Über die Hälfte meiner Knastzeit liegt schon hinter mir, und erstaunt stelle ich fest, dass ich inzwischen keine Langeweile mehr kenne, sondern rund um die Uhr beschäftigt bin.

Ich kann meine Texte immer nur eine knappe Stunde lang in das Mail-Programm für Gefangene tippen. Kurz bevor diese Frist abläuft, die mich drei Dollar kostet, klicke ich auf »Senden«, schicke die Mail an meinen Vater und bitte ihn, meine Aufzeichnungen für mich aufzubewahren und zusammenzufügen. Schockierende oder brisante Details lasse ich weg. Ich will die Nerven meiner Angehörigen ja nicht überstrapazieren. Dass mein Vater sich mit einer Bastelanleitung für Dildos befasst, mag ich mir gar nicht vorstellen. Außerdem muss ich bei jeder einzelnen Mail damit rechnen, dass die US-Justiz mitliest und den deutschen Text sogar übersetzen lässt.

Oft liegt mir Willow zu Füßen, während ich auf der Tastatur herumklappere. Für manche Mitgefangene ist das ein Grund, mich bei Ashley, der leitenden Insassin von *Paws4Prisons*, anzuschwärzen. »Steffi ist mit Willow schon wieder am Computer!« Der eigentliche Vorwurf bleibt unausgesprochen: Ich solle meine Zeit mit dem Hund lieber auf dem Zimmer verbringen.

Neid und Missgunst gehören leider zu den unangenehmen Begleiterscheinungen des Hundeprogramms. Jede kleinste Verfehlung wird sofort weitergepetzt, und Ashley, manchmal auch Mrs. Winter, erteilen der betreffenden Hundeführerin dann eine Rüge.

Aber es gibt auch Frauen, die sich sehr für mein Buch interessieren. Unter vier Augen sprechen sie mich schüchtern darauf an, ob es stimme, was sie davon gehört hätten. Ob sie mir auch etwas erzählen dürften. Viele Frauen wünschen sich sehr, dass sich jemand ihre Geschichte anhört. Sie hätten auch nichts dagegen, diese unter ihrem vollen Namen und mit einem Foto zu veröffentlichen.

Auch Hawaii steht eines Tages bei mir in der Tür. Die Frau hat eigentlich einen anderen Vornamen, aber den kann sich hier niemand merken. So wird sie einfach so genannt wie die Insel, von der sie kommt.

»Kann ich auch in deinem Buch vorkommen?«, fragt mich Hawaii atemlos. »Ich würde dir gern mein Lied vorsingen.«

In einem früheren Leben war Hawaii auf ihrer Insel ein bekannter Popstar. Inzwischen ist sie über fünfzig und hat zwei erwachsene Söhne. Sie betreibt einen Handel mit selbst zusammengerührten Soßen und bereitet eine Art koreanisches Kimchi zu, weshalb Franzi immer von »unserem kleinen Asia-Shop« sprach, wenn wir bei ihr einkauften.

Hawaii bleibt über zwei Stunden und erzählt mir ihre Lebensgeschichte. Zeitweise bestand ihr Freundeskreis nur aus Leuten aus dem Showbusiness, die Drogen nahmen und auch damit dealten. Hawaii machte mit, wurde schließlich erwischt und zu 14 Jahren Gefängnis verurteilt. Später wurde die Strafe auf vier Jahre reduziert, wahrscheinlich weil sie mit der Justiz kooperierte und ihnen Namen nannte.

»Das Gefängnis ist für mich eine große Chance, einen Schlussstrich zu ziehen«, erklärt sie mir strahlend. »Schade, dass es so spät dazu gekommen ist.«

»Was hat sich denn für dich verändert?«

»Ich habe Gott und damit meinen inneren Frieden gefunden. Und ich weiß jetzt genau, was für mich das Wichtigste ist: Ich bin eine Mutter, Großmutter und Tochter.«

»Findest du es nicht schrecklich, im Knast zu sitzen?«

»Eigentlich nicht. Ich war nur am Anfang schockiert, als ich von Honolulu hierherkam. Das Wetter ist so fürchterlich, das Essen schmeckt überhaupt nicht und die Wachleute sprechen Englisch mit einem schrecklichen Akzent.«

Zum Schluss singt sie mir ein Lied vor, das sie in Hazelton komponiert und geschrieben hat. Etwas verlegen sitze ich auf meinem Plastikstuhl und komme mir vor wie ein Jurymitglied in einer Castingshow. Aber der Song, den sie mit ihrer tiefen, schönen Stimme vorträgt, rührt mich sehr. Er handelt davon, dass sie am Boden zerstört war, sich nach Halt sehnte und diesen schließlich in Gott gefunden hat.

Ein bisschen mulmig ist mir nach der langen Begegnung mit Hawaii schon. Denn es ist es verboten, während der Haftzeit ein Buch zu veröffentlichen oder gar Geld damit zu verdienen. Beides ist zwar nicht der Fall, aber ich beschließe, nicht mehr über dieses Vorhaben zu sprechen. Wenn mich jemand danach fragt, behaupte ich jetzt, dass ich mir Notizen nur für private Zwecke mache.

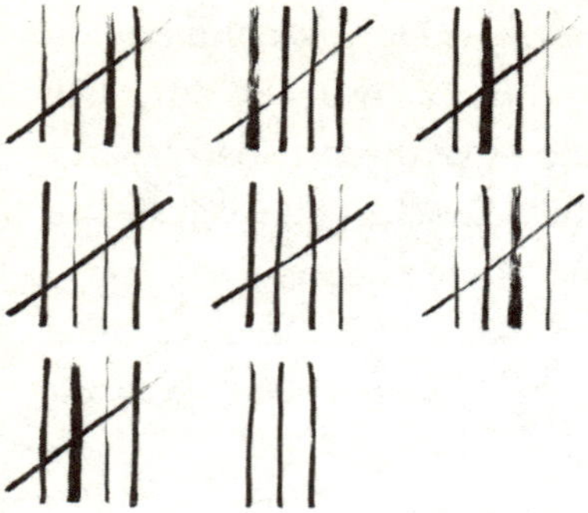

Kommentarlos drückt mir eine Frau aus der Küchencrew ein winziges Plastikpäckchen in die Hand.

»Was ist das denn?«, frage ich erstaunt.

»Steck es weg!«, zischt sie und ist blitzschnell verschwunden.

Erst als ich allein in unserem Zimmer bin, wage ich, die Folie von dem Päckchen zu entfernen. Ein sehr klein zusammengefaltetes, sehr dicht beschriebenes Blatt Papier kommt zum Vorschein. Ein Brief von Franzi! Mit klopfendem Herzen falte ich ihn auseinander.

Hi Steffi,
ich hoffe, dieser Brief erreicht dich, denn inzwischen habe ich die Hoffnung aufgegeben, dass ich hier bald wieder rauskomme. Vielleicht sehen wir uns überhaupt nicht mehr, bevor sie mich nach Deutschland abschieben.
Also von Anfang an: Ich saß ganz entspannt in meinem Zimmer, als ich vor zwei Wochen ausgerufen wurde. Ich sollte ins Büro der Psychologin kommen. Habe mich schon etwas gewundert, bin aber nichtsahnend hingegangen. Dort warteten zwei Männer auf mich, die sofort anfingen, mich auszufragen. Sie wollten auf Teufel komm raus wissen, was zwischen Pepper und mir gelaufen ist. Als ich mich dazu nicht äußern wollte, beschimpften sie mich als Lügnerin. Irgendwann wurde mir

klar, dass ich da nicht wieder rauskomme. Hab dann natürlich erst recht dichtgemacht und zurückgepampt. Unsere Gesichter waren zeitweise nur ein paar Zentimeter voneinander entfernt, so haben wir uns angeschrien.
Sie behaupteten, sie hätten »alles« auf Video aufgenommen. Kann ich den Film mal sehen?, habe ich gefragt. Die waren echt so blöd, mir Aufzeichnungen zu zeigen, auf denen man nur sieht, wie wir uns unterhalten und nacheinander den Raum verlassen. Gar nichts haben die in der Hand.

Franzi schildert in dem Brief auch, wie es in der SHU aussieht. Sie wohne auf einem Flur mit zehn Zimmern. Die anderen Frauen seien alle zu zweit untergebracht, nur sie sei ganz allein. Das Schlimmste für sie sei die Kälte aus der Klimaanlage, denn Gefangene in der SHU dürfen nur die Kleidungsstücke tragen, die dort ausgegeben werden. Unterwäsche, Socken, eine Schlabberhose und ein T-Shirt. Alles in Grellorange oder Pink gefärbt, keinen Pullover, keine Jacke. Auch für die Nacht gibt es nur eine dünne, grob gewebte Decke. Die Folge: Sie friere Tag und Nacht.

Außerdem ist es hier grauenvoll langweilig. Ich bin jeden Tag dreiundzwanzig und eine halbe Stunde allein in meinem Zimmer und kann nichts tun außer schreiben und lesen. So bekommen meine Kinder, mein Mann und meine Mutter kilometerlange Briefe. Die Post braucht extrem lange, weil alles, was hier eingeht und rausgeschickt wird, vorher genau kontrolliert wird. Ganz selten kommt eine Gefangene mit einem Bücherwagen aus der Bibliothek vorbei. Wenn ich mich an das kleine Fenster an meiner Tür quetsche, kann ich mich halbwegs mit ihr verständigen. Aber ich kann nicht erkennen, welche Titel die Bücher haben. Ich muss mir also jedes einzeln zeigen lassen oder auf gut Glück nach irgendeinem greifen.

Bevor sie ihre Zelle verlassen kann, muss sich Franzi mit dem Rücken an die Zellentür stellen und die Hände durch eine Klappe strecken. Dann werden ihr Handschellen angelegt, auch wenn es nur ein paar Schritte zum sogenannten Hof sind, einem vergitterten Käfig, in dem sie ganz allein auf und ab gehen soll. Manchmal sind in den Nachbarkäfigen auch Gefangene, mit denen sie ein bisschen reden kann. Franzi schreibt, dass sie die Worte zählen kann, die sie an einem ganzen Tag mit jemandem wechselt. Einmal waren es genau elf: mit einem Wachmann, der ihr Putzmittel und Klopapier brachte.

Immerhin habe ich hier eine Toilette und eine Dusche für mich allein. Und ich kann aus dem Fenster gucken und draußen etwas Rasen sehen. Wahrscheinlich nicht mehr lange, denn hier werden alle paar Wochen die Zimmer gewechselt. Wir sollen es uns bloß nicht gemütlich machen. Vielleicht fürchten sie auch, dass jemand einen Tunnel nach draußen gräbt.
Ich hoffe, meine nächste Bude ist nicht allzu schmuddelig. Wir bekommen zum Putzen hier nur Damenbinden und ein unendlich verwässertes Scheuermittel, mit dem man überhaupt nichts sauber kriegt. Der Fußboden ist so klebrig, dass ich mich nicht dazu überwinden kann, Yoga-Übungen zu machen.

Zum Schluss hat Franzi noch eine Bitte. Sie selbst dürfe nur einmal im Monat 15 Minuten telefonieren. Sogar ein Anruf bei der deutschen Botschaft sei ihr lange verweigert worden, obwohl sie einen Rechtsanspruch darauf hat. Sie bittet mich also, ihren Mann und ihre Mutter kurz zu benachrichtigen, dass so weit alles okay sei.

Ich hoffe, du kommst auf K1 weiterhin gut klar und hast im Hundeprogramm was Sinnvolles zu tun! Ich drück dich ganz doll – halt die Ohren steif und den Kopf hoch, ich tu es auch! Sie können dir alles nehmen, nur deine Würde nicht.
Ganz liebe Grüße von Franzi

Am liebsten würde ich diesen Brief in meinem Spind verstecken und noch viele Male lesen. Aber das ist mir zu riskant. Mit zitternden Fingern reiße ich das Blatt in winzige Teile und spüle es in der Toilette hinunter.

Meine Familie und meine Freunde verwöhnen mich in dieser schwierigen Zeit mit Besuch. Anfang April sind Terri und Jill ein zweites Mal aus Chicago hergekommen, etwas später haben sich meine Eltern aus Hamburg angesagt, und im Mai werde ich Kurt endlich wiedersehen.

Als ich mit meiner Mutter und meinem Vater im Besucherraum zusammensitze, kann ich zum ersten Mal unzensiert erzählen, was Franzi passiert ist.

»Da hat sie wohl ein bisschen mit dem Feuer gespielt«, kommentiert mein Vater lapidar.

»Ach, was ist schon dabei?«, erwidere ich wütend. »Sie wollte sich nach zehn Monaten im Frauengefängnis eben mal wieder mit einem Mann unterhalten. Und vielleicht auch ein bisschen flirten. Muss man sie dafür bestrafen?«

Im Stillen denke ich, dass mein Vater nicht ganz unrecht hat. Obwohl Pepper ein netter Kerl ist, der uns Gefangene respektvoll behandelt, war er es nicht wert, dass Franzi jetzt in der SHU schmoren muss. Meine Freundin hat sich schlicht verkalkuliert. Sie hat nicht damit gerechnet, dass der Tratsch, der Neid und die Eifersucht in Hazelton so üble Folgen nach sich ziehen würden.

Als ich nach dem Besuch in unseren Zellentrakt zurückkehre, ist die Stimmung angespannt. Der Grund dafür ist nicht zu übersehen: Tenisha, unsere Königin von Ägypten, hat sich wieder einmal völlig in ihrem Wahn verloren, schreitet durch die Halle, redet wirres Zeug und verlangt Demutsbezeugungen von jeder Frau, die ihr begegnet. Auch wenn alle wissen, dass sie psychisch krank ist, nervt das natürlich, so auch den Wachmann. Nach einiger Zeit baut er sich vor ihr auf.

»Stell dich an die Wand, Hände nach oben!«, fährt er sie an.

Tenisha schüttelt stumm den Kopf, in ihren Augen steht die Angst. Der Wachmann packt sie am Arm, schleudert sie wütend und unbeherrscht gegen eine Mauer und verletzt Tenisha am Kopf. Sie blutet so heftig, dass es selbst aus großer Entfernung zu erkennen ist. Rücksichtlos reißt er ihr die Arme nach hinten und fesselt sie mit Kabelbinder. Sie kommt in die SHU.

Niemand hier kann Tenisha besonders gut leiden, aber das geht zu weit. Viele Frauen sind furchtbar aufgebracht, wollen eine Beschwerde aufsetzen und stehen Schlange vor den Computern. Sie haben recht, denke ich.

Aber ich weiß auch, dass diese Probleme einer psychisch schwer gestörten Frau die Wachleute ebenso überfordern wie uns Gefangene. Ich frage mich, warum Richter immer wieder entscheiden, diese Kranken ins Gefängnis zu schicken statt in die Psychiatrie. Und warum das Justizsystem Frauen aufnimmt, die es in keiner Weise angemessen behandeln kann.

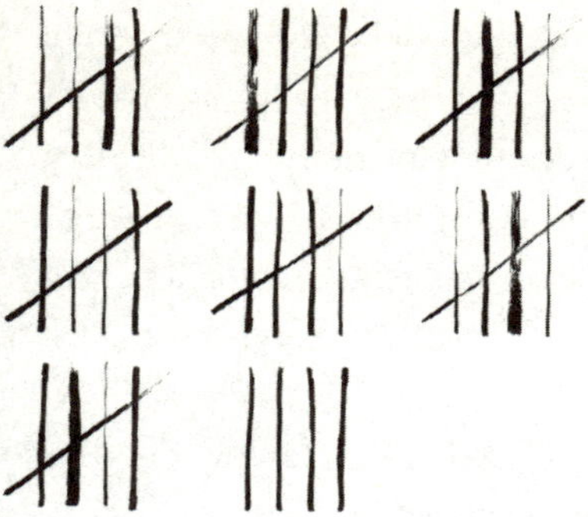

In der zweiten Aprilhälfte findet ein Badminton-Turnier statt, das Gefangene organisiert haben. Franzi hatte uns beide als Doppel dafür angemeldet. Doch je näher das erste Punktspiel rückt, desto klarer ist, dass sie nicht wird teilnehmen können. Eine halbe Stunde vor Anpfiff gehe ich am Samstagnachmittag in die Turnhalle, um den Organisatorinnen zu erklären, dass mir meine Partnerin abhandengekommen ist.

»Du brauchst eine Frau, die mit dir spielt?«, fragt eine von ihnen. »Da habe ich eine Idee.« Schon flitzt die Gefangene los, um wenig später mit einer braun gebrannten Frau, die schon deutlich über vierzig Jahre alt ist, zurückzukommen.

»Ich bin Jacky«, stellt sie sich vor und mustert mich mit schelmischen, wachen Augen.

»Steffi. Super dass du so schnell einspringen kannst!« Sie ist mir sofort sympathisch.

»Ich spiele sehr gerne Badminton, hab mich hier aber nicht angemeldet, weil ich keine Lust hatte, mit irgendeiner Pfeife im Doppel anzutreten. Weißt du, wenn man mal Tennis gespielt hat …«

Ich falle ihr ins Wort. »Habe ich auch. Lass es uns probieren.«

Wir verstehen uns glänzend, erweisen uns auf dem Spielfeld als echtes Dreamteam und entwickeln schnell den Ehrgeiz, jedes einzelne Match zu gewinnen. Bald habe ich einen neuen Spitznamen: »The Germinator«.

Beim Badminton in der Turnhalle tummeln sich Frauen aus allen vier Trakten des Frauengefängnisses. Dort lerne ich auch Claudia kennen, eine bildschöne Latina mit tollen, langen Haaren und einem Riesenbedürfnis, von sich zu erzählen.

»Mit Männern will ich nichts mehr zu tun haben. Die haben mich immer nur betrogen, verlassen, enttäuscht«, sprudelt es aus ihr heraus. »Ich bin jetzt lieber mit Frauen zusammen – nicht nur weil ich im Knast bin. Aber hier drinnen ist es schwierig, eine ehrliche Partnerin zu finden.«

Jedes Mal, wenn wir uns wiedertreffen, kommt sie darauf zurück. Bis mir klar wird, dass sie sich langsam an mich herantastet.

»Kannst du dir nicht auch vorstellen, mit einer Frau …?«, fragt sie mich schließlich.

»Nein, nicht mein Ding.«

»Schon mal probiert?«

Nachdem wir noch eine Weile um das Thema herumgekreist sind, werde ich deutlich:

»Schluss damit! Lass uns lieber Badminton spielen.« Und das tun wir dann auch. Claudia wirkt kein bisschen gekränkt, und wir bleiben einfach, was wir sind: gute Bekannte.

Manchmal liege ich jetzt nachmittags allein in der Frühlingssonne draußen auf dem Rasen und kremple meine Knastkleidung so weit hoch, wie es erlaubt ist. Einige Frauen taxieren mich dann ungeniert von oben bis unten. Es müsste sich eigentlich herumgesprochen haben, dass ich weder für eine lesbische Beziehung zu haben bin noch für eine schnelle Nummer auf der Toilette der Außenanlagen. Aber nach Franzis Verhaftung bin ich anscheinend auf dem Markt.

Einmal fragt mich Danielle, eine laute, lustige Mitgefangene, völlig unvermittelt draußen auf dem Sportplatz: »Hey, hast du Lust, ’n bisschen mit mir rumzumachen?«

»Nee danke«, winke ich verblüfft ab.

»Willst du nicht mal versuchen, wie es mit einer Frau ist?«

»Sorry, aber ich steh einfach nicht drauf.« Und damit ist das Thema erledigt. Körperlich bedrängt werde ich nie. Es reicht mir, immer wieder Zeugin von Beziehungsdramen zu werden. Frauen prügeln sich bis aufs Blut, durchleiden Eifersucht, werden zum heulenden Elend, trennen sich theatralisch – um wenig später mit einer anderen anzubandeln.

Meine ehemalige *Bunky* Alessia zum Beispiel, die jetzt häufig bei Tiffany ein und aus geht, hat wieder eine neue Geliebte. Jenn wirkt ziemlich verhärmt, tritt auf wie ein Mann und schreit ihre Freundin vor anderen gnadenlos zusammen. Für Alessia, die ihren Nazi-Gatten, den Hakenkreuz-Tätowierer, noch immer inbrünstig liebt, scheint so ein weiblicher Macho im Knast genau der passende Partner-Ersatz zu sein. Mir gegenüber benimmt sich dieselbe Jenn ganz normal, sogar ausgesucht freundlich. Als sich ein Besuch ihres Mannes mit den gemeinsamen Kindern ankündigt, wird sie nervös.

»Oh Gott, ich bin viel zu fett geworden«, stöhnt sie. »Ich muss mich unbedingt hübsch machen, damit ich mich vor meiner Familie blicken lassen kann.«

Nach dem Besuch sitzen wir zusammen ein paar Minuten draußen auf der Wiese. Und da laufen ihr plötzlich die Tränen hinunter. Für einen Moment lässt sie die Maske fallen, zeigt ein ganz anderes Gesicht als das der harten Macho-Gefangenen, ist einfach eine Mutter von zwei Kindern, die sich das Leben vermasselt hat.

Auch Bieber und Laury lerne ich über Tiffany kennen, ein weiteres Paar, das sich ständig mit Problemen rumschlägt. Die eine macht sich äußerlich genauso zurecht wie Justin Bieber, tritt jungenhaft auf und ist schon ihr ganzes Leben lang lesbisch. Die andere ist ausgesprochen hübsch, sehr weiblich, wirkt aber etwas gestört. Laury stammt aus ärmsten Verhältnissen, ist mit einem Mann verheiratet, der immer wieder straffällig wurde und sie mehrmals krankenhausreif geschlagen hat. Irgendwann hat sie angefangen, selbst mit Drogen zu dealen, um sich mit ihren vier Töchtern ein bisschen Luxus leisten zu können – Kleidung, Kosmetik oder Modeschmuck. In der Beziehung mit Bieber ist die zierliche Laury nun diejenige, die kräftig austeilt und immer wieder zuschlägt. Die beiden bewohnen ein Zimmer und können einander überhaupt nicht ausweichen. Bieber schafft es nicht, sich von ihrer Freundin zu trennen, vergöttert Laury trotz der Schläge und obwohl diese freimütig erklärt: »Wenn ich meine Zeit hier abgesessen habe und er auch aus dem Knast kommt, gehe ich zurück zu meinem Mann.«

Tahara ist eine hochgewachsene Schwarze, die mit ihren Rastalocken und dem hormonbedingten Bartwuchs aussieht wie ein echter Kerl. Ihre Freundin, die Friseurin Stephanie, trägt meist eine Sonnenbrille, damit wir nicht sehen, dass Tahara ihr schon wieder ein blaues Auge geschlagen hat. Wenn man Stephanie darauf anspricht, behauptet sie steif und fest, sie sei unglücklich gefallen. Tahara ist nicht nur gewalttätig, sondern gilt auch als *»Commissary Whore«*, als eine, die alles dafür tut, dass ihr eine andere etwas im Gefängnisladen bestellt.

Bei dem bedrohlichen Gebrüll, das ich jeden Abend aus dem Zimmer unter uns höre, geht es nicht um Liebesdinge. African-Katy und Shelly streiten sich über Religion. African-Katy stammt aus Sierra Leone und ist zum Islam konvertiert. Es bringt sie total in Rage, wenn Shelly in ihrem gemeinsamen Zimmer eine christliche Bibel aufschlägt. Einmal drückt Shelly sogar den Notknopf und bittet mit zitternder Stimme darum, auf *Suicide Watch* gebracht zu werden, weil sie den Terror nicht länger aushält.

Unsere mexikanische Masseurin Irene hat von einer Gefangenen aus dem Hausmeister-Team einige von den großen, runden Flusskieseln bekommen, die auf dem Dach unseres Gebäudes liegen. Seitdem bietet sie Massagen mit heißen Steinen an. Ich habe noch immer Probleme mit meinem Rücken und will das sofort ausprobieren.

Irene verteilt die Kiesel, die sie unter fließend heißem Wasser erwärmt hat, fachmännisch auf meinem Rücken. »Sag mal, wie lange bleibst du noch hier?«, fragt sie mich.

»Viereinhalb Monate, wenn alles gut geht.«

»Merkwürdig. Ich hab noch 18 Monate offen, aber mich haben sie beim Hundeprogramm abgelehnt, angeblich weil ich nicht mehr lange genug hier bin ...«

Von jetzt an ist die Stimmung zwischen uns gespannt. Ich verstehe sie gut, diese »Politik« der Knastverwaltung ist ungerecht und willkürlich, aber ändern kann ich sie nicht. Immer wieder wird mir vorgehalten, dass ich von der Verwaltung als blonde, weiße Mustergefangene bevorzugt werde, dass ich an aufwendigen Modellversuchen teilnehmen darf, obwohl ich diese Chance weniger nötig hätte als eine Latina mit mangelhafter Schulbildung, die nach der Haft abgeschoben wird.

Aber die Arbeit im Hundeprogramm und besonders mit Willow macht mir großen Spaß, und dass ich nicht mehr im selben Zimmer wohne wie der Golden Retriever tut der innigen Beziehung keinen Abbruch. Kaum spreche ich Willows Namen aus, klappt sie die Ohren hoch und saust, wenn das zur Übung gehört, quer durch die Trainingshalle auf mich zu. Auf meine Befehle pariert sie stets tadellos.

Das ist aber leider nicht bei allen so. Willow ist und bleibt verspielt und wählerisch und wird voraussichtlich nie ein perfekter Service-Hund werden.

»Hast du nicht eine Idee, wer sie auf Dauer nehmen könnte?«, fragt mich Ashley. »Willow ist so ein tolles Tier, aber sie ist einfach nichts für unser Programm.«

Ich denke als Erstes an meine Kollegen bei *Shelter & Hope*. Vielleicht gibt es in Chicago einen Teilnehmer, dem mit so einem Hund geholfen wäre? Ich habe mehrmals miterlebt, dass ein Tier für einen psychisch kranken und einsamen Menschen zur eindrucksvollen Stütze wurde. Doch auf meine lange Mail nach Chicago bekomme ich bald eine bedauernde Absage. Leider gibt es dort zurzeit kein passendes Herrchen oder Frauchen für Willow.

»Deine Mutter ist doch Hundetrainerin, willst du Willow nicht nach Deutschland mitnehmen?«, schlägt Ashley vor.

»Wie soll ich das denn machen?«, frage ich verblüfft.

»Denk mal darüber nach!«

Aber sosehr ich Willow auch liebe, es geht nicht. Ich weiß nicht einmal, wann und wie ich nach Hamburg zurückkehre und wo ich danach hinziehe. Ich werde mir einen Job suchen müssen und möchte endlich wieder reisen. Einem eigenen Hund könnte ich nach der Haftentlassung niemals gerecht werden.

Eines Tages soll Willow abgeholt werden. Sobald dieses Gerücht zu mir durchdringt, laufe ich in Kellys Zimmer und sehe dort nur noch den leeren Käfig. Es ist also wahr: Unser Baby, Willow the Pillow, ist weg. Uns laufen die Tränen.

Schon bald danach bekommen Kelly und ich eine andere Hündin zur Betreuung. Madison ist ein schokoladenfarbener, sehr pfiffiger Labrador, der schnell lernt. Oft stößt sie die Zimmertür mit der Nase auf, um zu beobachten, was in der Halle passiert. Allein im Zimmer ist es ihr einfach zu langweilig.

Mit Madison lege ich meine erste praktische Prüfung ab, führe dabei sogar einige Kommandos vor, die eigentlich erst später drankämen. Ich fürchte, dass die Hündin sich verweigert, wenn ich sie unterfordere. Alles klappt bestens. Als ich ihr allerdings in meiner Nervosität einige Befehle viel zu schnell hintereinander erteile, foppt sie mich, indem sie den Lichtschalter im Sekundentakt aus- und einschaltet.

Kurz nach der Prüfung teilt mich Ashley für einen weiteren Wechsel ein. Ich soll mich mit ihr gemeinsam um Morgan kümmern, ein ganz junges, pfiffiges Kerlchen. Der Zweck dieses Manövers bleibt mir nicht lange verborgen. Ashley will mich näher kennenlernen und prüfen, ob ich als Mitbewohnerin für ihre Geliebte in Frage komme.

Unter vier Augen rückt sie mit der Sprache heraus: »Hättest du was dagegen, wenn Zee bei dir einzieht?«

Natürlich weiß ich, dass sie eine Beziehung mit der großen Schwarzen mit den raspelkurzen Haaren hat, die von allen nur »Zee« genannt wird.

»Und Tiffany?«, frage ich etwas beklommen.

»Die müsste dann raus. Sie ist nicht im Hundeprogramm. Sie würde dann wieder in eines der unteren Zimmer einziehen.«

Ich bin hin- und hergerissen. Einerseits komme ich mir ziemlich fies vor, wenn ich meiner Mitbewohnerin, die unser Zimmer hingebungsvoll schrubbt und mich ständig bekocht, in den Rücken falle und ihrem Auszug zustimme. Andererseits geht mir meine *Bunky* längst auf die Nerven. Von morgens bis abends wacht sie eifersüchtig darüber, dass ich mit niemandem so viel Zeit verbringe wie mit ihr. Doch sie selbst bekommt Besuch von ihren Drogenfreundinnen, sobald ich unser Zimmer verlasse. Ich werde den Verdacht nicht los, dass sie die vielen tollen Vorräte, die sie in ihrem Spind hortet, im Tausch gegen Pillen erwirbt.

»Erfährt Tiffany, was ich dazu sage?«, frage ich vorsichtig.

»Auf keinen Fall. Das bleibt unter uns.«

»Okay, dann macht, was ihr wollt.«

Als ich die Frau in der orangefarbenen Uniform am anderen Ende des Besucherraums entdecke, werde ich so nervös, dass ich Kurt kaum noch zuhören kann. Dabei habe ich mich lange auf seinen Besuch gefreut!

Glücklicherweise durchschaut mein Freund aus Chicago den Grund für meine Zappeligkeit. Gemeinsam deichseln wir es so hin, dass ich direkt neben der Frau in der Schlange vor dem Snack-Automaten zu stehen komme. Ich schaue starr geradeaus und flüstere:

»Du bist in der SHU – kennst du Franzi? Weißt du, wie es ihr geht?«

»Klar, die kenn ich«, raunt die Angesprochene.

»Hast du Kontakt mit ihr?«

»Nicht viel. Hab sie ein paarmal gesehen.«

»Wie geht's ihr?«

»Sie ist okay.«

Ich atme erleichtert auf. »Grüß sie ganz lieb von Steffi und sag ihr, dass ich an sie denke.«

In dem Moment kommt die Mutter der Frau mit einem Arm voller Schokoriegel vom Automaten zurück und wir verstummen.

Viele Stunden sitze ich danach noch mit Kurt zusammen und genieße es, endlich mal wieder entspannt mit ihm zu quatschen. So oft haben wir beide es hinbekommen, uns gegenseitig zum Lachen zu bringen, wenn es eigentlich genug Gründe gab, traurig zu sein. Jetzt hoffen wir darauf, dass wir noch ein paar gemeinsame Tage in Chicago haben, bevor ich nach Deutschland zurückkehre. Wenn ich an meine Entlassung denke, wenn ich von meinem »Zuhause« träume, dann sehe ich als Erstes das Bild seiner Wohnung im *Park View Palace* vor mir.

In Hamburg werde ich mir mein Leben erst wieder neu einrichten müssen.

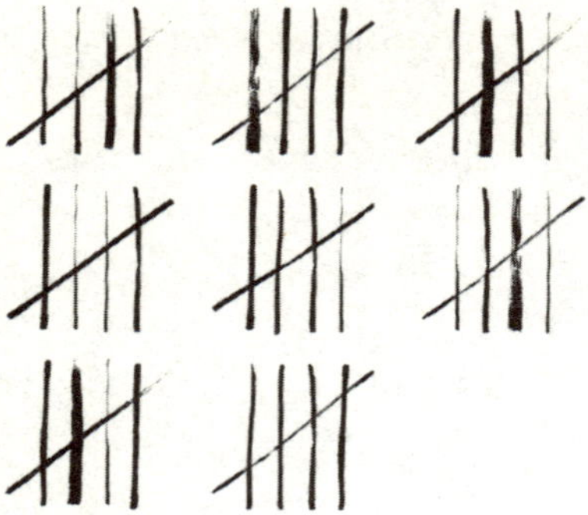

Am Montag, den 10. Juni, wache ich morgens sehr früh auf. Ich bin zappelig und nervös. Heute müsste Franzi entlassen werden. Sie hat ihre Strafe am vergangenen Wochenende vollständig verbüßt. Wenn die Justiz ihr nicht noch ein weiteres Verfahren angehängt hat, muss sie heute rauskommen.

»Du wirst es mitkriegen: Ihr Name wird vor der Entlassung per Lautsprecher durchgesagt«, weiß Diamond. Es erscheint mir zwar eigenartig, dass eine Frau, die ganz allein hinter einer verschlossenen Tür sitzt, öffentlich im ganzen Gefängnis ausgerufen werden soll, dennoch achte ich den Vormittag über angestrengt auf die verrauschten Lautsprecheransagen und höre gegen 11 Uhr tatsächlich Franzis Nachnamen heraus. Kurz danach wird das gesamte Gefängnis abgeriegelt, alle müssen in ihre Wohntrakte zurück.

Ich rase zu den beiden Panoramafenstern am Ende unseres Gebäudeteils. Von hier aus kann man den Hof überblicken. Diamond ist auch schon da. Wie die aufgescheuchten Hühner hetzen wir die Treppe hoch und runter, um herauszufinden, von wo aus wir am meisten sehen können.

Und dann erspähe ich sie. Ganz weit von uns entfernt öffnet sich eine Tür und Franzi wird gemeinsam mit einer anderen Frau ins Freie geführt. Ihre Hände sind auf dem Rücken gefesselt. Die Wachmänner schreiten mit den beiden Gefangenen die gesamte uns gegenüberliegende Gebäudeseite ab, gehen an verschiedenen Büros, der Pillenausgabe und der Sanitätsstation vorbei.

Wir hämmern an die Glasscheibe, johlen ihren Namen und schwenken unsere Arme wie die Irren. Endlich entdeckt Franzi uns und wedelt ein bisschen mit ihren gefesselten Händen. Mir laufen die Tränen hinunter, so aufgewühlt bin ich. Franzi geht. Sie kommt raus! Sie ist auf dem Weg nach Deutschland! Ich bin unfassbar erleichtert.

Als sie verschwunden ist, verziehe ich mich ins Zimmer, krieche unter meine Bettdecke, weine und freue mich zugleich wie eine Schneekönigin. Bis zuletzt habe ich Ängste um meine Freundin ausgestanden. Nach ein paar Minuten stehe ich schon wieder auf und setze mich an den Computer am *Horseshoe*, um ihrer Mutter und ihrem Mann über Kurt eine Nachricht zukommen zu lassen. Sie sollen es so bald wie möglich erfahren.

Tiffany tobt und brüllt, als ihr mitgeteilt wird, dass sie ausziehen muss. Sie will sich partout nicht von mir trennen und auch nicht von unserem schönen Zimmer. Doch es hilft nichts. Noch am selben Tag muss sie ihre Sachen packen und das Bett für Zee räumen.

Meine neue Mitbewohnerin ist eine Schwarze, die meistens mit einem Käppi, Schlabber-T-Shirt und einer zu weiten Hose herumläuft. Sie ist riesig und wirkt deshalb noch mehr wie ein echter Kerl. Obwohl wir so unterschiedlich sind, kommen wir schnell ins Gespräch, erzählen einander unsere Lebensgeschichten und quatschen schon in der ersten Nacht bis zwei Uhr morgens.

Zee stammt aus New York, hat aber zuletzt in einem überwiegend von Schwarzen bewohnten Viertel einer mittelgroßen Stadt im Osten der USA gelebt. Während sie in zwei Jobs schuftete, war in ihrer Nachbarschaft Kriminalität eine verbreitete Methode, mit der man seinen Lebensunterhalt bestritt. Eines Tages fuhr sie wieder einmal ein paar Bekannte. Dass diese einen Überfall planten, wusste sie allerdings nicht. Doch als Fahrerin dieser Gang galt sie als Mittäterin des Mordes, der an diesem Abend geschah. Außerdem wurde ihr angelastet, dass die Täter ihre nicht registrierte Waffe benutzt hatten. Ihre Gefängnisstrafe von 30 Jahren wurde später, nachdem sie als Zeugin ausgesagt hatte, um die Hälfte reduziert. Fünf Jahre hat sie abgesessen, 10 liegen noch vor ihr.

Zee ist Mutter von sieben Kindern. »Nicht dass du denkst, ich bin erst andersrum, seit ich im Knast sitze«, sagt sie, als sie meinen Blick auf die Fotos an ihrer Pinnwand bemerkt, auf denen nur Kinder zu sehen sind. »Ich lauf hier drinnen zwar eher rum wie ein Typ, aber ich bin durch und durch eine Frau«, stellt sie weiter klar.

Dass Zee sehr gut organisiert, reinlich und ordentlich ist, fällt mir sofort auf. Leider hat sie eine andere, weniger angenehme Eigenart: Sie schnarcht. Und zwar so laut, dass kein Ohrstöpsel gegen den Lärm hilft. Weil ihr meine Nachtruhe aber am Herzen liegt, versucht sie dieses Übel mit Hilfe von Klopapier zu bekämpfen. Sie stopft sich das Zeug in die Nase, um sich zu zwingen, durch den Mund zu atmen. Das sieht so bescheuert aus, wenn sie auf dem Rücken im Bett liegt, dass ich bei ihrem Anblick laut lachen muss. Irgendwie gelingt es uns danach, uns so aufeinander einzustellen, dass wir beide nachts schlafen können.

Ziemlich oft schaut Ashley bei uns herein. Mit dem Hund an der Leine war sie die erste Gefangene, mit der ich in Hazelton ein paar Worte gewechselt habe. Damals hatte ich mir noch eine Zurechtweisung eingefangen, jetzt erlebe ich Ashley ganz anders. Sie tut alles dafür, dass Zee sie liebt. Den Zimmertausch hat sie nicht nur deshalb arrangiert, weil sie eine saubere und verlässliche Mitbewohnerin für sie gesucht hat. Sondern weil sie auch sicher sein wollte, dass ihre Liebste hinter verschlossenen Türen nicht von ihrer *Bunky* angebaggert wird.

Gemeinsam amüsieren wir uns darüber, dass sie Zee und mich voreinander gewarnt hat. »Sie hat mir gesagt, du wärst schüchtern«, grinst Zee. »Hab ich nichts von gemerkt. Wir haben uns doch gleich die erste Nacht um die Ohren geschlagen …«

»Na ja, ich habe gedacht, dass sie Angst vor dir hat«, erklärt Ashley.

»Angst? Wieso das denn?«, wundert sich ihre Freundin.

»Vielleicht weil du sehr groß bist? Und sehr schwarz?« Wir müssen alle drei lachen.

»Hey, sag mal, wolltest du nicht zum Sport gehen?« Schon klar, Ashley möchte mit Zee allein sein.

»Stimmt, hatte ich gerade vor.«

»Dann kommst du bestimmt nicht vor dem nächsten *Move* zurück?«, grient Zee.

»Verstanden«, antworte ich. »Für mindestens eine Stunde ist die Bude sturmfrei.«

Draußen, auf dem Sportplatz, lerne ich Jojo kennen. Die Chinesin ist etwa im gleichen Alter wie ich und sitzt wegen Produktpiraterie im Knast. Sie hat Container voller gefälschter Markenschuhe aus ihrer Heimat in die USA importiert. Was sie von ihrem Leben in China erzählt, klingt furchtbar. Als sie nach der Geburt ihres ersten Kindes ein zweites Mal schwanger wurde, hat man sie im achten Monat zu einer Abtreibung gezwungen. Danach wollte sie das Reich der Mitte nur noch verlassen.

Man merkt Jojo nicht an, was sie alles durchgemacht hat.

Sie ist fast immer gut gelaunt, offen und freundlich, dabei wirkt sie noch sehr jung. Außerdem spielt sie fantastisch Badminton und ist eine hervorragende Masseurin.

Mit meinen Rückenbeschwerden befasst sie sich intensiv und fachkundig. »Mit 13 Massagesitzungen wäre das Problem zu beheben.« Sie könne sofort mit der Behandlung beginnen, doch das gestalte sich nicht so einfach. Weil Jojo in einem anderen Gebäudetrakt untergebracht ist als ich, darf sie unsere Räume nicht betreten. Sie kann ihre Massagen aber auch nicht einfach draußen auf der Wiese durchführen.

Manchmal schleicht sie sich deshalb mit einem *Move* bei uns ein und verlässt K1 eine Stunde später auf demselben Wege. Ich muss mich dann in unserem Zimmer verkehrt herum auf einen Stuhl setzen und meine Brust mit einem Kissen vor Quetschungen schützen. Schon als sie meinen Rücken zum ersten Mal bearbeitet, spüre ich, dass diese Behandlung mehr als Wellness ist, sie hilft mir wirklich.

Nachmittags hängen wir häufig zusammen am *Cracker Beach* herum. Auf dieser Rasenfläche links der Laufbahn sonnen sich vor allem Weiße – so genannte *Cracker*. Das ist Slang der Schwarzen und bedeutet Sklaventreiber. Wenn ich mich dort mit dem Rücken an eine Gebäudemauer lehne und mir die Sonne ins Gesicht scheinen lasse, genieße ich die Vorstellung, dass der Sommer näher rückt – und damit der Tag meiner Entlassung.

Dort treffe ich auch Roxanna. Die zarte Frau mit den hohen Wangenknochen kommt mir vor wie eine typische Osteuropäerin, obwohl einige Gefangene behaupten, sie stamme aus Deutschland.

»Woher kommst du?«, frage ich Roxanna.

»Ich bin in Weißrussland aufgewachsen, aber in die USA geflohen.«

»Dann bist du aus Minsk?«

Roxanna sieht mich perplex an. Dass jemand weiß, wie die Hauptstadt von Weißrussland heißt, hat sie in Amerika noch nicht erlebt. Damit ist das Eis zwischen uns gebrochen. Roxanna ist etwa in meinem Alter, und ihr Verhalten erinnert mich sehr daran, wie ich selbst vor einem halben Jahr in Hazelton angekommen bin. Alles ist noch so fremd und undurchschaubar, wenn man noch nie im Gefängnis war.

»Wenn man von hier aus telefoniert«, fragt sie mich, »bekommt die andere Seite dann mit, dass man aus einem Gefängnis anruft?«

»Leider ja, sogar ziemlich deutlich«, bedauere ich. »Vor jedem Telefonat erfolgt eine automatische Durchsage: ›Dies ist ein Anruf aus einem Bundesgefängnis‹ – und die wird dann noch mehrmals wiederholt.«

»Machen sie das auf Englisch? Nur auf Englisch?«

»Höchstens noch auf Spanisch. Andere Fremdsprachen beherscht hier doch keiner.«

»Prima.« Roxanna lehnt sich erleichtert zurück. »Dann versteht meine Mutter kein Wort. Ich will sie unbedingt anrufen, sie denkt, dass ich umgezogen bin, und ich möchte nicht, dass sie merkt, dass ich im Knast sitze.« Später erzählt sie mir, dass sie ihrer Mutter in Weißrussland erfolgreich weisgemacht hat, die Automatenstimme sei ein spezieller Service ihres neuen Telefonanbieters.

Roxanna hat hier ein halbes Jahr abzusitzen und findet das einfach nur lächerlich. Dass sie sich strafbar macht, hat sie nicht geahnt, als sie gemeinsam mit ihrem Mann im Internet ein Fernglas bestellte. Ein Freund von ihnen wollte es als Nachtsichtgerät für die Jagd in Weißrussland benutzen. In den Augen der US-Justiz ist das eindeutig »Kriegsgerät«, und der Export ist natürlich strafbar. Roxanna schwört Stein und Bein, dass ihr Mann genauso wenig darüber wusste wie sie selbst. Da er im Gegensatz zu ihr kein politisches Asyl in den USA genießt, droht ihm nach der Strafverbüßung die Abschiebung.

Bei schönem Wetter liegen wir jetzt oft zu viert am *Cracker Beach*: Roxanna, ihre Mitbewohnerin Jacqueline, Jojo und ich. Wir albern herum, erzählen uns von unserem früheren Leben und davon, was wir als Erstes tun werden, wenn wir aus dem Knast rauskommen. Jojo hat einen Lautsprecher für den MP3-Player gebastelt, den sie im *Commissary* erstanden hat, und spielt uns damit die chinesische Musik vor, die sie so liebt. Roxanna hat ein paar Titel von »Tatu«, einem in Russland populären Duo, über den Computer heruntergeladen und spielt sie uns vor. Außerdem haben wir unser gemeinsames Faible für europäische Popmusik entdeckt, für französische und italienische Titel, die hier sonst niemand kennt. Natürlich kostet uns jeder einzelne Song, den wir über das Gefängnis-Internet auf den MP3-Player laden, ein kleines Vermögen.

Leider klebt mir Tiffany aber weiterhin an den Hacken. Sie weiß zwar genau, dass sie mit den Mädels in diesem Kleeblatt weder intellektuell noch äußerlich mithalten kann, aber sie hält einen für mich sehr bedeutsamen Trumpf in der Hand. Sie verspricht mir Hilfe bei der Klärung der Frage, was nach meiner Entlassung dem 8. September 2013 mit mir passieren wird. Darf Kurt mich dann einfach in Hazelton abholen? Darf ich aus den USA ausreisen, wann immer ich will? Oder werde ich in Abschiebehaft genommen wie Franzi?

Tiffany kennt einen Anwalt, der auf solche Fragen spezialisiert ist. Er sei ein Freund ihrer Familie, erzählt sie mir, und außerdem sei er ihr noch etwas schuldig. »Schließlich verdient er fette Kohle mit meiner Schmerzensgeldsache.«

Ich glaube ihr nur allzu gern, zumal sie mich stets mit ermutigenden Informationen bei der Stange hält. Mein Fall sei völlig eindeutig. Ihr Anwalt werde mir in Kürze einige Dokumente zustellen, mit deren Hilfe ich das Gefängnis Anfang September als freie Frau verlassen könne.

Doch immer wieder warte ich vergeblich auf Post. Oft sehe ich Tiffany am Telefon stehen und mit ernstem Gesicht auf jemanden einreden. »Der Brief geht noch heute raus«, versichert sie mir danach. »Er hat es mir fest versprochen.«

»Wenn das zu viel Mühe macht, kann er die Sachen auch an Kurts Adresse mailen«, schlage ich vor.

»Nicht nötig. Mein Sohn geht bei ihm in der Kanzlei vorbei und schickt uns die Papiere.«

Doch in Hazelton kommt nie etwas an. Mal hat Tiffanys Sohn keine Zeit, die Dokumente beim Anwalt abzuholen, mal war die Mail an Kurt wegen eines Tippfehlers in der Adresse unzustellbar.

Als Tiffany wegen ihrer Beschwerden für ein paar Tage ins regionale Krankenhaus verlegt wird, bitte ich Kurt, ihren Anwalt einfach selbst anzurufen. Seinen recht ungewöhnlichen Namen hat sie irgendwann in einem Nebensatz erwähnt.

»Gibt es was Neues? Hast du den Typ erreicht?«, frage ich ihn am nächsten Tag gespannt.

»Tut mir leid, Steffi«, seine Stimme klingt entschuldigend. »Da hast du wohl auf das falsche Pferd gesetzt.«

»Wieso das denn?«

»Er sagt, er habe deinen Namen noch nie gehört.«

»Wie bitte? Er ist Tiffanys Anwalt, und sie spricht dauernd mit ihm!«

»Er hat ziemlich lange gegrübelt, bis er sich überhaupt an sie erinnern konnte. Sagt, dass er nur ein einziges Mal mit ihr gesprochen hat. Die Sache kam ihm so aussichtslos vor, dass er sie nicht übernahm.«

»Aber er ist doch ein Freund der Familie?«

»Danach hat es sich nicht angehört.«

Niedergeschlagen lege ich auf. Eigentlich habe ich es ja geahnt. Tiffany ist eine pathologische Lügnerin. Sie hat sich das Hilfsangebot einfach ausgedacht, um sich bei mir unentbehrlich zu machen, und ich bin darauf reingefallen. Ob ich meiner Wut auf sie freien Lauf lasse oder mich über mich selbst ärgere, ist letztlich egal. Beides bringt mich keinen Schritt weiter.

Wenig später werde ich ins Verwaltungsbüro bestellt.

Vor mir sitzt eine Justizbedienstete. »Wie Sie wissen, werden Sie bald entlassen, und wir müssen Ihre Papiere vorbereiten. Dazu brauche ich noch ein paar Angaben ...«

Ich werde entlassen? Mein Herz macht einen kleinen Sprung.

»Werde ich denn nicht abgeschoben? Ich bin keine Amerikanerin ...«, frage ich vorsichtig nach.

»Uns liegt bisher kein Abschiebehaftbefehl vor«, erklärt sie gleichgültig. Gemeinsam füllen wir meinen Entlassungsplan aus. Ich soll zuerst in ein sogenanntes *Halfway House* nach Chicago verlegt werden. Aus dieser halb offenen Anstalt heraus soll ich mir einen Job suchen. Kein Problem, denke ich, *Shelter & Hope* hat mir oft genug angeboten, mich sofort wieder einzustellen. Mit einem unterschriebenen Arbeitsvertrag habe ich dann die Aussicht, schon nach wenigen Tagen zu Kurt umzuziehen.

Ein Justizbeamter wird vorab einen Hausbesuch bei ihm durchführen, um zu prüfen, ob sich seine Wohnung im *Park View Palace* für meine Resozialisierung eignet. Das bedeutet, dass ich vielleicht schon Anfang August nach Chicago zurückkehren darf.

»Ich habe es mir überlegt: Ich kündige«, erkläre ich Ashley nach diesem Gespräch. »Ich mache Schluss mit dem Hundeprogramm.«

Sie schaut mich entgeistert an. »Das ist nicht dein Ernst. Mit wem hast du Stress?« Niemand verlässt freiwillig das Hundeprogramm.

»Ich habe keinen Stress. Ich will mich nur auf andere Dinge konzentrieren. Ich bin höchstens noch zwei Monate hier.«

»Wir können dich entlasten, wenn du zu viel zu tun hast «, setzt Ashley nach. »Jemand anders nimmt dir den Hund für ein paar Stunden pro Woche ab.«

»Ich brauche keine Hilfe, danke. Am Hundeprogramm teilzunehmen war großartig, aber jetzt soll eine andere Frau diese Chance bekommen.«

Wie man in Amerika ein Kündigungsgespräch führt, weiß ich: Immer hübsch positiv bleiben und nur nach vorne schauen. Deshalb sage ich Ashley nicht, dass ich die ständigen Eifersüchteleien und Intrigen, die gegenseitige Bespitzelung und die häufigen Zimmerdurchsuchungen satthabe, von denen besonders die Teilnehmerinnnen des Hundeprogramms betroffen sind. »Ich kann mich nicht mehr so sehr auf das Training konzentrieren, wie ich es selbst für notwendig halte.«

Damit gebe ich natürlich auch den Platz in meinem Zimmer auf. Jetzt, im Sommer, ist das zu verschmerzen, denn ich bin so oft wie möglich draußen. Hinter den Kulissen sorgt Ashley aber dafür, dass ich weiter mit Zee zusammenwohne.

»Bedauerlicherweise ist deine Mitarbeit im Hundeprogramm ja nun beendet – allerdings aus freien Stücken«, fasst es Mrs. Winter ein paar Tage später zusammen. »Du hast hier wirklich sehr viel geleistet. Ich gehe davon aus, dass du auch nach deinem Ausscheiden nicht schlecht über unser Programm reden wirst. Deshalb haben wir uns entschieden, dass du in deinem bisherigen Zimmer wohnen bleiben kannst. Einverstanden?«

Über dieses Angebot brauchte ich nicht lange nachzudenken. Natürlich bin ich froh darüber, mein Zimmer weiterhin mit Zee zu teilen.

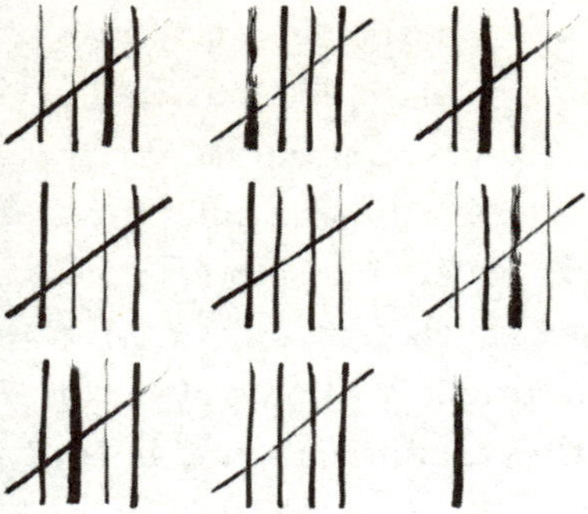

Zur Feier des *Independence Day,* des amerikanischen Nationalfeiertags am 4. Juli, steigt eine Riesenparty in der Turnhalle. Es ist zugleich das Abschiedsfest für Mrs. Winter, die in Rente geht. Sie ist noch keine 50 Jahre alt und verdankt diesen frühen Ruhestand der Tatsache, dass sie ihre berufliche Laufbahn beim Militär begonnen hat.

Sogar die Hunde werden für diesen besonderen Tag ausstaffiert: Billy McFatty flechten wir Schleifchen aus Bettlaken mit aufgemalten *Stars and Stripes* ins Haar. Samson, unser trotteliger Rüde, trägt eine elegante Krawatte mit US-Flagge – ebenfalls selbstgebastelt. Die Tiere führen zur Feier des Tages kleine Kunststückchen vor und ihre Trainerinnen präsentieren einen sorgfältig einstudierten Hula-Hoop-Tanz. Die Kostüme der Frauen hat Sandy aus Bettlaken geschneidert, die Blüten in ihrem Haar stammen aus dem gefängniseigenen Gewächshaus.

Mr. Verano, der bisherige Stellvertreter von Mrs. Winter, wird von nun an das Hundeprogramm leiten. Er erscheint mit seiner Frau auf dem Fest, und beide wenden sich an diesem Tag besonders den Latinas zu. Stets sind sie von einer Gruppe der Mädels umringt, und es wird ausschließlich Spanisch gesprochen. Künftig, so signalisiert Verano, werden die spanischstämmigen Frauen auf K1 und im Hundeprogramm mehr Aufmerksamkeit genießen als bisher.

Wenige Tage später dominiert ein Strafprozess das Tagesgespräch. Viele Gefangene verbringen fast den ganzen Tag vor einem der acht Fernsehgeräte und verfolgen das Verfahren gegen George Zimmerman. Der Wachmann einer privaten Sicherheitsfirma soll im Februar 2012 in Florida einen 17-jährigen Schwarzen erschossen haben. Jetzt muss die Jury entscheiden, ob er als Mörder verurteilt wird oder als rechtschaffener Wachmann in Notwehr gehandelt hat und freizusprechen ist.

Fast unser gesamter Trakt ist in zwei Lager gespalten: Die Schwarzen sind auf der Seite des Opfers, wollen Zimmerman im Knast oder sogar zum Tode verurteilt sehen. Die Weißen aber halten ihn für einen Ehrenmann, der durchgegriffen hat. Und so sehen es auch die Latinas. Zimmermans Mutter ist eine von ihnen, eine Peruanerin.

Als dann am 13. Juli der Freispruch verkündet wird, jubeln seine Anhängerinnen so euphorisch, als hätte ihr Land die Weltmeisterschaft gewonnen. »Was für ein Glück!«, strahlt Tiffany. »Wenn der Junge verurteilt worden wäre, hätte ich meinen Glauben an Amerika verloren!« Glücklicherweise hört das keine der schwarzen Gefangenen. Sie sehen nach dem Urteilsspruch aus, als würden sie nur zu gerne ihren Frust an jemandem auslassen.

Ein paar Tage später hängt eine Namensliste aus. Die Nachricht verbreitet sich wie ein Lauffeuer in allen vier Gebäudeteilen, von J1 bis K2. Hunderte Gefangene sollen nach Aliceville in Alabama verlegt werden. In etwa 1000 Kilometer Entfernung von Hazelton wird ein neues Gefängnis eröffnet und es soll möglichst schnell voll belegt sein. Einige wissen bereits, dass es dort ganz ähnlich aussieht wie in Hazelton. Die Türen und Geländer seien allerdings braun und nicht blau lackiert.

Vor dem Aushang spielen sich dramatische Szenen ab.

Frauen liegen sich schreiend und weinend in den Armen, wo Freundschaften oder Liebespaare durch die Verlegungen auseinandergerissen werden. Eine Latina, die im Rollstuhl sitzt, bricht verzweifelt zusammen, als sie den Namen ihrer Freundin auf der Liste entdeckt. Die Frau hat sich von morgens bis abends um sie gekümmert. Wie soll sie ohne sie in Hazelton klarkommen? Eine andere Gefangene, so spricht sich bald herum, hat versucht, sich das Leben zu nehmen, weil ihr die Trennung von ihrer Geliebten drohe. Sie hat ein Bettlaken am Fensterkreuz befestigt, sich die Schlinge um den Hals gelegt und ist vom oberen Bett gesprungen. Angeblich war sie schon blau, als die Wachen sie fanden. Sie liegt jetzt in der *Suicide Watch*-Zelle und bleibt dort bis zu ihrem Umzug nach Aliceville von allen isoliert - natürlich auch von ihrer Freundin.

Andere Frauen hätten nichts gegen einen Umzug einzuwenden. Sie wollen endlich eine Veränderung erleben, andere Wachleute, andere Jobs, oder sei es nur eine andere Farbe an der Tür.

Noch im Juli fährt der erste Bus nach Aliceville ab. Wir sehen die Frauen, die bei diesem Transport mitfahren, aus großer Entfernung in Trippelschritten über den Hof gehen. Alle in Hand- und Fußketten. Etwa 16 Stunden lang werden sie unterwegs sein, die ganze Zeit über gefesselt. Wir rufen und winken zum Abschied hinüber. Viele der Latinas weinen und auch ich bin traurig. Zwar stand mir keine der Frauen besonders nahe, aber ich habe mich doch an sie gewöhnt.

Wenig später kommen Busse mit neuen Gefangenen an. Niemand von uns hat Lust, sie willkommen zu heißen. Die Frauen wirken viel härter und abgebrühter als unsere vertrauten Mitinsassinnen. So bleiben alle vorerst unter sich.

Später steht auch Sandy auf der Liste. Niemand weiß, was jetzt aus Billy McFatty werden soll. Der Justizbehörde ist es anscheinend egal.

Ende Juli erzählt mir Kurt am Telefon, dass er Besuch von einem Justizbeamten hatte. Anscheinend wird meine Entlassung zum 4. August vorbereitet. Meine Nerven sind zum Zerreißen gespannt.

Tiffany habe ich inzwischen so ruhig wie möglich darüber informiert, dass ich die Wahrheit über ihren angeblichen Freund, den Anwalt, kenne. »Du bist eine Lügnerin, mit der ich nichts mehr zu tun haben will«, habe ich ihr gesagt und sie in der Mitte der Halle stehenlassen. Immer wenn es mir nicht gelingt, ihr aus dem Weg zu gehen, und andere in unserer Nähe sind, spielt sie sich unbeirrt als Expertin für meinen Fall auf.

Der 4. August fällt auf einen Sonntag und verstreicht völlig ereignislos. Auch am darauffolgenden Montag passiert nichts. Es kommt einfach niemand mehr auf meinen Entlassungsplan zu sprechen. Ich habe nicht mehr den nötigen Kampfgeist, um nachzufragen. Ich zähle nur noch die Tage. Es sind 35.

Ich schlafe morgens so lange wie möglich, lege mich bei schönem Wetter auf dem Außengelände in die Sonne, quatsche mit Jojo, Roxanna und Jacqueline und verbringe die meiste übrige Zeit mit der Zubereitung von Süßspeisen. Kurt beteiligt sich von Chicago aus an meinen Experimenten, schickt mir Rezepte und macht Vorschläge, wie ich Zutaten, an die ich im Gefängnis nicht herankomme, ersetzen könnte.

Meiner Figur bekommt dieses neue Hobby überhaupt nicht. Alle paar Tage fasse ich deshalb wieder den Vorsatz, mehr Sport zu treiben, Diät zu halten und Kalorien zu zählen. Aber es fällt mir schwer, meine Antriebslosigkeit zu überwinden, weil meine Zeit nur noch vom Warten bestimmt ist.

Und dann entwickelt sich aus alldem doch noch mal ein neues Projekt. Zunächst ist es nur eine Idee. Wäre es möglich, hier drinnen eine Art Eiscreme zu fabrizieren? Das Sommerwetter schreit geradezu danach. Jeden Freitag bekommen wir zwar in der Kantine einen Eisriegel zum Dessert, seit einiger Zeit sogar einen außergewöhnlich leckeren, und ich akzeptiere jeden Tauschhandel, um an ein zweites Exemplar heranzukommen. Aber Eis selbst herzustellen wäre an den übrigen sechs Tagen der Woche eine großartige Alternative.

Für die Eiswaffel versuchen Zee und ich es mit den Tortillas, die es im Zehnerpack im *Commissary* gibt. Um sie in die typische Eistütenform zu bringen, bastle ich ein Papphütchen, wickle einen der dünnen Teigfladen, den ich mit etwas Butter und Zimt bestreiche, darum, fixiere das Ganze mit einem Wollfaden und lasse die Tüte in der Mikrowelle aushärten. Nach den ersten misslungenen Versuchen klappt es ganz gut.

Die sogenannte Eiscreme entsteht nach demselben Rezept wie die Füllung unseres Gefängnis-Cheesecakes. Während des Nachmittags-Einschlusses nutzen Zee und ich die Deckplatte unseres Hundekäfigs, um das Zeug darauf anzurühren: Puddingpulver, Kaffeeweißer, Zitronensaft. Dann stellen wir die Masse auf Eiswürfeln kalt, bis sie fest genug ist, um sie portionsweise in die Waffeln zu löffeln und mit zerbröselten Keksen zu garnieren. Sieht lecker aus und schmeckt auch nicht schlecht.

»Macht ihr das bald noch mal?«, fragen uns viele, als sie uns mit dem selbstgemachten Eis sehen. In mir keimt eine Geschäftsidee und ich überschlage die Kosten. Wie hoch wäre die Anfangsinvestition für eine Gefängnis-Eisdiele? Welche Zutaten brauchen wir, was muss eine Eiswaffel kosten? Mit welchen Einnahmen kann ich kalkulieren? Schnell stelle ich fest, dass alles Notwendige vorhanden ist: ein kleines Budget, ein funktionierendes Rezept, mit Zee eine zuverlässige Geschäftspartnerin – und schon jetzt eine hohe Nachfrage.

Der Laden läuft von Anfang an fantastisch. Erst »öffnen« wir nur am Wochenende, doch bald produzieren wir jeden Tag neues Eis, erweitern unsere Produktpalette um Toppings aus Erdbeermarmelade oder geschmolzener Schokolade, bieten Tropical-Eis mit Dosenfrüchten an und neben der Eiswaffel für zwei Dollar auch einen großen Becher zum doppelten Preis.

Ich kümmere mich um den Einkauf, die Buchhaltung und die Finanzierung unseres Geschäfts, Zee nimmt Bestellungen entgegen. Ich rühre die Eiscreme an, und sie steht stundenlang vor der Mikrowelle, um die Waffeln auszuhärten. Unsere Kundinnen bekommen im Tausch gegen ihr Eis einen kleinen Zettel, auf dem steht, was sie im Gegenwert für das Verzehrte bei uns abzuliefern haben.

An unserem Spitzentag machen wir 100 Dollar Umsatz. Überall auf dem Gefängnisgelände sehen wir Frauen mit unseren Eiswaffeln, die für einen Moment die Illusion eines ganz normalen Sommertags genießen.

Bis zu meiner Entlassung will ich diesen Laden so weit zum Laufen bringen, dass Zee ihn ohne eigenes Kapital weiterführen kann. Mein Plan scheint aufzugehen – bis zu dem Tag, an dem meine Mitbewohnerin ihren Namen auf der Liste für den nächsten Transport nach Aliceville entdeckt.

Am selben Abend steht eine rotblonde Frau mit einem etwas seltsamen Gesichtsausdruck in der Tür zu unserem Zimmer.

»Hi, ich bin Lexi, ich mach vielleicht auch bald im Hundeprogramm mit!«, erklärt sie erstaunlich emotionslos. Zee schaut die Neue scharf an. »Sag mal, bist du nicht die, die ein Kind gekillt hat?«

Lexi bollert sofort los. »Es ging um den Typ – meinen scheiß Exmann. Der hat sich an meine Tochter rangemacht, als sie noch klein war. Dafür musste dieser Abschaum sterben. Er hat's nicht anders verdient.«

Ich bin so schockiert, dass ich keine Silbe herausbringe. Zee komplimentiert unsere neue Nachbarin ziemlich schnell wieder aus dem Zimmer. »Du, sorry, wir wollen hier unsere Ruhe haben!«

Dann erzählt sie mir, was sie über Lexi weiß. Gemeinsam mit ihrem zweiten Mann soll sie eine ganze Familie ermordet haben – ihren Exmann, dessen zweite Frau und deren gemeinsames Kind, das wohl zufällig ins Zimmer kam. »Zum Schluss haben sie die ganze Bude abgefackelt.«

»Steht auf Mord nicht die Todesstrafe?«, frage ich erschrocken.

»Eigentlich schon. Aber sie ist 'ne Weiße«, kommentiert Zee. »Sie hat ein paarmal lebenslänglich bekommen. Hat vor Gericht behauptet, dass nicht sie die Waffe in der Hand hatte, sondern der Typ. Aber mich wundert's schon, dass so eine angeblich ins Hundeprogramm kommt.«

Lexi war an drei Morden beteiligt und sitzt im selben Gefängnis wie ich. Ich habe mich inzwischen an vieles gewöhnt. Aber daran, dass mich die US-Justiz in dieselbe Einrichtung sperrt wie Frauen, die wegen solcher monströser Taten verurteilt sind – daran werde ich mich nie gewöhnen.

An einem anderen Tag komme ich mit Maria ins Gespräch, einer älteren Kolumbianerin, die in eines der Zimmer nebenan einzieht.

»Ich bin zum ersten Mal in den USA«, erzählt sie mir in gebrochenem Englisch. »Mich haben sie aus meinem Land rausgeholt, um mich hier vor Gericht zu stellen.«

»Das ist doch Entführung! Dürfen die amerikanischen Behörden das?«

»Anscheinend schon, wenn es um Drogen geht«, seufzt sie. »Es gibt da so ein Abkommen zwischen den USA und Kolumbien. Ich war nur ein kleines Licht. Sie wollten, dass ich als Zeugin auspacke, Namen von Hintermännern nenne und so.«

»Und hast du das gemacht?«

Sie schaut mich entsetzt an: »Dann wär ich schon nicht

mehr am Leben. Und meine Familie auch nicht. Sie würden alle töten.« Sie schweigt einen Moment, wirft einen dramatischen Blick auf einen Golden Retriever, der gerade an uns vorbeigeführt wird, und raunt: »Sogar den Hund hier!« Ich muss mir ein Lachen verkneifen und weiß doch auch, wie grauenvoll real diese Drohung ist.

»Ach, Giesselbach, komm doch mal kurz ins Büro! Du musst noch ein paar Austrittspapiere unterschreiben!«

Ich sacke kurz auf meinem Stuhl zusammen, begreife sofort, was das bedeutet. Sie werden mich am 8. September nicht in die Freiheit entlassen. Ich muss noch eine weitere Runde durch die Mühlen der US-Justiz drehen.

»Wir haben den Abschiebehaftbefehl vom ICE bekommen«, verkündet mir die Justizangestellte wenig später. Ich versuche, cool zu bleiben, mir meine Enttäuschung und Wut nicht anmerken zu lassen. Aber mir ist zum Heulen zumute.

Es ist durchaus möglich, dass ich erst kurz vor Weihnachten in Hamburg ankomme.

Dass ICE mich abschieben lässt, bedeutet auch, dass ich nicht noch einmal nach Chicago und in den *Park View Palace* zurückdarf, zu Kurt, Terri und David – den Menschen, die mir in den letzten Jahren tagtäglich zur Seite standen. Natürlich freue ich mich auf meine Freunde aus der alten Heimat und auf meine Familie in Hamburg. Aber es tut weh, zu wissen, dass ich wahrscheinlich nie wieder nach Chicago zurückkomme, nie wieder auf den Michigan-See hinunterblicken, nie wieder durch die Tür »meiner« deutschen Gaststätte oder des Büros von *Shelter & Hope* treten werde.

Es bleibt mir nur noch ein winziger Hoffnungsschimmer. Wenn ICE mich nicht innerhalb von 48 Stunden nach meinem Entlassungstermin aus dem Knast abholt, habe ich einen Rechtsanspruch auf sofortige Freilassung – das hat Kurt herausgefunden. Meine Freunde in Chicago haben einen befreundeten Anwalt in Washington gebeten, mich in diesem Falle noch am selben Tag aus Hazelton abzuholen. Vielleicht habe ich ja ein einziges Mal Glück und profitiere vom Organisationschaos der amerikanischen Behörden.

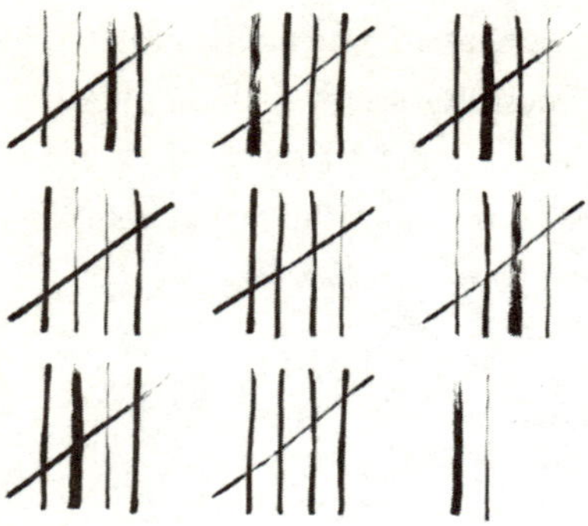

Es ist an der Zeit, meine Sachen zu packen. Aussortieren, wegwerfen, verschenken. Ein paar Dinge tausche ich gegen Briefmarken, und ich schicke ein Paket mit allem, was ich behalten will, an Kurt nach Chicago: meine Aufzeichnungen, persönliche Briefe, Bücher, Fotos und alle Geschenke von Mitgefangenen.

Beim Aussortieren der Berge von Zeitungsauschnitten, die mir mein Vater geschickt hat, fällt mir das Jahreshoroskop einer Hamburger Zeitung in die Hände. Für den August und September 2013 wird mir darin vorhergesagt: »Sie wissen wieder, wo Sie zu Hause sind. Es geht eine Zeit der Unruhe zu Ende. Sie finden die bekannten Dinge in neuem Glanz.« Noch ist es nicht so weit, denke ich. Die Sterne können sich irren – oder diejenigen, die sie deuten.

Zee und ich wickeln auch unsere Eisdiele ab. Es hat keinen Sinn weiterzumachen, wenn sie demnächst aus Hazelton wegmuss. Inzwischen wurde der Termin ihrer Verlegung verschoben, aber wir wissen, dass es irgendwann so weit sein wird.

Gemeinsam überlegen wir, welche Dinge sie im *Commissary* kaufen und nach Aliceville mitnehmen könnte. Diese Bestellungen geben wir an unsere Eis-Kundinnen weiter. Bei einigen säumigen Zahlerinnen wird Ashley die Außenstände eintreiben müssen – indem diese ein paar Artikel für sie im *Commissary* bestellen. Ashley wird ihre Mutter bitten, den Gegenwert dafür auf Zees Konto einzuzahlen. Sie ist todtraurig über die bevorstehende Trennung von ihrer Freundin. Aber sie selbst hat ihre Strafe bald abgesessen. Ihren Chefposten im Hundeprogramm aufzugeben und sich jetzt noch für eine Verlegung nach Aliceville einzusetzen wäre vergebene Liebesmüh.

Das Guthaben von ungefähr 150 Dollar, das mir noch aus dem Eisverkauf zusteht, investiere ich unter anderem in ein paar überteuerte schwarze Turnschuhe aus dem *Commissary*. Irgendetwas Eigenes, Schönes will ich mir für die Abschiebehaft leisten.

Was mich dort erwartet, weiß ich von Franzi. Sie ist endlich in Deutschland angekommen und hat mir seither viele Mails geschrieben. Ich darf zwar eigentlich keinen Kontakt mit einer ehemaligen Gefangenen unterhalten, aber sie hat es geschafft, die Kontrollen der US-Justiz auszutricksen.

Haarklein schildert sie mir, was sie in sieben Wochen Abschiebehaft durchgemacht hat und worauf ich mich vorbereiten muss: zum Beispiel, dass es dort zwar ein *Commissary*, aber nur wenige Produkte zu kaufen gibt. »Wenn du Conditioner brauchst, füll das Zeug in Hazelton in eine Shampoo-Flasche. Ein neues Shampoo kannst du dann im Abschiebegefängnis in York bestellen.« Ich weiß inzwischen, wie wichtig solche vermeintlichen Nebensächlichkeiten sein können, wenn ich mich halbwegs wohl in meiner Haut fühlen will.

Ende August kommt Kurt zu einem letzten Besuch nach Hazelton. Wir freuen uns beide sehr über die Stunden, die wir noch einmal miteinander verbringen können. Aber beim Abschied überkommt uns doch Traurigkeit. In den USA werden wir uns in diesem Leben nicht wiedersehen. Dabei hatte Kurt schon angefangen, bei sich zu Hause riesige Vorräte an Süßigkeiten für mich anzulegen.

»Du besuchst mich ganz bald in Hamburg«, schlage ich vor. »Was hältst du von Weihnachten?«

»Ach, da störe ich dich und deine Familie doch nur«, wehrt er bescheiden ab.

»Kein bisschen!«, protestiere ich. »Alle würden sich riesig freuen, dich in Deutschland wiederzusehen. Wir haben schließlich jahrelang miteinander Weihnachten gefeiert – und du hast so unendlich viel für mich getan.«

Am Ende liegen wir uns weinend in den Armen und trösten uns gegenseitig damit, dass wir uns vor meinem Abflug vielleicht doch noch am Flughafen treffen.

Am 1. September werde ich 35 Jahre alt. Zee und Ashley gratulieren mir morgens als Erste mit einer jener wunderbaren leuchtend bunten Karten, die Ashley mit Kreide auf dickes Papier malt. Ein Dutzend Briefe und Glückwunschkarten aus aller Welt stehen bereits auf meinem Spind, und weitere zwei Dutzend Mails bekomme ich an diesem Tag. Es gibt so viele Menschen, die draußen an mich denken und mir nur das Beste wünschen! Das rührt mich sehr.

Gegen Mittag klopft Roxanna bei mir an die Tür: Ob ich mit ihr rauskomme? Ich ahne schon, dass meine Mädels etwas vorbereitet haben. Draußen treffen wir Jojo und Jacqueline, die so tun, als wüssten sie von nichts.

Als ich eine Stunde später in mein Zimmer zurückkehre, bin ich überwältigt. Von der Decke hängen Luftschlangen, kunstvoll gebastelte Bienen und Bienenkörbe aus Papier. Dass ich wegen Honig hier bin, wissen inzwischen alle. *Happy Birthday, Steffi!* steht auf einem Banner, vor dem Fenster. Jojo überreicht mir eine geflochtene Kette aus Wolle mit einem Herzen, das sie kunstvoll aus Seife geschnitzt hat. Von Roxanna bekomme ich eine Karte, auf die sie die Prophezeiungen aus dem Maya-Kalender für mein Geburtsdatum geschrieben und liebevoll verziert hat.

Natürlich frage ich mich, wer das alles aufgehängt und

angebracht hat, während meine Freundinnen mit mir draußen waren. Besser gesagt: Ich ahne es bereits.

»War das Tiffany?«, frage ich.

»Treffer«, grient Roxanna.

Für einen Augenblick verdirbt mir das die Feierlaune. Ich habe keinerlei Interesse an einer Versöhnung mit meiner ehemaligen Mitbewohnerin, die mir immer noch nachstellt wie eine verschmähte Geliebte. Mehrmals habe ich sogar lange Briefe von ihr auf meinem Bett gefunden. Schon kommt sie herein, strahlt mich an, gratuliert und überreicht mir ihr Geschenk. Sie hat ein großes Notizbuch, das vermutlich aus dem Büro des Lieutenants geklaut ist, mit einer großen gelben Biene auf dunklem Untergrund bemalen lassen.

»Oh, vielen Dank«, stammle ich. Das Buch ist wirklich süß gemacht, aber ich kann mich nicht richtig darüber freuen.

Abends sitze ich mit Jojo, Roxanna und Jacqueline noch einmal draußen auf dem Basketballplatz und bewirte sie mit *Cheesecake*. Die eigentliche Party wird erst am nächsten Wochenende steigen, meine Geburtstags- und zugleich Abschiedsfeier.

»Ich hab überhaupt keine Lust, Tiffany bei meiner Party dabeizuhaben«, gestehe ich meinen Freundinnen.

»Tiffany ausschließen? Das kannst du nicht machen!« Roxanna schaut mich befremdet an.

»Die Tante geht mir auf die Nerven. Ich will nicht mit ihr feiern. Ich will überhaupt nichts mehr mit ihr zu tun haben«, entgegne ich störrisch.

»Dann haben wir ein ernsthaftes Problem«, wendet Roxanna ein. »Tiffany hat die Vorbereitungen für deine Feier nämlich regelrecht an sich gerissen. Sie wird für dich ein Buffet ausrichten, wie es noch keine andere hier bekommen hat.«

»Mir egal. Ich lasse mich doch nicht mit einem Buffet bestechen.« Einen Moment herrscht betretenes Schweigen.

»Steffi, gib dir einen Ruck und mach für ein paar Stunden gute Miene zum bösen Spiel«, bittet Roxanna mich. »Du gehst einen Tag später hier raus und siehst Tiffany nie wieder, aber sie wäre am Boden zerstört, wenn du sie ausläds. Und deine Party würde damit auch platzen.«

Seufzend gebe ich nach. Sie hat ja recht.

Meine letzten Tage in Hazelton verbringe ich damit, mich für alle schriftlich und elektronisch übermittelten Glückwünsche zu bedanken und selbst welche zu verschicken. Meine Eltern, mein Bruder, Kurt – alle haben Ende August bis Mitte September Geburtstag. Und ich muss jetzt täglich damit rechnen, dass mein Internet-Zugang gesperrt wird.

Das Wetter bleibt schön. Fast jeden Abend sitze ich mit meinen Freundinnen auf dem Sportplatz. Ich sehne mich unendlich danach, hier wegzukommen, und fürchte zugleich, dass sie mir fehlen werden. Manchmal denke ich, dass ich auch die Wärme dieses amerikanischen Spätsommers in Hamburg vermissen werde. Dort soll es jetzt schon herbstlich kühl sein.

An einem Abend gehe ich mit Zee in die *Chow Hall*, um mir die Schweinskoteletts abzuholen, die auf dem Speiseplan stehen, und diese an sie abzutreten. Es ist mein Abschiedsgeschenk für sie. Nächste Woche schon werde ich das nicht mehr für sie tun können.

Und dann bricht mein 300. Tag in Hazelton an. Es ist ein Sonntag. »Herzlichen Glückwunsch, du hast es geschafft«, sagt Zee, als ich morgens die Augen aufschlage. Von Kurt bekomme ich eine Mail mit denselben Worten.

Ich weiß, dass an diesem Sonntag nichts weiter passieren wird. Weder die Gefängnisleitung noch ICE werden am Wochenende in meiner Angelegenheit einen Finger rühren. So kann ich heute ganz in Ruhe meinen Abschied feiern.

Die Party ist für den frühen Abend geplant. Wir sind fünfzehn Mädels. Jede hat einige Zutaten für das üppige Buffet abgeliefert, das Tiffany vorbereitet und auf dem *Cracker Beach* aufbaut. Es gibt Gefängnis-Sushi mit Thunfisch aus der Tüte, Pasta-Salat, chinesische Nudelpfanne, russische Eier, Cheesecake mit einem Apfel-Zimt-Topping und noch so viel mehr.

Ich will unbedingt noch ein Gruppenfoto von uns allen machen lassen, habe das Ticket dafür rechtzeitig im Gefängnisladen bestellt und bezahlt. Aber es dauert ewig, bis sich die für Fotos zuständige Insassin bei uns blicken lässt, und ich lerne zum letzten Mal eine neue Vorschrift kennen. Aus unerfindlichen Gründen dürfen nur maximal acht Personen auf einem Bild versammelt werden. Glücklicherweise löst sich das Problem von selbst. Einige Mädels wollen mit dem nächsten *Move* unbedingt auf ihr Zimmer zurück und haben keine Zeit mehr für unser *Shooting*.

Zusätzlich lasse ich noch ein Foto von unserem Kleeblatt schießen, das meine letzten Wochen in Hazelton geprägt hat: Jojo, Roxanna, Jacqueline und ich, wie wir nebeneinander im Gras liegen, die Köpfe aufstützen, lachen und unsere Füße in die Höhe strecken. Man könnte uns für Teilnehmerinnen eines internationalen Studentinnen-Camps halten. Für einen kurzen Augenblick empfinden wir es auch so.

Dieses Gefühl wird mir wenig später beinahe noch zum Verhängnis. Als wir uns abends beim letzten *Move* um halb neun endgültig auf dem Innenhof trennen müssen, fallen Jojo und ich uns spontan in die Arme. Wir tätscheln einander den Rücken, geben uns Küsschen, halten unsere Tränen nicht mehr zurück. Wir benehmen uns einfach wie zwei Mädels, die wahrscheinlich für immer voneinander Abschied nehmen. Bis ein Wachmann mit hochrotem Kopf auf uns zustürzt.

»Auseinander!«, brüllt er. »Ab zum Lieutenant! Der wird euch was husten!«

Für einen kurzen Moment haben wir vergessen, dass Körperkontakt streng verboten ist. Erst jetzt bemerken wir, dass schon ein paar weitere Wachen herbeistürmen.

»Dürft ihr das etwa, was ihr eben getan habt?«, fragt uns der Lieutenant wenige Augenblicke später streng.

»Nein, das dürfen wir nicht«, antworten wir im Chor wie zwei Schulmädchen.

»Normalerweise müsste ich euch in die SHU stecken!«, schnaubt er. »Und euch noch 27 Knasttage mehr aufbrummen! Von guter Führung kann ja wohl keine Rede sein.«

»Aber ich werde doch morgen entlassen«, wende ich zaghaft ein. »Wir wollten uns nur verabschieden.«

Diese Mitteilung stimmt ihn milde. Vielleicht fürchtet er auch den bürokratischen Aufwand, der auf ihn zukäme, wenn er eine Gefangene in die SHU steckt, die am nächsten Tag freikommt.

»Okay, dann ab in eure Zellen«, knurrt er. »Und dass das nie wieder vorkommt!«

Auf dem Rückweg blafft uns ein anderer Wachmann an: »Euch zeigen wir es! Wenn wir wollen, können wir euch den Rest des Lebens vermiesen!«

Ich ignoriere den Mann und gehe weiter, seine Drohung lässt mich ziemlich kalt. Aber als ich mich vor dem Eingang zu K1 ein letztes Mal umdrehe, sehe ich, dass er Jojo angehalten hat und ihr – obwohl sein Chef uns bereits entlassen hat – erneut eine Standpauke hält.

»Was war denn da draußen los?«, fragt mich Zee, als ich ins Zimmer zurückkomme. »Warum sind die Wachen so aufgeregt herumgerannt?«

»Ich wäre auf den letzten Drücker fast noch in der SHU gelandet«, antworte ich.

»Du?«, fragt sie ungläubig.

»Ja, ich hab Jojo zum Abschied umarmt.«

Am nächsten Morgen sitze ich frisch geduscht, mit gewaschenen Haaren und gepackter Tasche auf meinem Bett und warte darauf, dass ich ausgerufen werde. Besser gesagt: Ich hoffe, dass ich nicht abgeholt werde. Wenn die Männer von ICE sich bis zum 16-Uhr-*Count* nicht gemeldet haben, dann kommen sie heute nicht mehr. Damit wäre die erste Hälfte meiner 48-Stunden-Frist verstrichen.

Tatsächlich passiert an diesem Montag rein gar nichts. Doch am Dienstagvormittag höre ich meinen Namen aus den Lautsprechern krächzen. Jetzt beginnt der letzte Teil dieser langen Reise.

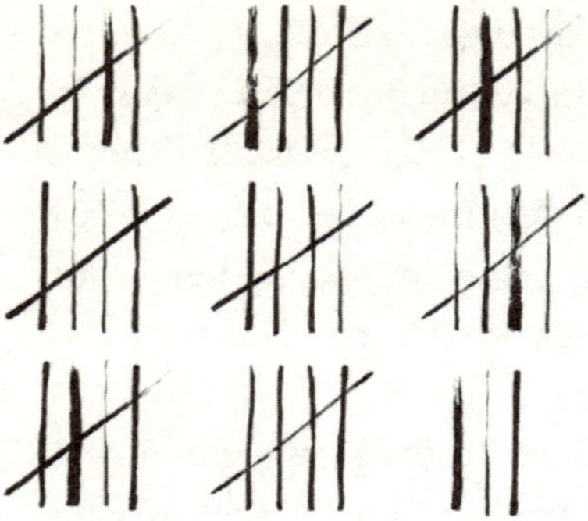

In Handschellen und Fußfesseln werde ich aus dem Gefängnis geführt. Die wenigen Habseligkeiten, die ich mitnehmen darf, habe ich in einen bestickten Wäschesack gepackt, den mir Jojo zum Abschied geschenkt hat. Natürlich werde ich noch mal gefilzt, werden meine Sachen noch mal durchwühlt. Eine der Wachen hilft mir mit meinen eng aneinander fixierten Füßen in den Mini-Van zu klettern.

So habe ich mir meine Entlassung aus der Haft nicht vorgestellt.

Ich fürchte mich vor der Fahrt ins Abschiebegefängnis. Als einzige Frau reise ich gemeinsam mit mehreren Männern aus dem Hochsicherheitsknast von oben auf dem Berg. Auch sie werden in Handschellen und Fußketten gelegt, doch die Wachleute sitzen vorne in der Fahrerkabine, sind durch eine dicke Scheibe von uns getrennt. Können sie mich wirklich schützen, wenn die Männer trotz ihrer Fesseln versuchen, über mich herzufallen? Werden sie lüsterne Blicke und verbale Anzüglichkeiten überhaupt mitbekommen?

Der Transporter kurvt die paar Serpentinen den Berg hinauf und kommt dann wieder zum Stehen. Durch das Fenster sehe ich meine Mitreisenden in Trippelschritten auf den Wagen zukommen. Es sind zwei Latinos. Der eine ist etwa in meinem Alter, der andere deutlich jünger. Die Wachleute öffnen die Schiebetür des Vans und hieven die beiden in die hinterste Sitzreihe, zwei Bänke hinter mir.

»Hola!«, grüße ich sie zurückhaltend.

»Hi!«, grinsen die Männer erfreut. Ich blicke in offene, freundliche Gesichter. Schnell stellt sich heraus, dass sie gut Englisch sprechen - und ziemlich neugierig sind. Wie geht es im Frauenknast zu? Auch so schlimm wie bei den Männern? Die Latinos sind Kleinkriminelle, saßen wegen Waffenhandel und illegalem Grenzübertritt im Knast und werden jetzt dorthin abgeschoben, wo sie hergekommen sind - nach Mexiko. Sie sind völlig entsetzt über die Verhältnisse, die sie in dem US-Gefängnis erlebt haben, über die alltägliche Gewalt dort, die Übergriffe auf die Wachen. Der Jüngere der beiden musste mehrmals Zudringlichkeiten abwehren und mit ansehen, wie andere Sex miteinander hatten.

Ich spüre, dass ich von diesen beiden Leidensgenossen nichts zu befürchten habe. So verplaudern wir die ganze zweistündige Fahrt. Aus der Gefängnisküche hat jeder von uns eine Lunchbox mitbekommen, doch es ist fast unmöglich, dieser mit unseren gefesselten Händen etwas zu entnehmen oder gar einen Strohhalm in die dafür vorgesehene Öffnung der Trinkpäckchen zu friemeln.

Unsere erste Zwischenstation ist das *Allegheny County Jail* in Pittsburgh, ein Bezirksgefängnis. Der Transporter rollt eine Einfahrt zum Kellereingang des Gebäudes hinunter. Wir müssen aussteigen und uns, nachdem eine Wache uns von den Fußfesseln befreit hat, breitbeinig an die Wand stellen. Wie sehr dies alles der Situation von vor fünfeinhalb Jahren ähnelt, als ich am Flughafen verhaftet wurde!

Dann gibt man mir eine Decke und bringt mich in eine riesige Wartezelle, in der schon viele andere Frauen versammelt sind. Manche tigern die ganze Nacht durch den Raum. Einige sind offensichtlich auf Entzug, liegen wimmernd auf der Erde und kotzen sich die Seele aus dem Leib. Andere sprechen verwirrt mit sich selbst, um dann plötzlich wütend herumzuschreien und zu fluchen. An Schlaf ist überhaupt nicht zu denken.

Die ganze Nacht über kommen neue Frauen hinzu, die gerade erst verhaftet wurden, und starren mich mit unverhohlener Neugierde an. Die Tatsache, dass ich eine »Bundesgefangene« bin, nötigt ihnen Respekt ab. Sie bestaunen meine grauen Sportklamotten, die angeblich von viel besserer Qualität sind als die Kleidung, die sie aus den Bezirksgefängnissen kennen.

Am nächsten Vormittag werden wir unter die eiskalten Gemeinschaftsduschen geschickt. Anschließend kontrolliert eine weibliche Wache, ob wir gewaschen sind – eine demütigende Prozedur. Die Ausgabe der orangefarbenen Häftlingskleidung zieht sich quälend in die Länge.

Rund 36 Stunden nach meiner Abreise aus Hazelton erreiche ich das erste Etappenziel. Ich werde durch einen überfüllten Aufenthaltsraum zu meiner Zelle gebracht. Meine Mitbewohnerin ist eine maskuline Schwarze, die wirre Selbstgespräche führt. Die Tabletten, die ein Wachmann ihr verabreicht, schluckt sie nur zum Schein. Kaum ist der Mann durch die Tür, würgt sie die Medikamente wieder heraus, zerbröselt sie notdürftig und zieht sie durch die Nase hoch.

Die Türen hier sind ständig verschlossen. Wenn ich in den Aufenthaltsraum gehen möchte oder wieder zurück in die Zelle, muss ich über einen Klingelknopf einen Wachmann rufen. Das ist höchstens dreimal am Tag möglich. Ich habe allerdings wenig Grund, zwischen diesen Räumen hin- und herzugehen. Die Zimmer hier sind ebenso spartanisch und dreckig wie die Halle.

Immerhin ist mir ein Telefongespräch innerhalb der USA erlaubt. Ich rufe Kurt an. Von jetzt an wird er wieder zur Informationszentrale, nimmt alle Nachrichten von meiner Familie entgegen und gibt andere an diese weiter.

»Ich wollte mich nur kurz melden, ich bin jetzt in Pittsburgh angekommen«, berichte ich so sachlich wie möglich. »Kannst du meinen Eltern Bescheid sagen?«

»Natürlich! Aber wie geht es dir? Wie ist es da?«, fragt Kurt aufgeregt.

»So weit alles okay. Ich habe jetzt ein Zimmer mit Wasserblick – das Gefängnis liegt direkt am Fluss. Der Rest, na ja …«

Ich erspare ihm und mir eine detailliertere Schilderung. Selbstmitleid bringt mich genauso wenig weiter wie die Vorstellung, dass sich meine Lieben draußen Sorgen um mich machen. Doch als ich abends im Bett liege, lastet mir das Heimweh schwer auf der Brust. Das Heimweh nach Hazelton! Ich hätte nie gedacht, dass ich mich jemals in das Frauengefängnis zurücksehnen könnte.

»Giesselbach, mach dich fertig. Du kommst auf Transport!« Inmitten der dritten Nacht in Pittsburgh reißt mich ein Wachmann aus dem Schlaf. Ich ziehe mein letztes Paar Knastsocken zum Duschen über, um nicht barfuß auf die ekligen Fliesen zu treten. Zu packen habe ich nichts. Wieder werde ich in eine abscheuliche Wartezelle verfrachtet, in der wir alle mit nur einer kratzigen Decke ausgestattet wie Sardinen auf dem Boden liegen. Dort muss ich noch viele Stunden ausharren. Wozu ich hierfür mitten in der Nacht aufstehen musste – solche Fragen stelle ich mir nicht mehr.

Am Vormittag steigen sieben männliche Gefangene mit mir in einen Transporter, der so niedrig ist, dass ich nicht aufrecht darin sitzen kann. Auch die beiden Mexikaner sind dabei und freuen sich ebenso wie ich über das Wiedersehen. Als einzige Frau werde ich vorne in einen Extra-Käfig gesperrt und komme mir vor wie im Zoo. Alle Männer versuchen, durch die Gitterstäbe mit mir Kontakt aufzunehmen.

Die Fahrt von Pittsburgh nach York dauert etwa vier Stunden. Dort erwartet uns das nächste zeitraubende Aufnahmeritual.

Schließlich weist man mir eine blaue Plastikwanne mit einer dünnen Matratze in einem großen Aufenthaltsraum als Bett zu. Zwei Tage und Nächte muss ich in dem sogenannten *boat* schlafen, essen und meine Zeit totschlagen. Als ein Wachmann mich schließlich in den Abschiebetrakt des *York County Prison* bringt, ist seit meiner Entlassung aus Hazelton eine ganze Woche vergangen.

Etwa 50 Frauen sind hier auf engstem Raum zusammengepfercht. Die beiden Schlafsäle mit jeweils 24 Betten sind an einem Ende mit einem kargen Aufenthaltsraum verbunden, in dem nur ein paar abgeschabte, mit dem Boden verschraubte Tische herumstehen. An zwei Computern kann man maximal einen kurzen Text – etwa einen Brief an den Anwalt – verfassen und ausdrucken; einen Zugang zum Mailprogramm gibt es nicht. Am anderen Ende der Schafsäle liegen die gemeinsamen Duschen und Waschräume.

Überall und ständig ist es unerträglich laut. Die Geräusche aus dem Aufenthaltsraum und den Duschen hallen durch den gesamten Trakt. Tagsüber pöbeln viele Frauen aggressiv herum, und abends liegen sie in ihren Betten und heulen sich die Seele aus dem Leib.

Meine Nerven liegen inzwischen blank. Nach zehn Monaten Hazelton habe ich keine Hemmungen mehr, mich deutlich bei Mitgefangenen zu beschweren, wenn diese herumlärmen, schreien oder morgens um sechs Uhr schon laut auf Spanisch singen. Ich wehre mich auch, wenn jemand versucht, mir, dem blonden Mädel, beim Putzdienst besonders viel Arbeit aufzudrücken.

Mit den meisten Mitgefangenen aber empfinde ich Mitleid, denn dies ist für sie die Endstation ihrer Träume und Sehnsüchte. Sie haben ihr Erspartes und ihr Leben aufs Spiel gesetzt, um in die USA zu gelangen. Bis zu 14 000 Dollar haben einige Brasilianerinnen den Schleppern dafür bezahlt, dass sie erst von einem Seelenverkäufer nach Kuba gebracht und dann in Florida am Strand ausgesetzt wurden. Von dort aus schlugen sie sich allein durch – und wurden früher oder später verhaftet. Jetzt sitzen sie im Knast, versuchen ihre Abschiebung mit allen Mitteln zu verhindern und wissen doch, dass sie kaum eine Chance haben.

Die wenigsten Gefangenen sprechen Englisch. Zu den Ausnahmen gehören zwei Mädchen aus Somalia, die auf der Flucht vor Islamisten, der al-Shabaab-Miliz, mit einem Containerschiff aus ihrem Land in die USA geflohen sind. Bleiben dürfen wahrscheinlich auch sie nicht.

Die Mexikanerinnen müssen damit rechnen, dass sie eines fernen Tages kurz hinter der Grenze ihres Landes einfach auf die Straße gesetzt werden. Ab da sind sie Freiwild. Selbst wenn es jemanden gäbe, der sie dort abholen würde, könnten sie demjenigen nicht rechtzeitig Bescheid geben. Sie haben Vergewaltigungen, Entführungen oder gar ihre Ermordung zu befürchten, wenn sie sich nicht sofort in die illegalen Geschäfte der Drogenkartelle einspannen lassen. Izzi und Rosa zum Beispiel, zwei Mexikanerinnen, die ich schon aus Hazelton kenne, erwartet dieses Schicksal. Sie sind die Ältesten aus einer ganzen Reihe von Geschwistern und noch in Mexiko zur Welt gekommen, bevor ihre Eltern illegal in die USA eingereist sind. Ihre jüngeren Brüder und Schwestern sind in den USA geboren, haben deshalb die amerikanische Staatsangehörigkeit und dürfen bleiben. Sie nicht.

Vor zehn Monaten habe ich eine solche Geschichte zum ersten Mal von Irene, meiner Masseurin in Hazelton, gehört: Wie Eltern und Kinder oder ganze Familien durch die unbarmherzige amerikanische Einwanderungspolitik auseinandergerissen werden. Seitdem habe ich sehr viele andere Latinas getroffen, die im Gefängnis sitzen, weil sie zu ihren Kindern in die USA wollten. Izzi und Rosa erleiden jetzt dasselbe als mittlerweile erwachsene Kinder aus einer solchen Familie.

Das Essen hier in York ist so unterirdisch schlecht wie damals im MCC. Bevor wir uns den Fraß auf Tabletts von einem Rollwagen abholen dürfen, müssen wir wie im Kindergarten mucksmäuschenstill auf unseren mit dem Boden verschraubten Hockern sitzen. Mikrowellen gab es hier zwar früher einmal, aber sie wurden wieder abgeschafft. Angeblich hat eine Gefangene jemanden mit heißem Wasser angegriffen. Izzi und Rosa haben trotzdem eine Methode gefunden, um die schlichten Mahlzeiten, die man im *Commissary* kaufen kann, aufzuwärmen. Sie lassen etwa eine Stunde lang heißes Wasser über die Plastikverpackung ihres Bohnengerichts laufen. Irgendwann wird der Inhalt dann ein bisschen warm.

Einmal am Tag haben wir für zwei Stunden Hofgang und treffen dabei auf Strafgefangene aus anderen Abteilungen. Der Unterschied ist augenfällig: Sie sind alle weiß, die Abschiebehäftlinge fast alle dunkelhäutig. Einmal pfeift mich ein Wachmann regelrecht an, als ich seiner Meinung nach in die »falsche« Abteilung zurückkehren will.

»Hey, du da, du musst auf die andere Seite!«

»Wieso das denn?«, frage ich erstaunt.

»Die, bei denen du stehst, werden alle abgeschoben!«

»Ja, genau – ich auch.«

Der Wachmann kann es kaum glauben. Eine Weiße, die abgeschoben wird? Außer mir gibt es da nur noch Paula, eine Schottin, die als Baby mit ihren Eltern in die USA kam. Jetzt ist sie 48 Jahre alt und als Kriminelle abgestempelt, weil sie ein Drogenproblem hat. Sie wird in ein Land »zurückgeschickt«, das sie überhaupt nicht kennt.

Ich bin die Einzige, die sich darum bemüht, möglichst bald

nach Hause zu kommen. Keine der anderen Frauen hier freut sich über einen Termin vor dem Richter. Schon beim ersten Mal bitte ich diesen inständig darum, mich so schnell wie möglich nach Hause zu schicken. Ich biete sogar an, den Flug selbst zu bezahlen, der amerikanische Staat steht schließlich kurz vor der Pleite. Aber die Mühlen der Justiz sind nicht zu beschleunigen.

Jedes Mal, wenn ich zu einer Anhörung geführt werde, gehe ich durch den langen Korridor an der SHU vorbei. Die Situation dort ist schrecklicher als alles, was ich bisher gesehen habe. Manche Frauen haben ihren ganzen Raum und sogar das Fenster der Zellentür mit Kot beschmiert und auf den Fußboden uriniert. Der Gestank ist bestialisch. Ich sehe ihre irren Blicke, ihre verzerrten Gesichter hinter den Scheiben. Einige schlagen den Kopf unentwegt gegen die Tür, um auf sich aufmerksam zu machen. Nachts ist das überall im Gebäude zu hören. Die Wachleute, die diese Zellen aufschließen, müssen damit rechnen, dass sie mit Essen, Spucke, Urin oder Kot beworfen werden.

Nach drei elenden, öden, niederschmetternden Wochen, nach 21 Tagen, deren einziger Höhepunkt jeweils ein Telefongespräch mit Kurt war, lässt dieser durchblicken, dass es etwas Neues gibt. »Willst du die Nachricht hören?«

»Klar!«

»17. Oktober«

»Wie jetzt?«

»17. Oktober. An diesem Tag fliegst du nach Hause.« Wir beide wissen, dass es riskant ist, das zu sagen, weil es selbstverständlich verboten ist, eine solche Information telefonisch weiterzugeben. Deshalb erzählt Kurt mir nicht, wie ihn diese Nachricht erreicht hat. Später erfahre ich: Sie ist aus dem Büro des Richters über den für Deutschland zuständigen Sachbearbeiter in die deutsche Botschaft durchgesickert und von dort an meine Eltern und schließlich zu ihm gelangt.

Ich bin für einen Moment sprachlos. Ich müsste mich jetzt freuen, denke ich, aber ich kann es nicht. Es sind noch zwei Wochen bis zum 17. Oktober – eine verhältnismäßig kurze Zeit. Aber es kann noch so viel dazwischenkommen. Bei Franzi hat es fast zwei Monate gedauert. Und von der letzten Verschiebung erfuhr sie erst am Tag des geplanten Abfluges.

Doch es bleibt dabei. Am Vorabend des 17. Oktober 2013 verschenke ich meinen honiggelben Zweiteiler und den orangefarbenen *Jumpsuit* an Izzi und Rosa. Besser gesagt, ich tausche meine beiden Garnituren Gefängnisuniform gegen ihre abgetragenen Kleidungsstücke, um diese am nächsten Tag beim *Check-out* abzugeben. Außerdem überlasse ich ihnen den Conditioner in der Shampoo-Flasche und meine bescheidenen Essensvorräte. Die Schwestern freuen sich wie die Schneeköniginnen.

Am nächsten Morgen sitze ich aufgeregt beim Frühstück und versuche, mir nichts anmerken zu lassen.

Danach passiert erst einmal – nichts. Nach über einer Stunde gebe ich die Hoffnung langsam auf, an diesem Tag aus York wegzukommen. Doch dann wird endlich mein Name ausgerufen. Izzi und Rosa haben mit mir zusammen gefiebert und klatschen vor Freude in die Hände. Ich werde nie erfahren, wie der Lebensweg der beiden weiterging.

Noch einmal verbringe ich viele Stunden in einer Wartezelle, zweifle immer stärker daran, dass wir das Flugzeug nach Frankfurt noch erwischen, das nachmittags in Washington starten soll. Der Justiz kann es egal sein, ob ich mitfliege oder nicht. Die US-Behörden bezahlen viel Geld dafür, dass das Ticket jederzeit umbuchbar ist.

Doch dann sind sie endlich da. Zwei typische amerikanische Bundesbeamte mit Bürstenhaarschnitt, zu kurzen beigen

Bundfaltenhosen, schwarzen Poloshirts mit ICE-Emblem und Revolvern im Hosenbund holen mich ab.

»Wir machen das heute mal ohne Handschellen, oder?«, sagt einer von ihnen gönnerhaft. Sie verfrachten mich auf die Rückbank ihres Wagens und fahren mit mir durch eine herbstliche Landschaft. Die Sonne scheint, die Blätter an den Bäumen leuchten rot und gelb, überall stehen geschnitzte Kürbisse vor den Häusern. Bald ist Halloween. Ich würde diese Fahrt gern genießen, doch ich bin viel zu nervös. Kommen wir wirklich rechtzeitig in Washington an?

Dann höre ich das Geräusch einer Passagiermaschine im Sinkflug. Ein Airbus kreuzt dicht über uns die Autobahn. Links sehe ich die Landebahn. Ich atme auf. Wir sind fast da.

Meine Bewacher schleusen mich durch den VIP-Eingang in den Flughafen. In meinen grauen Knast-Freizeitklamotten, den schwarzen Turnschuhen und mit dem bestickten Wäschesack aus Hazelton laufe ich neben ihnen durch die blitzsaubere Halle. Dann entdecke ich ein *Starbucks-Café*.

Mir läuft das Wasser im Munde zusammen. Im selben Moment wird mir bewusst, dass ich Geld habe. In Hazelton hat man mir mit meinen Entlassungspapieren eine Kreditkarte ausgehändigt, auf der mein restliches Guthaben, einige Hundert Dollar, gutgeschrieben ist.

»Darf ich mir was kaufen?«, frage ich meine Bewacher.

»Keinen Alkohol!«, sagt einer der beiden streng. Alkohol ist das Letzte, wonach es mich jetzt gelüstet.

Die Männer gestatten, dass ich mir ein Sandwich mit Fleisch, einen echten amerikanischen *Cheesecake*, ein Joghurt-Parfait mit roten Früchten und frisch gepressten Orangensaft kaufe. So etwas habe ich seit fast einem Jahr nicht zu mir genommen. In wenigen Minuten schlinge ich diese Köstlichkeiten hinunter, denn dann muss ich auch schon einsteigen.

Ich betrete das Flugzeug als Letzte, vermeide damit, dass

alle Passagiere die seltsame Mitreisende anglotzen, die von den Bundesbeamten bis zur Tür der Maschine begleitet wird. Mein ungewöhnlicher Aufzug scheint aber nicht einmal dem Herrn aufzufallen, neben dem ich auf den Sitz sinke. Er sucht während des gesamten Flugs das Gespräch mit mir, aber ich will nur meine Ruhe haben.

Kurz nach dem Start überreicht mir der Steward einen dicken Umschlag, in dem sich unter anderem mein weinroter Reisepass befindet. Wie lange habe ich darauf gewartet! Ab sofort halte ich mein Leben wieder selbst in der Hand.

In Frankfurt muss ich eine letzte Kontrolle durch den Bundesgrenzschutz absolvieren. Sie erwarten mich am Fuß der Flugzeugtreppe auf der Landebahn.

»Sie sind uns hier groß mit Betrug angekündigt worden«, sagt ein Bundesbeamter zu mir. »Bitte schildern Sie mir, worum es ging.«

»Ich habe meine Strafe in den USA vollständig abgesessen«, antworte ich. »Sie haben keinerlei Berechtigung, mich aufzuhalten.« Ich habe einfach keine Lust mehr, solche Fragen zu beantworten. Außerdem wartet ein ganzer Bus voller Passagiere auf mich.

Der Mann unternimmt einen weiteren Versuch, grummelt vor sich hin, blättert in meinen Papieren herum, ruft seinen Chef an und lässt mich schließlich gehen. An der Passkontrolle wirft ein Grenzbeamter nur einen kurzen Blick in meinen Pass und sagt freundlich: »Hallo! Guten Morgen!«

Ich bin in Deutschland. Ich bin frei.

Niemand erwartet mich hier. So habe ich es mir ausdrücklich gewünscht. Ich möchte meine allerersten Schritte in Deutschland ganz in Ruhe und für mich allein gehen. Und möchte meiner Familie und meinen Freunden auch nicht so gegenübertreten, wie mich das Abschiebegefängnis ausgespuckt hat:

in meinen grauen Sportklamotten, übernächtigt, mit strähnigen Haaren und ohne Make-up.

Aber ich suche mir als Erstes ein öffentliches Telefon, um meine Eltern und Kurt anzurufen. Es dauert eine Weile, bis ich einen Apparat finde, der meine Gefängnis-Kreditkarte inklusive Gefangenenfoto akzeptiert.

»Ich bin in Frankfurt!«, rufe ich in den Hörer. Es kommt mir alles noch so unwirklich vor. Ständig drehe ich mich um, weil ich hinter mir jemanden deutsch sprechen höre. Es ist merkwürdig, meine Muttersprache überall zu hören. Als ich an einer Bäckerei vorbeikomme, bleibe ich fasziniert vor den Auslagen stehen. Was man hier alles kaufen kann! Franzbrötchen, Laugenbrezeln, Apfeltaschen, Quarkschnitten – am liebsten möchte ich von allem etwas.

Dann setze ich meinen Plan in die Tat um. Ich nehme mir ein Hotelzimmer am Flughafen, fahre nachmittags noch mal kurz in die Stadt, um mir ein paar Kleidungsstücke zu kaufen. Meine Knastkleidung landet größtenteils im Müll. Ich gehe zum Friseur, kaufe mir ein kleines Reise-Kit mit Shampoo, Conditioner, Body Lotion, Rasierer und Duschgel. Wie gut das alles duftet! Dann lege ich mich in meinem Hotelzimmer in die Badewanne, trinke eine kleine Flasche Sekt und genieße die Ruhe.

Den Flug nach Hamburg hat mir mein Unterstützer, der zu einem wahren Freund geworden ist, über seine Bonusmeilen spendiert. Am späten Vormittag setzt die Maschine zum Landeanflug über Hamburg an. Ich sitze am Fenster und schaue auf meine Stadt hinunter. Wie oft habe ich in den letzten Jahren von diesem Moment geträumt! Jetzt kann ich meine Tränen nicht mehr zurückhalten.

Dann geht alles ganz schnell. Mit einer großen Einkaufstüte über der Schulter, in der ich meine Habseligkeiten verstaut habe, laufe ich am Gepäckband vorbei und direkt auf die Ausgangstür zu, hinter der meine Familie, unser Hund und meine Freundinnen und Freunde mit ihrem Willkommensschild warten.

Als sich die gläserne Schiebetür öffnet, schlage ich die Augen nieder.

Es müssen ja nicht gleich alle sehen, dass ich weine.

Epilog

Gut ein Jahr nach meiner Rückkehr feiere ich ein großes Fest. Zu meinem 36. Geburtstag und für die fünf Geburtstage davor. Die Party findet in meiner neuen Wohnung statt. Ich bin gerade erst eingezogen und einige Möbelstücke fehlen noch, aber an diesem milden Herbstabend freuen sich viele meiner Gäste mit mir über den großen Balkon. Auch Franzi und Moritz, mein ehemaliger Vorgesetzter in Chicago, sind dabei.

An diesem Abend ist alles gut. Die Zeit nach meiner Rückkehr nach Hamburg ist so schnell vergangen! Die ersten Wochen habe ich vor allem damit verbracht, meine Freunde und Verwandten wiederzutreffen, immer wieder zu erzählen, wie es mir ergangen ist, und mich bei ihnen zu bedanken. Sie alle haben mir dabei geholfen, diese fünfeinhalb Jahre zu überstehen. Ich habe die ganz alltäglichen Dinge genossen, die ich erst jetzt wirklich wertschätzen kann: Frikadellen und Kartoffelsalat aus der Küche meiner Mutter. Von einem Porzellanteller statt von einem Plastiktablett essen. Mir ein Gericht im Restaurant selbst aussuchen.

Weihnachten kam zu meiner großen Freude Kurt zu Besuch nach Deutschland. Danach habe ich Urlaub in Südostasien gemacht, mir einen Job und eine Wohnung gesucht – und ich habe mich neu verliebt.

Ich lebe wieder so, wie ich es immer wollte. Und doch habe ich fünfeinhalb Jahre verloren, und diese Zeit wird mir immer fehlen. Während viele meiner Freundinnen und Freunde heirateten, Kinder bekamen, beruflich die Karriereleiter hinaufkletterten und Wohnungen oder Häuser kauften, saß ich in Chicago und drehte eine Warteschleife nach der anderen.

Aber ich habe in dieser Zeit auch etwas gewonnen: Eine Stärke, die mir niemand mehr nehmen kann. Und Erfahrungen, die ich nie vergessen werde.

Die Firma, in der ich meinen Beruf erlernt und für die ich fast zehn Jahre gearbeitet habe, hat Insolvenz angemeldet. Sie hat mit dem Honiggeschäft in den USA kurzfristig Gewinne erzielt, aber langfristig alles verloren. Meine ehemaligen Vorgesetzten, die für den betrügerischen Handel verantwortlich waren, stehen noch immer auf den Fahndungslisten von Interpol, sitzen aber in Deutschland beruflich weiter fest im Sattel, bekleiden gut dotierte Posten als Geschäftsführer oder Produktmanager – größtenteils in dem neuen Unternehmen, das mein ehemaliger Arbeitgeber inzwischen gegründet hat. Sobald sie die Grenzen ins Ausland überschreiten, riskieren sie allerdings, festgenommen und an die USA ausgeliefert zu werden.

Mit vielen der Frauen, die mir in Hazelton nahestanden, hatte oder habe ich noch Kontakt. Roxanna und Jojo sind aus dem Gefängnis entlassen worden und bauen sich irgendwo in Amerika wieder ein eigenes Leben auf. Miss Rose hat den Rest ihrer Strafe in Großbritannien verbüßt und lebt dort in Freiheit. Granny ist noch während meiner Zeit in Hazelton in ein *Camp* verlegt worden. Es gefalle ihr dort gut, hat sie mir zuletzt geschrieben. Von Selina, die Hazelton mit so vielen Plänen und guten Vorsätzen verließ, weiß ich leider, dass sie einige Monate später wegen eines positiven Drogentests wieder im Gefängnis landete.

Mit Franzi bin ich bis heute befreundet. Sie lebt in Deutschland, baut sich hier eine neue berufliche Existenz auf. Ihre Kinder kommen zweimal im Jahr in den Schulferien zu Besuch.

Mit Zee verbindet mich bis heute ein regelmäßiger Mailwechsel. Sie wurde aus unerfindlichen Gründen doch nicht nach Aliceville verlegt und ist noch immer in Hazelton. Der Ton in ihren Mails aber hat sich verändert. Die Eintönigkeit und Perspektivlosigkeit ihres Daseins machen meiner gradlinigen und selbstbewussten *Bunky* spürbar zu schaffen. 15 Jahre sind einfach zu lang.

Ich habe es ja selbst miterlebt, wie das Gefängnis einen Menschen brechen, ihm jeglichen Lebensmut nehmen kann. Maribel etwa, meine lustige, freundliche Kollegin im Küchendienst, stürzte nach ihrer Verurteilung zu 30 Jahren Haft in eine tiefe Depression. Später sah ich, wie sie mit raspelkurzen Haaren wie ein knallharter Ghettogangster durch K1 lief und sich nur noch an Frauen hielt, die zu ebenso langen Strafen verurteilt waren wie sie.

»Das hier ist ein *Human Warehouse,* ein Warenlager für Menschen«, so drückte es eine Gefangene aus, mit der ich einmal zum Mittagessen ging. Sie war an diesem Tag zum ersten Mal wieder aufgestanden, hatte wochenlang tief depressiv im Bett gelegen. Das Gefängnispersonal hatte vermutlich nicht einmal registriert, dass sie zu keiner einzigen Mahlzeit erschien. Wäre da nicht die überwältigende Fürsorge unter den Insassinnen, blieben solche Frauen einfach ihrem Schicksal überlassen. Mich hat diese großartige Solidarität überrascht – und sie hat mich mehr als einmal gerettet.

Im Jahr 2013 war ich eine von über 200 000 Frauen (und eine von insgesamt über zwei Millionen Menschen), die in einem amerikanischen Gefängnis einsaßen. Die Zahl der weiblichen Gefangenen ist in den USA in dreißig Jahren um das Achtfache gestiegen – mehr noch als bei den Männern. Das liegt bestimmt nicht daran, dass Frauen in Amerika in diesem Zeitraum so viel mehr kriminelle Energie entwickelt haben. Der gefängnisindustrielle Komplex hat vielmehr entdeckt, dass man auch mit weiblichen Gefangenen Geld verdienen kann. Über diese Verhältnisse gibt es inzwischen eine Reihe kluger, lesenswerter Bücher[3], doch geändert hat sich bislang wenig.

Auch das Gefängnis, in dem ich saß, war gnadenlos überfüllt. Die *Secure Female Facility* (SFF) Hazelton wurde für 512 Frauen gebaut und war 2013 mit rund 750 Insassinnen um 50 Prozent überbelegt. Die jüngste Gefangene war unter 20, die älteste über 80. Sie saß im Gefängnis, weil sie ihren Enkel zu betrügerischen Überweisungsgeschäften animiert hatte. Einige meiner Mitgefangenen haben Menschenleben auf dem Gewissen, die meisten aber haben ihr ganzes Leben mit einer einzigen Fehlentscheidung ruiniert, und oft geschah dies leider irgendeinem Kerl zuliebe. Ihn irgendwohin zu fahren, ihm ihr Auto zu leihen, Geld für ihn anzunehmen oder etwas zu verstecken: In den USA reicht das schon, um für Jahre oder Jahrzehnte in den Knast zu gehen. Wieder andere haben sich nichts anderes zuschulden kommen lassen, als den Versuch zu unternehmen, aus Mexiko in die USA einzureisen, um ihre Kinder zu sehen. Jetzt sitzen sie für Jahre im Gefängnis und haben keinerlei Hoffnung, jemals in dem Land zu leben, das sie durch den Knast zu bessern vorgibt.

Auch ich bin *banned for life* – auf Lebenszeit verbannt –, darf Amerika nie wieder betreten. Ich würde es auch freiwillig nicht

---

3 Bryan Stevenson: *Ohne Gnade. Polizeigewalt und Justizwillkür in den USA*, Piper Verlag 2015
Reinhard Berkau / Irene Stratenwerth: *Ich gegen Amerika. Ein deutscher Anwalt in den Fängen der US-Justiz.* Rowohlt Verlag 2010
Harvey Silvergate: *Three Felonies a Day. How the Feds Target the Innoncent.* Encounter Books 2009

tun, solange ich diesem Staat angeblich noch 17 Millionen Dollar schulde.

Und doch habe ich in den USA nicht nur schlimme Dinge erfahren. Die großartige, vorbehaltlose Unterstützung durch meine amerikanischen Freunde – insbesondere durch Kurt und Terri – hat mich ebenso tief beeindruckt wie die unerschöpfliche Energie, mit der sich meine Kollegen bei *Shelter & Hope* um psychisch Kranke und Gestrauchelte kümmern. Sie alle haben mich eine Haltung gelehrt, die uns in Deutschland allzu oft fehlt: in jeder Lebenslage positiv und pragmatisch nach vorne zu schauen.

Wenn ich Frauen oder Männern, die in Wirtschaftsunternehmen tätig und viel auf Reisen sind, erzähle, was mir widerfahren ist, sehe ich ihren Mienen häufig schon an, was sie wenig später aussprechen werden: Auch in ihrem Arbeitsalltag gibt es Vorgänge, bei denen die Grenzen der Legalität verschwimmen. Und oft fällt dann der Satz, mit dem dieses Buch endet:

Es ist eine Geschichte, die jedem passieren kann.

Danksagung

Für all die Unterstützung und den Zuspruch, die ich bekam, während ich in Chicago oder gar in einem US-Gefängnis festsaß, habe ich vielen Menschen zu danken. Nicht alle kann ich öffentlich bei ihrem Namen nennen – doch ich hoffe, dass mein Dank alle erreicht, die gemeint sind.

An erster Stelle stehen meine Eltern: Sie haben mir mit bedingungsloser Liebe und unendlichem Vertrauen in einer Situation beigestanden, die für sie zeitweise schlimmer war als für mich. Durch ihre Briefe, die langen Telefongespräche, Besuche, Päckchen und Mails habe ich stets gespürt, wie sehr sie – und ebenso mein Bruder und weitere Familienmitglieder – an mich denken und mit mir fühlen. Mein Vater hat sich um all die organisatorischen und juristischen Belange gekümmert, während meine Mutter dafür sorgte, dass ich nie den Lebensmut verlor. Auch im Gefängnis hat sie mich mit Post so verwöhnt wie damals als Kind im Schullandheim.

Susan und Kurt bildeten meine großherzige und großzügige »amerikanische Familie«, die mich ebenso beispiellos unterstützte. Auch nach Susans Tod stand mir Kurt trotz seiner tiefen Trauer stets mit Rat und Tat zur Seite. Dasselbe gilt für Susans Freundin Terri mit ihrer Familie: Sie ist über die Jahre zu meiner »großen Schwester« in Chicago geworden.

Meine neuen Arbeitgeber in den USA – das bayerische Restaurant und der Verein zur Hilfe für psychisch Kranke – haben mir im Wissen um meine prekäre Situation ihre Türen vorbehaltlos geöffnet und mir so eine neue Existenz ermöglicht. Aus dem Sozialarbeiter-Team danke ich stellvertretend für alle tollen Kolleginnen und Kollegen: Lena, Mark und Jerry – you guys rock!

Meine vielen Freundinnen und Freunde in Deutschland, sogar deren Eltern und Bekannte haben mich großartig unterstützt: Mit ihrer Anteilnahme, Telefongesprächen, Briefen, Büchern und Päckchen. Ein Hamburger Kaufmann, den ich erst nach meiner Rückkehr nach Deutschland kennenlernte, hat mir für meine Gefängniszeit sogar zwei Zeitschriften-Abos und später den Rückflug ab Frankfurt spendiert.

Heute weiß ich: Ich hatte die richtigen Freundinnen und Freunde, und ich habe sie nach meiner Rückkehr immer noch.

Ein ganz besonderer Dank gilt all meinen Mitgefangenen im MCC Chicago und in der SFF Hazelton, die sich fürsorglich und solidarisch darum gekümmert haben, dass ich im Gefängnis physisch und mental überlebe. Auch unter den Justizbediensteten gab es Einige, denen ich für ihren menschlichen und respektvollen Umgang mit uns Gefangenen sehr zu danken habe.

Meine professionellen Unterstützer – die Anwälte Jim Marcus in Chicago und Jan Jütting in Hamburg, die Mitarbeiter des Deutschen Konsulats in Chicago und der Deutschen Botschaft in Washington – haben sich nicht nur tatkräftig für meinem Fall engagiert, sondern mir auch menschlich und manchmal unkonventionell beigestanden: Herzlichen Dank!

Nach meiner Rückkehr waren es besonders meine Eltern, die mich immer wieder dazu ermutigten, ein Buch über meine Erfahrungen mit der US-Justiz zu veröffentlichen. Mit Irene Stratenwerth fand ich eine Co-Autorin, die von unserem ersten Treffen von diesem Projekt überzeugt war und sich sofort mit Feingefühl und Beharrlichkeit an die umfangreiche Arbeit machte. Catrin Györy und Magdalena Lanman Niese haben die Tonaufnahmen mit meine Berichten und Erinnerungen sorgfältig transkribiert, Heike Specht hat mir bei der Suche nach dem richtigen Verlag geholfen, Martin Janik und Anja Hänsel haben gemeinsam mit vielen anderen im Piper Verlag dafür gesorgt, dass dieses Buch entstanden ist: Ihnen allen danke ich dafür sehr.

Dass ich mir in Hamburg bald wieder eine Existenz aufbauen konnte, verdanke ich nicht zuletzt meinem jetzigen Arbeitgeber und meiner Kollegin Sigi, die mir diesen Neustart vorurteilsfrei und vertrauensvoll ermöglicht haben.

Und ganz besonders verdanke ich mein neues, schönes Leben dem Mann, der heute mein Lebensgefährte ist.

Glossar

BOP: Das *Federal Bureau of Prisons* ist die amerikanische Strafvollzugsbehörde, die für alle Bundesgefängnisse zuständig ist.

Bunky: Zimmmergenossin, die im Stockbett *(bunk bed)* über oder unter einer/einem anderen Gefangenen schläft.

Camp: Gefängnis der niedrigsten Sicherheitsstufe für Strafgefangene, die nur (noch) wenige Jahre zu verbüßen haben.

Case Manager: Der Begriff stammt aus dem Gesundheitssystem. Im Gefängnis sind diese »Fallmanager« für alle rechtlichen Belange der Gefangenen zuständig, prüfen, welche Therapie- und Bildungsangebote für sie in Frage kommen und welche Form des Strafvollzugs für sie angemessen ist.

Conspiracy: Verschwörung. Dieser Straftatbestand existiert im deutschen Strafrecht nicht. Er bildet einen Sammelbegriff für die unterschiedlichsten Formen der Beteiligung an einer Straftat oder deren Planung. Die Teilnahme an Gesprächen oder das Zurverfügungstellen eines Raumes, eines Fahrzeuges oder von Geld kann als *Conspiracy* ausgelegt werden.

Commissary: Gefängnisladen. Dort kann nur auf Bestellung eingekauft werden, die Bezahlung erfolgt über das Konto der Gefangenen.

Counselor: Gefangenenbetreuer, der für die alltäglichen Dinge zuständig ist, etwa das Telefon, Besuche, Arzttermine und die Post.

County Jail: Bezeichnung für ein Regionalgefängnis in den USA.

Count: Zählung bzw. Zählappell, zu dem alle Gefangenen in ihrem Zimmer neben dem Bett zu stehen haben.

Full shackle: Fesselung mit Handschellen und Fußketten. Oft werden die Hände zusätzlich vor dem Bauch fixiert.

ICE: *U.S. Immigration and Customs Enforcement* ist Teil der amerikanischen Heimatschutz-Behörde – des *Department of Homeland Security*. ICE führt Grenzkontrollen, Festnahmen und Abschiebungen durch und ist für Ermittlungen in Angelegenheiten zuständig, welche die »nationale Sicherheit« der USA oder Zollvergehen betreffen.

MCC: *Metropolitan Correctional Center*, ein Bundesgefängnis, in dem Gefangene vor oder während ihres Strafprozesses inhaftiert sind. Neben dem MCC in Chicago existieren solche Haftanstalten auch in New York und San Diego.

Move: Zu festgesetzten Zeiten werden im Gefängnis die Türen aufgeschlossen, damit sich die Gefangenen von einem Gebäudetrakt in einen anderen oder nach draußen bewegen können.

Mugshot: Fahndungsfoto. In den USA werden solche Fotos von soeben Verhafteten aufgenommen und oft von kommerziellen Diensten im Internet verbreitet.

Paws4Prisons: ein Teilbereich des Programms *Paws4People*. Gefangene trainieren Hunde als Assistenten für Behinderte. Ähnliche Programme gibt es auch von anderen Organisationen.

Plea Bargain: ein Handel mit dem Staatsanwalt, der ein Strafverfahren vor der Eröffnung des Strafprozesses beendet. Meist räumt der/die Angeklagte einen von mehreren Tatvorwürfen ein und akzeptiert eine Strafe ohne das Recht auf Berufung.

Pretrial Services: Abteilung der Justizbehörde für Verfahren und Überwachungsmaßnahmen vor dem eigentlichen Strafprozess.

Proffer Sessions: Wörtlich übersetzt »Angebots-Sitzungen«, eine Ermittlungsmethode vor allem bei Wirtschaftskriminalität. Was Angeklagte oder Zeugen im Rahmen dieser Treffen mit den Ermittlern aussagen, darf nicht gegen sie verwendet werden. Eine vollständige Immunität gegen spätere Ermittlungen bietet die Teilnahme an *Proffer Sessions* aber nicht.

SFF: *Secure Female Facility* (sichere Fraueneinrichtung) – diese Bezeichnung existiert in den USA nur für das Frauengefängnis Hazelton. Es gilt eine »mittlere«, das heißt die höchste Sicherheitsstufe für Frauen. Hochsicherheitsgefängnisse gibt es nur für Männer.

SHU: *Security Housing Unit*, ein spezieller Sicherheitstrakt im Gefängnis, in den Insassen meist aus disziplinarischen Gründen gesperrt werden. Sie bleiben 23 Stunden pro Tag in den

Zellen, haben keinen Zugang zu Gemeinschaftseinrichtungen, beschränkte Post- und Telefonrechte und sind auch beim Hofgang meist allein.

Snitch: Gefangene, die als Zeugen über eine oder mehrere Straftaten von Mitgefangenen vor dem Staatsanwalt aussagen.

Suicide Watch: Unterbringungs- und Überwachungsform für Gefängnisinsassen, die gefährdet sind, sich das Leben zu nehmen oder sich selbst zu verletzten.